Alpine Guide

ヤマケイ アルペンガイド

丹沢

仏果山・大山・塔ノ岳・丹沢山・蛭ヶ岳
檜洞丸・大室山・畦ヶ丸・不老山・三国山

Alpine Guide
ヤマケイ アルペンガイド

丹沢

Contents

本書の利用法……4
丹沢に登る……6

東丹沢・大山

コース1 白山 順礼峠……12
サブコース 鳶尾山・八菅山……16
コース2 仏果山・経ヶ岳……18
サブコース 経ヶ岳から(荻野)高取山へ……22
サブコース 土山峠から仏果山へ……24
サブコース 半原から仏果山周回……25
コース3 南山……26
サブコース 宮ヶ瀬から春ノ木丸へ……30
サブコース 鳥屋から松茸山へ……31
コース4 日向山 見城山……32
コース5 大山……36
サブコース ヤビツ峠から大山へ……40
サブコース 大山から広沢寺温泉へ……41
サブコース 大山桜からエボシ山へ……42
コース6 弘法山・浅間山……44
サブコース 弘法山から鶴巻温泉駅へ……48
サブコース 栗原から聖峰へ……49
コース7 大山三峰……50
サブコース 土山峠から辺室山へ……54
コース8 鐘ヶ嶽……56

表丹沢・裏丹沢

コース9 塔ノ岳 表尾根・大倉尾根……62
サブコース 表尾根・大倉尾根周辺の登山コース……67
コース10 鍋割山……72
サブコース 小丸尾根……76
サブコース 栗ノ木洞と櫟山……77
サブコース 栗ノ木洞から表丹沢県民の森へ……79
コース11 丹沢山 丹沢三峰……80
サブコース 塩水橋から丹沢山周回……84
コース12 蛭ヶ岳 塔ノ岳・丹沢山……86
サブコース 蛭ヶ岳から焼山に下る……90
サブコース 黍殻山・姫次・袖平山への登山コース……91
コース13 檜岳 雨山峠・伊勢沢ノ頭……94
コース14 シダンゴ山 宮地山……98
サブコース タケ山からシダンゴ山へ……102
サブコース みどりの風遊歩道……103
コース15 高松山……104
サブコース はなじょろ道……108
サブコース 大野山……109

西丹沢

コース16 檜洞丸 ツツジ新道・犬越路…112
サブコース 矢駄尾根…116
コース17 丹沢主稜縦走 蛭ヶ岳・檜洞丸…118
サブコース 檜洞丸から石棚山稜を下る…123
コース18 大室山・加入道山…124
サブコース 大室山・加入道山周辺の登山コース…128
サブコース 鳥ノ胸山…131
サブコース 菰釣山…132
サブコース 矢頭山…133
コース19 畦ヶ丸…134
サブコース 屏風岩山…138
サブコース 大出山(ミツバ岳)・権現山…139
コース20 湯船山・不老山…140
コース21 三国山 大洞山・立山…144
サブコース 山伏峠から鉄砲木ノ頭へ…148
サブコース 篭坂峠から畑尾山へ…149

丹沢の沢登り

コース22 水無川本谷…152
コース23 源次郎沢…154
コース24 本間沢…156
コース25 葛葉川本谷…158

コラム

日向薬師…35
大山を楽しむ…43
丹沢の鉱山…75
玄倉林道とユーシンの現状…117
岩田澗泉氏の道標…143

インフォメーション

丹沢へのアクセス…160
丹沢周辺図…162
丹沢の登山口ガイド…164
丹沢の山小屋ガイド…174
立ち寄り湯ガイド…179
行政区界・地形図…180
問合せ先一覧…181
主な山名・地名さくいん…183

1 弘法山・高取山・浅間山・大倉
2 大山・三ノ塔・塔ノ岳・丹沢山・鐘ヶ嶽
3 経ヶ岳・仏果山・南山・焼山
4 高松山・大野山・シダンゴ山
5 鍋割山・檜岳・蛭ヶ岳・檜洞丸・畦ヶ丸
6 姫次・大室山・加入道山
7 不老山・湯船山・三国山
8 菰釣山・鳥ノ胸山・矢頭山
9左 鳶尾山
9右 白山詳細図
10 仏果山・経ヶ岳・春ノ木丸詳細図
11 権現山・弘法山詳細図
12 高取山・浅間山・聖峰詳細図
13 大山・日向山・鐘ヶ嶽・大山三峰詳細図
14 大倉尾根・表尾根詳細図①
15 大倉尾根・表尾根詳細図②

本書の利用法

本書は、丹沢全域の一般的な登山コースを対象とした登山ガイドブックです。収録したコースの解説はすべてエリアに精通した著者による綿密な実踏取材にもとづいています。本書のコースガイドページは、左記のように構成しています。

コースガイド

❶山名・行程

コースは目的地となる山名・自然地名を標題とし、行程と1日ごとの合計コースタイムを併記しています。日程（泊数）はコース中の山小屋を宿泊地とした標準的なプランです。

❷コース概念図

行程と主な経由地、目的地を表したコース概念図です。丸囲みの数字とアルファベットは、別冊登山地図帳の地図面とグリッド（升目）を示しています。

❸コースガイド本文

コースの特徴をはじめ、出発地から到着地まで、コースの経路を説明しています。主な経由地は、強調文字で表しています。本文中の山名・地名とその読みは、国土地理院発行の地形図に準拠しています。ただし一部の山名・地名は、登山での名称・呼称を用いています。

❹コース断面図・日程グラフ

縦軸を標高、横軸を地図上の水平距離としたコース断面図です。断面図の傾斜角度は、実際の登山道の勾配とは異なります。日程グラフは、ガイド本文で紹介している標準日程と、コースによって下段に宿泊地の異なる応用日程を示し、日程ごとの休憩を含まないコースタイムの合計を併記しています。

❺コースタイム

30〜50歳の登山者が日帰りもしくは山小屋利用1泊2日程度の装備を携行して歩く場合を想定した標準的な所要時間です。休憩や食事に要する時間は含みません。なおコースタイムは、もとより個人差があり、登山道の状況や天候などに左右されます。本書に記載のコースタイムはあくまで目安とし、各自の経験や体力に応じた余裕のある計画と行動を心がけてください。

サブコース

❻コースグレード

丹沢の無雪期におけるコースの難易度を初級・中級・上級に区分し、さらに技術度、体力度をそれぞれ5段階で表示しています。

初級 紹介するエリアにはじめて登る人に適したコースです。難所のない日帰り登山・ハイキングを主に楽しんでいる初心者を対象としています。

中級 歩行距離や標高差が大きく、急登の続くコースや宿泊を伴うなど、登山の経験がある人に向きます。

上級 危険度の高い岩場が少ない山域だけに、歩行距離や標高差の大きさに加えて、途中に避難できる山小屋などの施設が少ないコースで、的確なコースプランニングや天候判断が求められるコースを、このランクにしています。

技術度

1＝よく整備された散策路・遊歩道
2＝とくに難所がなく道標が整っている
3＝ガレ場や小規模な岩場がある
4＝注意を要する岩場、迷いやすい箇所がある
5＝きわめて注意を要する険路

これらを基準に、天候急変時などに退避路となるエスケープルートや、コース中の山小屋・避難小屋の有無などを加味して判定しています。

体力度

1＝休憩を含まない1日のコースタイムが3時間未満
2＝同3〜5時間程度　3＝同5〜7時間程。
4＝同7〜9時間程度　5＝同9時間以上

これらを基準に、コースの起伏や標高差、日程などを加味して判定しています。なおコースグレードは、登山時期と天候、および荒天後の登山道の状況によって大きく変わる場合があり、あくまで目安となるものです。

別冊登山地図帳

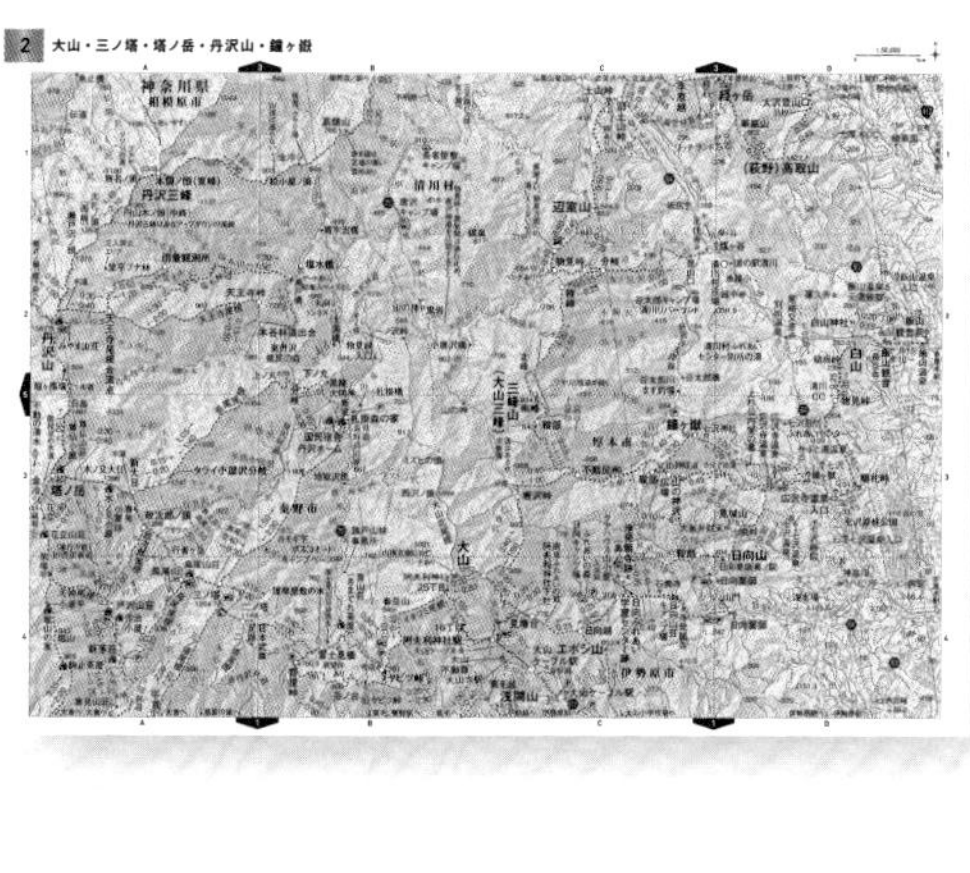

❼コースマップ

別冊登山地図帳に収録しています。コースマップの仕様や記号については、登山地図帳に記載しています。

丹沢に登る

丹沢の山中には鉱山跡が意外と残っている（P75コラム参照・写真は仏果山中の坑道跡）

5月中旬～6月初旬の山稜はシロヤシオとトウゴクミツバツツジに彩られるが、年により開花にばらつきがある（西丹沢・熊笹ノ峰付近）

東西40㎞、南北30㎞におよぶ巨大な山塊・丹沢《たんざわ》は、神奈川県西部にどっかりと腰を据え、その一部は神奈川にとどまらず、山梨県や静岡県にまで張り出している。

最高峰でも標高1673mの蛭《ひる》ヶ《が》岳《たけ》のように2000mに満たない山域ではあるが、山麓の標高も低いだけに、標高差1000mという体力重視のコースも少なくない。つまりは、日本アルプスや八《やつ》ヶ《が》岳《たけ》と同等の運動量が必要ということになる。

一方で、山々の奥深さに驚かされるのも、また丹沢である。山塊深く、相模《さがみ》川や花水《はなみず》川、酒匂《さかわ》川の各水系の河川が山肌を削る。幾重もの谷が荒々しく刻まれ、滝をかける。

沢沿いの道は大雨により状況が一変することもある(畦ヶ丸・西沢)

丹沢といえば沢登りも魅力のひとつ。水無川水系・源次郎沢をはじめ約200ものルートがある

都会近くの大秘境、それが丹沢山塊だ。

■エリア分けについて

この丹沢山塊を、本書ではいくつかのエリアに分けている。

丹沢山塊を南北に貫くのが、秦《はだ》野《の》からヤビツ峠を通り宮ヶ瀬《みやがせ》に抜ける県道70号。この東側が、東丹《ひがしたん》沢《ざわ》・大山《おおやま》エリアである。

さて、大山からヤビツ峠をはさんだ西側の山々へ目を転じよう。ヤビツ峠からの尾根は、表《おもて》尾根と名づけられ、二《に》ノ塔《とう》、三《さん》ノ塔《とう》を越えて塔《とう》ノ岳《だけ》にいたる。さらに西南に向かった稜線は、鍋割《なべわり》山稜と名を変えて鍋割山《なべわりやま》へ通じ、さらに西の檜岳《ひのきだっか》へとのびてゆく。

一方、塔ノ岳より北にのびる稜線は、丹《たん》沢山《ざわやま》で西に向かい、主峰の蛭ヶ岳へといたる。なお、表尾根から塔ノ岳、丹沢山を経て蛭ヶ岳、さらにはそこから北にのびて姫《ひめ》次《つぎ》、焼山《やけやま》へと続く稜線を丹沢主脈とよぶ。

この蛭ヶ岳より南側を表丹沢《おもてたんざわ》、蛭ヶ岳より北側の道志《どうし》川、そしてその支流・神《かん》之川《かわ》に面する山々が裏丹沢《うらたんざわ》とよばれるエリアだ。さらに、蛭ヶ岳より檜洞丸《ひのきぼらまる》を経て、大室山《おおむろやま》、菰釣山《こもつるしやま》へとのびるのが丹沢主稜だ。大室山以西は神奈川県と山梨県との県境となるので、甲相《こうそう》国境尾根という別名でも知られる丹沢の主稜線である。この蛭ヶ岳以西の山々を、ざっくりと西丹沢《にしたんざわ》とよんでいる。

■丹沢の四季

四季を通じて楽しめる山が丹沢である。しかし、季節に応じた山を選ぶとよりいっそう楽しい登山になるだろう。

早春、3月にもなればミツマタが咲きだす。ゴールデンウイークには沢登りのシーズンがはじまり、稜線近くのマメザクラが花揺らすのもこのころ。5～6月にかけてはトウゴクミツバツツジやシロヤシオが開花。檜洞丸や丹沢山周辺のブナ林を彩り豊かにする。それに追従し、丹沢最西端では日本最大の自生バラで、富士《ふじ》箱根《はこね》エリアに自生するサンショウバラが見ごろを迎える。

梅雨。じわり湿った谷筋では、イワタバコが紫の花を濡らして夏がはじまる。丹沢は標高が高いとはいえないだけに、酷暑に飲みこまれる。この時期の登山には、十二分な熱中症対策を施して臨む必要がある。とはいえ、霧におおわれた山稜には思わぬ涼しさが漂うもの。また、水を浴びての沢登りも楽しいものだ。マルバダケブキやトウゴクヒメシャラが、初夏を彩る花となる。

そして、8月末ごろに丹沢を彩るのが、

富士山から近いだけに、美しい富士を望むポイントも数多い（西丹沢・菰釣山）

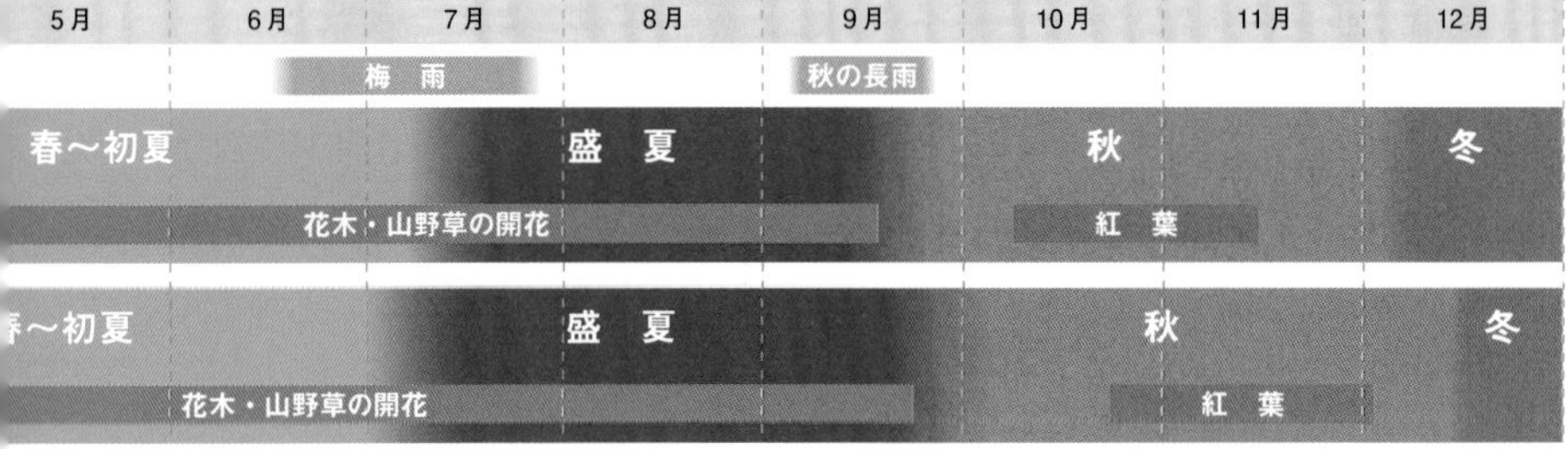

丹沢のごく限られた地域にしか咲かない固有種・サガミジョウロウホトトギス。その黄色い花が岩肌に揺れて、夏が終わる。

　同じころ、ブナの林床をおおうテンニンソウやシロヨメナが花咲かせ、風に揺れる。秋になると、高い山から順次紅葉や黄葉が下ってくる。派手さはないが、じわりと染みる色合いだ。低山であれば、師走の声を聞いても、まだ色づいた山を楽しめる。

　そして冬。例年であれば主稜線は12月ごろに一回二回と雪景色に染まり、年越しころから頂稜部や北斜面の積雪は解けることなく残ってゆく。一方、関東地方の冬型らしく、日中は晴天で、夜は放射冷却で凍える寒さとなる。そのようなメリハリのあった冬も、最近はすっかり曖昧になってしまっているのが残念だ。

　残念といえば、ヤマビルの増加である。東丹沢のみならず、西丹沢にも分布が拡大している。登山の際は忌避剤や塩などで防御する（忌避剤が置かれている登山口もある）。目の細かいストッキングもヤマビル対策に有効だ。発見したら薬剤や塩を用いて、これ以上の分布拡大を妨げてもらいたい。

■山小屋

　丹沢には約20軒の営業小屋がある。日帰りできる山が大半だが、山上からの夜景や日の出は格別だけに、ぜひ宿泊して丹沢を楽しんでいただきたい。小屋により通年営業や週末営業など形態が異なるので、利用の際は事前に調べたうえ、予約もしたい。

　茶店も楽しみのひとつ。鍋割山荘の「鍋焼きうどん」は絶大な人気だが、「ルーメン」で名高い大山のさくらや、「牛乳プリン」の大倉《おおくら》尾根・観音《かんのん》茶屋をはじめ、青山《せいざん》荘のきまぐれ茶屋や新茅《しんかや》荘といったお茶屋さんが疲れた体をリフレッシュさせてくれる。

　なお、檜洞丸の青ヶ岳《あおがたけ》山荘より西には営業小屋がなく、避難小屋ばかりである。緊急避難用だが、休憩や宿泊でも利用する可能性は高い。利用後は整理整頓、そして清掃までしっかり心がけたい。


丹沢の厄介者・ヤマビル。不用意に肌を露出しないことも重要だ。活動期は4～11月にかけて

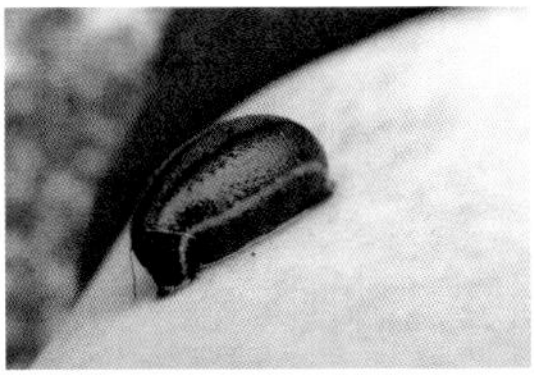

丹沢の登山シーズン

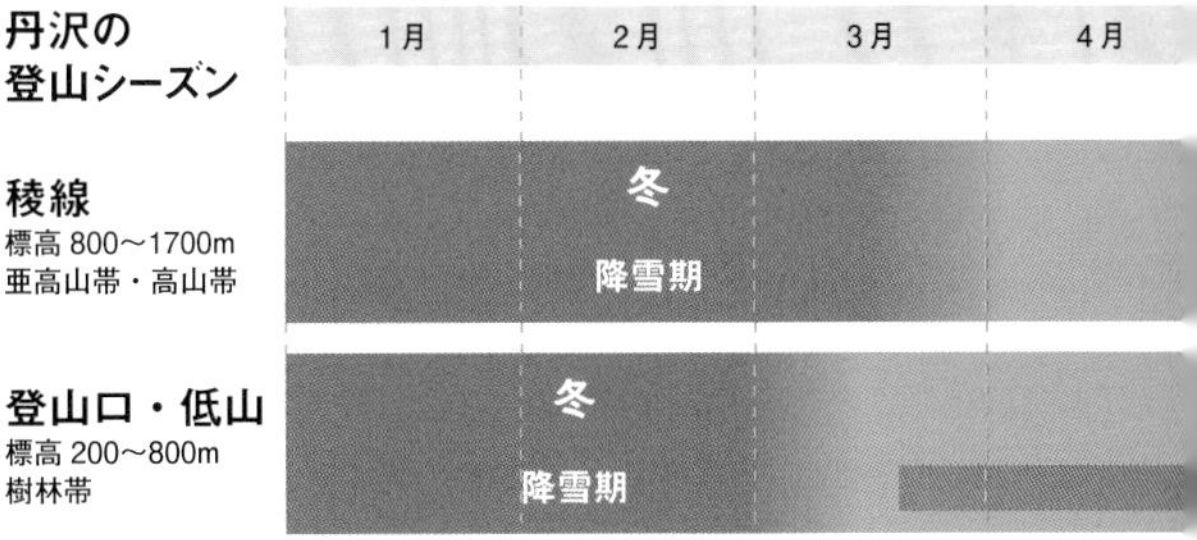

東丹沢を代表する山・大山。均整のとれた三角形の山容は、東京圏全域からもよく目立つ（秦野市八沢地区から）

東丹沢・大山

標高200m強から
1000m以上の山までそろう
丹沢登山の入門エリア

その名の通り巡礼の道が通っていた順礼峠

丹沢東端の縦走路 小さなアップダウンは 信仰の道でもある

日帰り 飯山観音前バス停→飯山観音→白山神社→白山→順礼峠→広沢寺温泉入口バス停　計2時間5分

コースグレード	初級
技術度	★☆☆☆☆ 1
体力度	★☆☆☆☆ 1

坂《ばん》東《どう》三十三観音第六番としても知られ、古くから信仰を集めたのが、飯上山《いいがみさん》長谷寺《ちょうこくじ》（飯山観音《いいやまかんのん》）。寺の裏手にある白山《はくさん》から稜線づたいに順礼《じゅんれい》峠へと向かう道は古の巡礼道でもあり、標高は低いながらもアップダウンを繰り返し小さな峠をいくつも越えていく、楽しい稜線歩きだ。

登山口の飯山観音山門。ここから石段を上がる

日帰り
飯山観音から白山を経て順礼峠へ

スタートは目の前を小鮎《こあゆ》川が流れる**飯山観音前バス停**。朱色に塗られた欄干の橋を渡り「飯山白山森林公園へようこそ」と大きく書かれた飯山観音へのゲートをくぐって、車道をまっすぐ登りはじめる。まもなく沢沿いの歩道があるので、そちらを行こう。参道の階段が現われたら、山門をくぐって石段を登る。いったん車道を横切ると

飯山観音の名で親しまれる飯上山長谷寺

飯山観音はサクラの名所となっている

仁王《におう》門で、右手の駐車場内にトイレがある。境内手前には神奈川県の名木百選に選ばれた樹齢４００年以上と伝わるイヌマキがすっくと立ち、左手に新しい社務所がある。

さらに石段を登ると木造の立派な**飯山観音**の本殿が現われるので、登山安全を祈願していこう。本殿の左手から回りこむと、そこから登山道となる。すぐに男《おとこ》坂と女《おんな》坂の分岐があり、尾根上を一気に登る男坂を進む。なお、左手の女坂は大きく迂回して白山展望台のすぐ脇に登るコースだ。

階段状に整備された道が、休むことなく稜線に向かってのびる。登山道の周囲は常緑あるいは落葉の広葉樹が多く、大木も少なくない。展望はないものの、心地よい山道である。稜線まで登りきると、みごとな枝振りの大木にほっとひと息つけるだろう。

最初は稜線を右手（北側）に進む。すぐに**白山神社**と白山池が現われる。白山池は小さな池だが涸れたことがないとされ、雨乞いの伝説が残る。

稜線を戻り、さらに南に進むと今度は**白山**山頂の展望台がある。相模《さがみ》湾から都内まで、標高は低いがなかなかの眺めだ。３等三角点もある。

広々とした眺望を堪能したら南西方向に一気に下る。階段状だが滑りやすい。わずかに登り返すと、右から御門橋《みかどばし》バス停から登ってくる関東ふれあいの道を合わせる。

この次の鞍部は乗越《のっこし》（＝峠）となっており、古い道跡が稜線を横切る。地形図では貉坂《むじなざか》峠と記される場所だが、道標はない。さらに進むと同じように古い乗越があり、そのすぐ先の小ピーク上にベンチと「むじな坂峠」の立派な石標が立つ。厚木《あつぎ》市により立てられたものだが、そもそも峠ではないのでまぎらわしい。なお、石標には、「むじな」が動物のムジナ（貉）をさすのではなく、地域の地名をさしている

早春の桜と新緑。モザイク状に彩られた白山山頂

稜線上にまつられる瀟洒な白山神社

と記されている。また、白山からここまでの2つの乗越は、いずれも西側へ下る道が開発により通行不可なのが残念だ。この小ピークから振り返れば、枝のあいだから先ほどまでいた白山の展望台が望める。

さて、もう少し進もう。春先ならば、クサボケやヤマブキなど折々の花が目を楽しませてくれるだろう。ベンチがあり、「順礼峠まで1・7km」の道標が立つ**物見《ものみ》峠**を過ぎ、急傾斜を下った小鞍部にはベンチが並んでいるが、いずれも苔むし湿気ているので、あまり座りたくない。

コナラの多いゆったりとした稜線だが、足もとには根張りが露出している。滑らないように進もう。道は七沢《ななさわ》森林公園の一角となり、動物侵入を防ぐためのフェンスが設けられている。フェンスの扉を開ければ、まもなく4等三角点と水準点が並び、わずかに下ると**順礼峠**だ。坂東三十三観音を結ぶためのまさに巡礼の道であった峠で、巡礼の老人と娘が襲われたという伝説も残る。鎮座する大きなお地蔵様は、それを悼んで建立されたと伝えられている。

峠からは、直接尾根を進む道のほか、いくつかの道が分岐するが、ここでは道標に「関東ふれあいの道　七沢温泉　日向《ひなた》薬師」と記された、右手前（西側）に戻るようなコースを進む。幅広い道を下ってゆくと、やがてゲートがあり、そこを抜ければ、生活圏の中である。道標には大きく「バス停」と記されるので、それを頼りに進めば**広沢《こうたく》寺《じ》温泉入口バス停**に出る。

プランニング&アドバイス

飯山観音は、坂東三十三観音のひとつとして信仰を集める一方で、近年は日向薬師や大山寺とともに「丹沢三山」と称している。それぞれの御朱印を集めるキャンペーンなどもある。御朱印を受けられる時間などは決まっているので、事前確認をしておこう。飯山観音は花見の名所でもあり、サクラの時期には混雑する。通常の駐車場が使用できなくなる場合もあり、気をつけたい。白山へは少々迂回する女坂を上っていくこともできる。なお、温暖な季節にはヤマビル対策をして登りたい。本コースからの下山後、見城山から日向薬師（P32参照）まで結んで歩くのもよい。たっぷり一日のコースとなる。

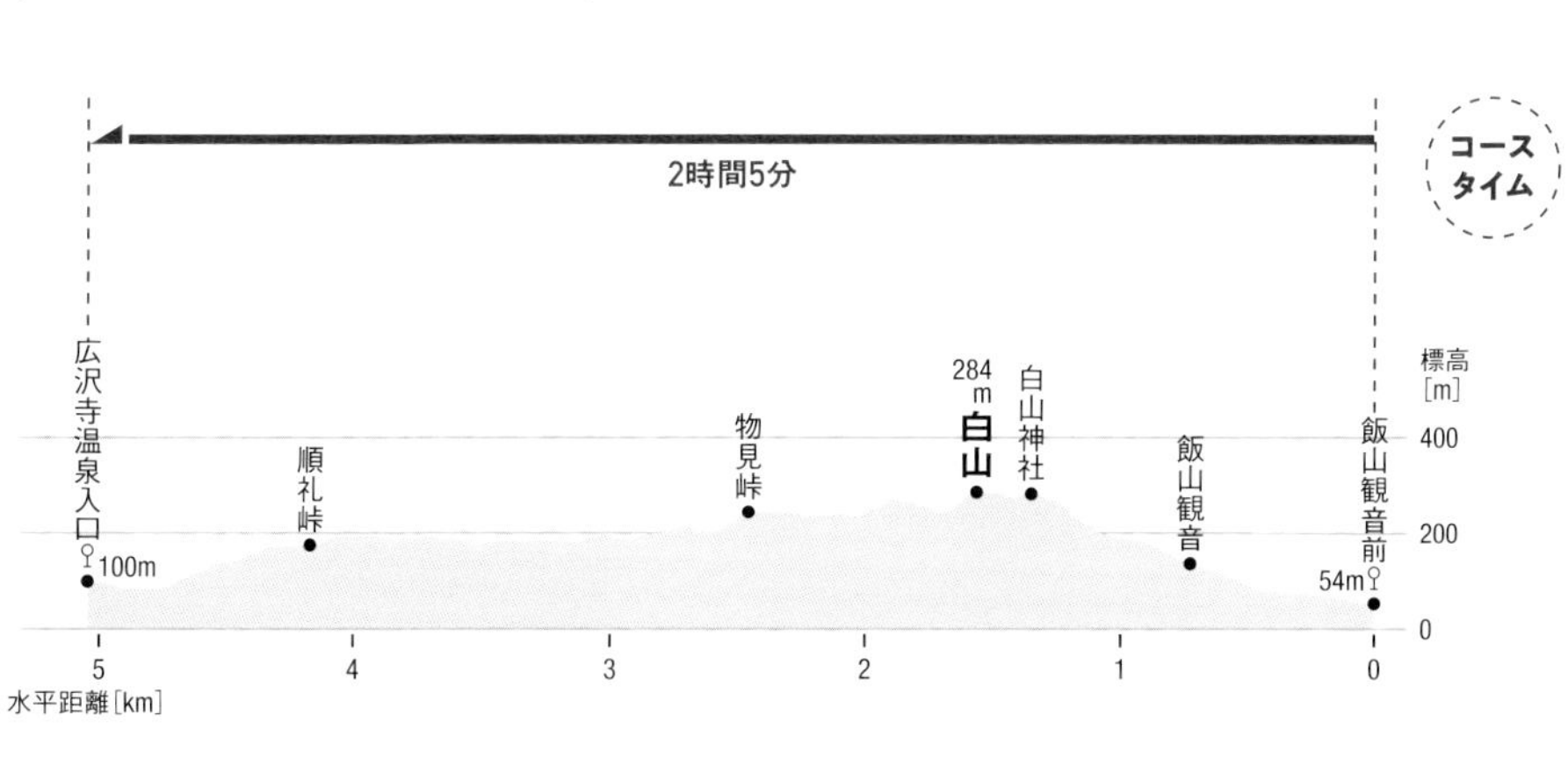

サブコース

鳶尾山・八菅山

鳶尾団地↓金毘羅宮跡↓鳶尾山↓やなみ峠↓展望台↓八菅神社↓一本松　2時間40分

Map 9-4B　鳶尾団地バス停

Map 9-2B　一本松バス停

コースグレード	初級
技術度	★☆☆☆☆　1
体力度	★★☆☆☆　2

丹沢ではもっとも初級ながら、変化のあるハイキングを楽しめるコースである。住宅街からの歩きはじめに、どこに山があるのだろうと不安さえよぎるが、公園からの階段を登りきると、まるで別世界にいざなわれるのがおもしろいところだ。なお、八《は》菅山《すげさん》は丹沢修験のスタート地点という、歴史を秘める山でもある。

鳶尾《とびお》団地バス停で下車。車道を左手に進み天覧台《てんらんだい》公園へ。そこに鳶尾山《とびおさん》ハイキングコース案内板が設置されている。その脇の階段を一気に登ろう。振り返ると大山《おおやま》の勇姿が際だち、丹沢の末端であることが感じられる。

鳥居をくぐると、里山らしい雑木の道。尾根沿いの道はいくつかの小径を分けるが、基本的には尾根に寄り添ってのゆるい登りだ。金毘羅《こんぴら》社の鳥居をくぐると**金毘羅宮跡**。広場となっていて、小屋が建っている。

さらに進むと、らせん階段で登る鳶尾山展望台。厚木《あつぎ》市街から相模《さがみ》湾にいたるまで、なかなかの眺望である。その展望台直下には巨大な日清《にっしん》戦没記念碑が立つ。

展望台からゆったりと下り、広々とした鞍部から登り返しとなる。まもなく、サクラが多く植えられ、ゆったりとした**鳶尾山**山頂に着く。標高は２３４ｍながら眺めはよく、1等三角点が据えられている。

ここからは車も通れる幅の道となる。ゆったりと下って車道の横切る**やなみ峠**へ。峠から八菅神社方面をめざし、舗装された

1等三角点やベンチがある鳶尾山山頂

天覧台公園の一角にある鳶尾山への登山口

鳶尾山展望台

車道を右手に下っていく。青年勤労の碑を過ぎて、なおも下る。大沢橋《おおさわ》を渡り、左へ。まもなく「八菅山いこいの森みずとみどりの青空博物館」とよばれる**広場**に出る。周辺に蜻蛉《とんぼ》池やベンチ、トイレもある休憩ポイントだ。

ここから道標の示す展望台広場への道へ。スダジイをはじめとする常緑広葉樹の多い斜面を登りきると、尾根上の舗装路となる。近くに梵天塚《ぼんてんづか》がある。ここを左手に進むと、右手上に展望台広場と、かわいらしい緑色の展望台が現われる。近くに三角点（225・7m）はあるが、展望台広場のほうが八菅山のてっぺんと考えてよさそうだ。東京方面の眺めをたっぷり楽しんだら、いったん梵天塚方面に戻り、八菅神社方面へ。**八菅神社**は、丹沢が修験道の行場であった時代に修行のスタート地点となった神社で、趣のある横に長い神社である。参拝をすませたら、歴史を感じさせる長い石段を下ろう。石段を終え鳥居をくぐり、そこからは舗装された道を進む。

八菅橋で相模川支流の中津《なかつ》川を渡り、段丘上へと進む。中津小学校の脇を通り、しばらくすると、県道63号とぶつかる。厚木へ向かう**一本松《いっぽんまつ》バス停**は交差点左脇だ。

丹沢修験の出発点であった八菅神社。3月28日に例大祭が行われる

プランニング&アドバイス

標高も低く、丹沢前衛でも最も気軽に登れる山である。子供を連れてのハイキングでも十二分に楽しめるだろう。また、標高の低さにもかかわらず、展望がよい。冬晴れの空気の澄んだ日などにもちょっとの合間を見て足を運ぶことができる。なお八菅山展望台北西側に七尾山とよばれる225.7m三角点があるが、踏み跡程度の道なので、展望台を山頂とした。

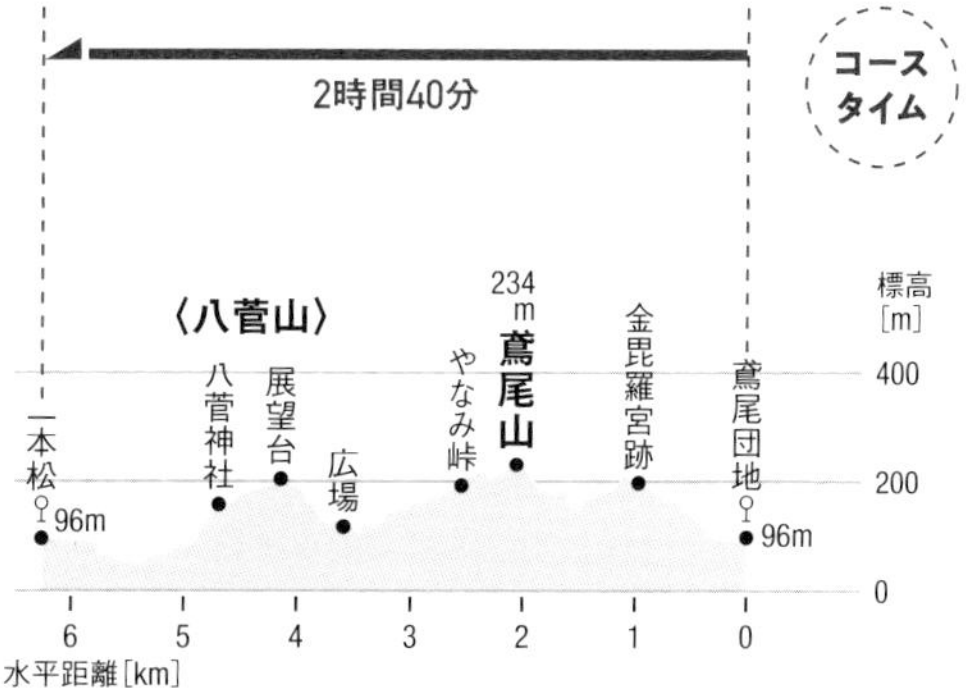

高取山展望台からの仏果山。左奥は相模湾に続く平野部

丹沢の東端にある
人気の山々をたどる

コースグレード | 初級

技術度 ★★★☆☆ 3

体力度 ★★☆☆☆ 2

日帰り　仏果山登山口バス停→宮ヶ瀬越→高取山→宮ヶ瀬越→仏果山→経ヶ岳→半僧坊前バス停　計4時間40分

中《なか》津《つ》川をせき止めて誕生した宮ヶ瀬《みやがせ》湖東岸の山々は、丹沢山塊の東端に連なる山々ということでもある。ここには、ハイキングにうってつけの道がのびている。これらの山の代表格が仏果山《ぶっかさん》だ。もともと信仰の山であり、山名はここで座禅修行をしたという仏果禅師にちなむとされる。現在では関東ふれあいの道が通り、アプローチも手軽だけに、訪れるハイカーは数多い。

さて、複数ある登山道のうち、ここに紹介するのは清川《きよかわ》村の宮ヶ瀬湖側にある仏果山登山口から宮ヶ瀬越《みやがせごえ》に登り、高取山《たかとりやま》に立ち寄ってから本命の仏果山へ。さらに半原《はんばら》越《ごえ》、経ヶ岳《きょうがたけ》を経由して愛川《あいかわ》町の半僧坊《はんそうぼう》へ下山するコースである。

日帰り

高取山から仏果山、経ヶ岳に登り、半僧坊へ下る

本厚木《ほんあつぎ》駅から宮ヶ瀬行きバスに乗り、宮ヶ瀬湖畔の**仏果山登山口バス停**で下車。わずかに戻り道路を横断すると登山道入口で、

仏果山山頂に設置された鉄製の展望台

愛川山岳会お手製の道標がある宮ヶ瀬越

階段を登るとすぐに登山届のポストがある。少々薄暗い印象の植林をジグザグと登ると、石の祠が佇んでいる。「仏果山まで1・6㎞」の道標を過ぎると、明瞭な尾根上の道になり、モミの木を解説する看板がある。標高500mを超えたところには、休憩によいベンチもある。

そのまま登り続けるとモミの大木が増えてきて、やがて稜線に出る。愛川山岳会が立てた「**宮ヶ瀬越**」を示す立派な道標が立っている。ここから仏果山へは右に進むが、まずは左手に折れ高取山へ向かおう。

高取山山頂には鉄骨製で高さ13mの展望台が設けられ、展望は抜群である。眼下には宮ヶ瀬湖が青く、その向こうに丹沢山塊の中央部分が大きく広がり、見飽きることはない。刈り払われた山頂にはベンチもあるのでゆったりくつろげる。高取山からは愛川ふれあいの村へ下る道（P25参照）、そして宮ヶ瀬ダムへと下る道（P24参照）が分かれるが、いずれの道も仏果山よりも訪れる人が少なく静かである。

同じ道を戻って、**宮ヶ瀬越**から仏果山をめざす。途中、水源の森林づくりのための作業路を分けながら、稜線上をたどってゆく。補助ロープも張られた急登を行くと山頂は近い。**仏果山**山頂にも背の高い展望台があり、丹沢の峰々から首都圏までの大展望を楽しめる。先ほどまでいた高取山も近い。仏果山には愛川ふれあいの村方面（P25参照）からの登山者も多く、ベンチのある山頂は休日ともなるとにぎやかだ。

山頂からは南に向かう。直下で登路の仏果山登山口からの道を分けると、すぐにやせた尾根となる。補助ロープも張られており、慎重に進もう。眼下には山を削る採石場が現われるが、少々痛々しい光景だ。

馬《ま》渡《わたり》バス停方面への分岐を過ぎると、ベンチのある広場がある。まもなくたどり着

高取山展望台からの宮ヶ瀬湖と丹沢の山々

経ヶ岳からの下り、標高320m地点にあるベンチ

仏果山から経ヶ岳方面へと続く縦走路を眺める

く640m峰には、やはり愛川山岳会により革《かわ》籠石山《ごいしやま》の道標が立つ。ここから階段状の道を下り、鞍部からわずかに登り返せば土山《つちやま》峠からの道が**合流**する。

なおも稜線をたどり、下っていくと横切る法《お》論堂《ろんど》林道にぶつかる。ここが**半原越**である。車や自転車に気をつけて林道を横切り、反対側の植林内にのびる登山道へ取り付く。階段状の急坂を登ると、経ヶ岳の山名の由来でもある経《きょう》石が稜線上にある。弘法大師《こうぼうだいし》が経文を収めたという伝説のある大岩だ。ここからひと登りでベンチのある**経ヶ岳**山頂で、大山《おおやま》方面や相模《さがみ》湾が眺められる。

山頂をあとに稜線沿いにのびる華厳山《けごんやま》方面への道（P22参照）を分け、一気に下る。鞍部からシカ柵をくぐり、右手の植林内を巻き気味に下る。再びシカ柵を抜けると林道に出る。ここで右に折れ、林道を50mほど歩いた先で左手の登山道へ入り、道なりに下っていく。やがて涸れ沢を横断して、沢沿いの道を下る。

まもなく未舗装の林道となり、厚木と旧津久井《つくい》を結ぶ国道412号にぶつかる。ここから本厚木駅へと向かう**半僧坊前バス停**は少し下ったY字路の右側にある。

プランニング&アドバイス

仏果山には多くの登山道がある。紹介したコース以外にも、土山峠や宮ヶ瀬ダムからの道（ともにP24）、愛川ふれあいの村からの道（P25）、あるいは華厳山へ抜ける縦走路（P22）などがあるので、力量に応じてコースを組み立てることができる。マイカー利用の場合、仏果山登山口バス停の宮ヶ瀬寄りに無料の大棚沢駐車場がある。登山口に近く便利だが、8〜17時の開設となっている（時間外閉鎖・P164登山口ガイド参照）。人気のコースだが、途中に水場や売店、トイレはないので、準備はしっかりしておくこと。

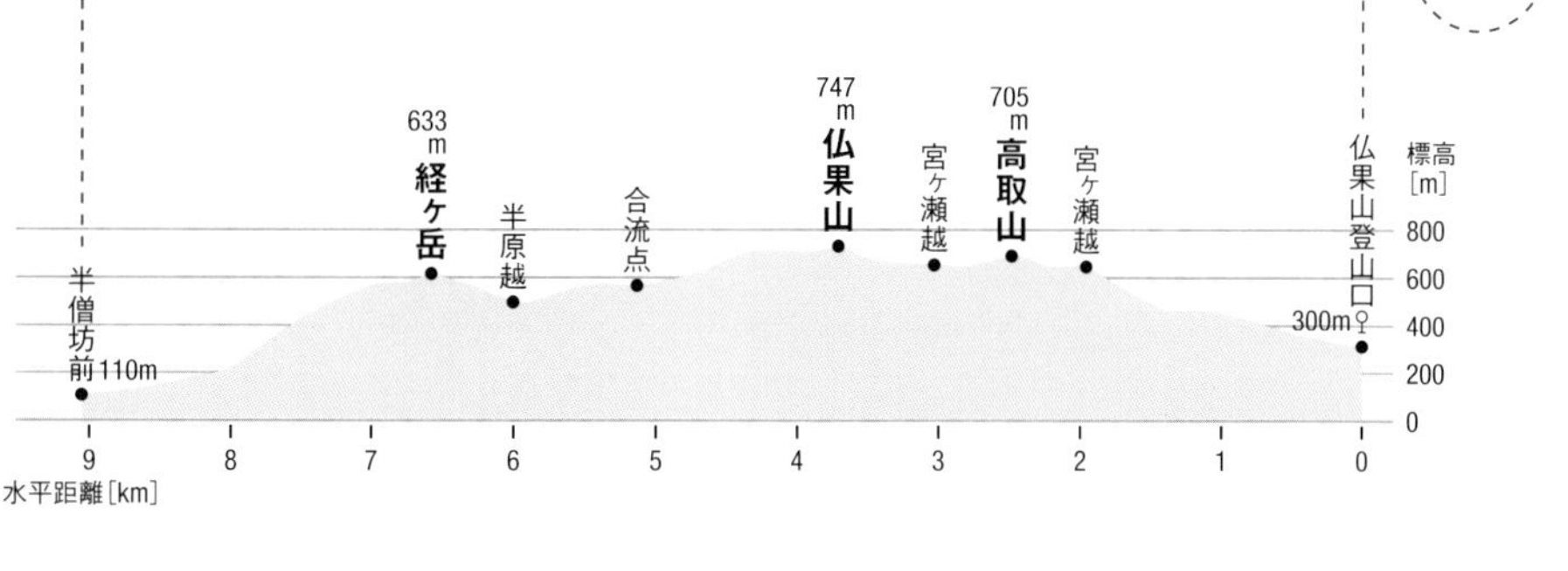

サブコース

経ヶ岳から（荻野）高取山へ

半僧坊前↓経ヶ岳↓華厳山↓（荻野）高取山↓大沢登山口↓上荻野　3時間15分

宮ヶ瀬《みやがせ》湖の東岸にそびえる山々は、経ヶ《きょうが》岳《たけ》からさらに南東側に稜線をのばし、華厳《けごん》山《さん》、（荻野《おぎの》）高取山《たかとりやま》へと山々を連ねてゆく。この一帯には西山《にしやま》という別称もあり、この３つの山で「西山三山」ともよばれる。「相州《そうしゅう》アルプス」という呼び名もあるようだ。これらの山々は地元厚木《あつぎ》市荻野の「西山を守る会」が手入れに尽力をしている。

半原手前の**半僧坊前**《はんそうぼうまえ》でバスを下車。わずかに戻り、道《みち》ノ入《いり》沢沿いに「経ヶ岳・半原《はんばら》越《ごえ》ハイキングコース」という道標にしたがって林道を進む。林道はすぐに登山道となり、堰堤横の階段を登る。次の堰堤を登ったら、道標にしたがい左岸（下流から見て右側の岸）側から右岸側へ移動。そのまま登山道を進もう。なお、道標付近には「西山を守る会」設置のポストがあり、このエリアの山情報が記されたチラシが入っていて、登山の参考になる。

標高３２０ｍほどの尾根上にはベンチがあり、休憩によい。尾根上を進むと４２０ｍ付近で林道に出る。右に折れ50ｍほどで、左斜め上へ向かう登山道へ折れる。

錆びたシカ柵を越え、植林をトラバース（斜面を横方向に移動すること）ぎみに進む。尾根に出るとベンチがある。さらに木の根の多い尾根道を行くと、小ピーク上にもベンチがある。ゆったり進み、ひと登りで眺

Map 3-4D　半僧坊前バス停

Map 3-4D　上荻野バス停

コースグレード　初級

技術度　★★☆☆☆　2

体力度　★★☆☆☆　2

経ヶ岳山頂から大山や丹沢主稜を望む

下山途中の男坂に鎮座する山の神

めのよい**経ヶ岳**山頂だ。

　経ヶ岳からは華厳山をめざす。稜線上を忠実にたどり、大きく下って登り返す道である。2018年の台風の影響で倒木が少々あるが、すでに手が入っており、登山には支障なく歩ける。**華厳山**山頂にはベンチも設置され、くつろげる。ここから左へ大沢《おおさわ》への道が分岐している。

　ひと休みしたら高取山をめざして進もう。同じ山稜上の宮ヶ瀬にも高取山（P18コース2参照）があるので、こちらはふもとの集落の名をつけて、荻野高取山とよばれることも多い。

　冬枯れの時期なら俄然明るい広葉樹の稜線を進む。下山で通る大沢方面への道を分け、わずかに登ると三角点もある**（荻野）高取山**山頂だが、西側が砕石で削られ何とも狭い。

　いったん大沢方面への分岐に戻り、下山を開始する。すぐに尾根上の道となり、テンポよく下ってゆく。男《おとこ》坂と女《おんな》坂の分岐があるが、尾根上の男坂を行こう。山《やま》の神《かみ》の祠を通り、なお下ってゲートを開けるとゴルフ場内となる。舗装路を左手に下ると、数本の道が合わさる。ここは華厳山や経ヶ岳へ直接登る**大沢登山口**である。

　ここからはカートなどに注意しながらゴルフ場内の沢（荻野川）に沿った市道をたどって進み、里に出る。用野《ようの》橋から右手に折れ、なおも進めば、浅間《せんげん》神社前で国道412号に出て、南東側へわずかに進むと**上荻野《かみおぎの》バス停**がある。

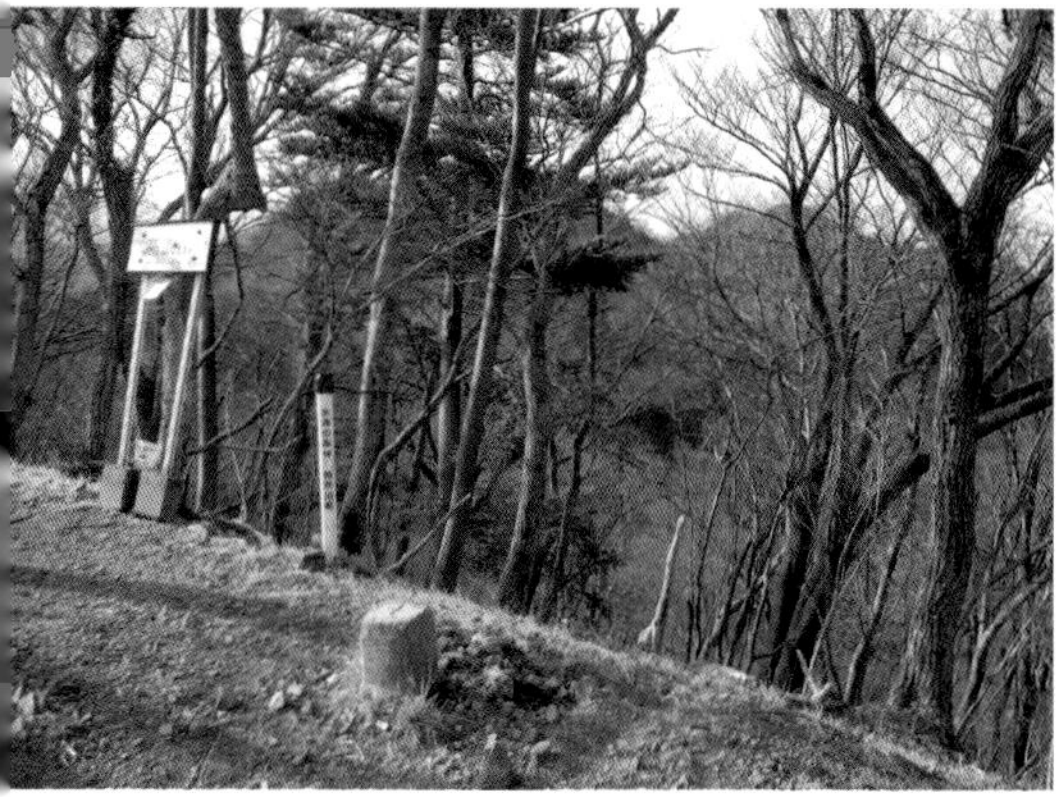

3等三角点がある高取山山頂。樹間から華厳山と経ヶ岳（右）が見える

プランニング&アドバイス

下山で通るゴルフ場内の道ではカートやボールに気をつけたい。マイカーの場合、田代運動公園前の中津川河川敷に駐車できる。登録有形文化財の平山橋を渡り登山口まで徒歩10分ほど。帰路は、国道412号を半原方面へ戻ることになるが、織戸組へのゲート先、「歓迎みずきらめく愛川」という看板手前の坂（沓掛坂）を右手に下れば、ショートカットになる。

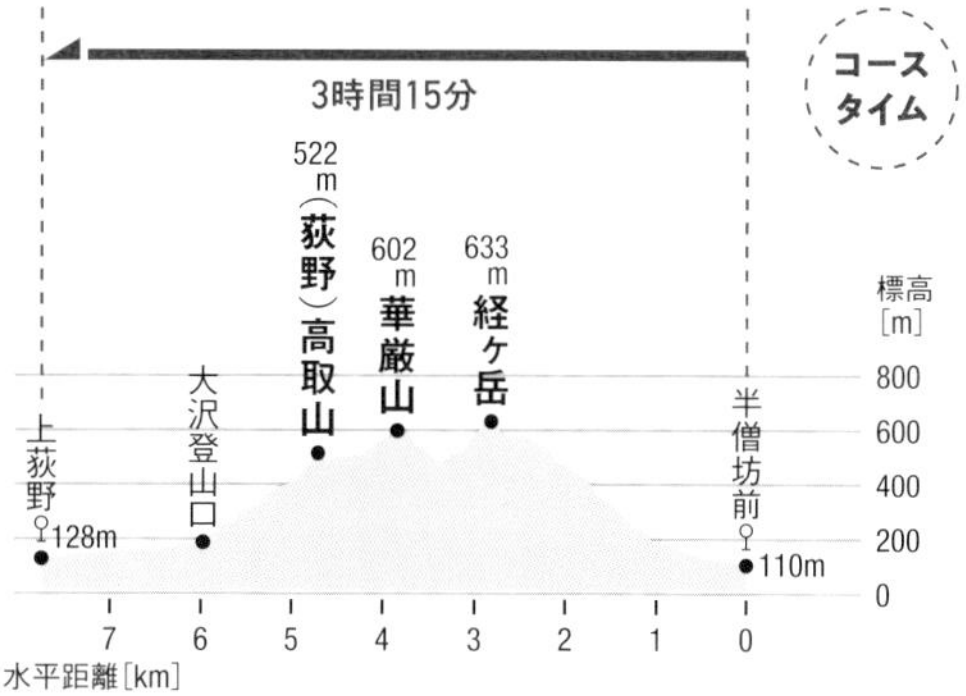

土山峠から仏果山へ

土山峠↓仏果山↓高取山↓宮ヶ瀬ダム　3時間20分

厚木《あつぎ》方面からバスに乗り宮ヶ瀬《みやがせ》をめざす。煤ヶ谷《すすがや》の集落を抜けて、うねうねとした坂を登りきると、バス停がある**土山《つちやま》峠**である。昔はここから下り坂になり宮ヶ瀬集落に向かったのだが、現在は宮ヶ瀬湖が広がり、道路は湖岸を進む。

その土山峠から県道を100mほど下ると、左手に「仏果山《ぶっかさん》3・1km」と記された道標がある。ここが登山口で、階段を登る。

小広い尾根上を進むと古いベンチがあり、その先で右下から道が合流する。**旧土山峠**だ。その先道標にしたがい、右上尾根上へ。ベンチなどを経て標高を上げ、「土山峠まで1・6km」を示す道標がある地点で、半原越《はんばらごえ》からのびる稜線の道と**合流**する。革《かわ》籠石山《ごいしやま》を経て仏果山へ向かうが、仏果山手前にやせ尾根があるので要注意。**仏果山**山頂にはテーブルや展望台がある。

山頂から少し戻り、高取山《たかとりやま》方面へ下る。**宮ヶ瀬越《みやがせごえ》**で湖畔へ下る道を分けて、**高取山**の山頂へ。ここにも展望台とテーブルがあるので、展望を楽しんでいこう。

愛川《あいかわ》ふれあいの村への道を分け、尾根道を宮ヶ瀬ダムサイトへと下る。途中の急な下りにはロープもあるので、慎重に降りよう。「宮ヶ瀬ダムまで1・65km」地点にはベンチもある。コース中間となる高圧鉄塔下にもベンチがあり、眼下に宮ヶ瀬湖が広がる。なおも急な下りが続き、やがて車道上の高取山登山口に出る。**宮ヶ瀬ダム**脇からあいかわ公園方面へ向かうが、時期により船で宮ヶ瀬園地に行くことも可能だ。

Map 2-1C　土山峠バス停
Map 3-3C　宮ヶ瀬ダム

コースグレード	中級
技術度	★★★☆☆ 3
体力度	★★☆☆☆ 2

経ヶ岳からの下り。宮ヶ瀬ダムを眼下にする

旧土山峠付近。古いベンチが並んでいる

サブコース

半原から仏果山周回

野外センター前↓高取山↓宮ヶ瀬越↓仏果山↓野外センター前　3時間40分

Map 3-3C 野外センター前バス停

Map 3-4C 仏果山

コースグレード	初級
技術度	★★☆☆☆ 2
体力度	★★☆☆☆ 2

厚木《あつぎ》バスセンターから野外《やがい》センター前経由半原《はんばら》行きに乗り、**野外センター前**で下車。愛川《あいかわ》ふれあいの村内、管理棟前の道をまっすぐ登り、「高取山仏果山《たかとりやまぶっかさん》入口」看板にしたがい登山道へ。しばらく進み「バス停留所・宮沢《みやざわ》大橋」へ下る道を分け、なお登る。標高約420mで半原中央林道が横切る。そのすぐ上はベンチがある広場で、休憩適地だ。さらに登って、右から「馬場《ばんば》・大平《おおだいら》」からの道を合わせるのがおよそ標高560mで、ここにもベンチがある。道標があり、「高取山0・8km」と記されている。なおも登ると展望台のある**高取山**山頂に出て、稜線上を進み、**宮ヶ瀬越**《みやがせごえ》を越えていく。

仏果山山頂からは、「関東ふれあいの道・半原バス停」の道標にしたがって進む。雑木の多い道を下ると、標高600m付近にベンチがある。さらに下った高圧鉄塔付近は伐り払われ、展望がよい。

標高430m付近で林道を横切る。道標の「半原バス停」方面をめざし、なおも下る。壊れかけのシカ柵をくぐり、「半原バス停まで2km」の道標のところで左へ。県道をくぐって人里に向かう。途中、愛川ふれあいの村に戻るには、道標にしたがう。**野外センター前バス停**へは、半原市街地をめざそう。

なお、起点であり終点である愛川ふれあいの村は、宿泊もできる県立の施設である。駐車場は登山者も利用できるが、その際には管理所に声をかけておくこと。

仏果山から下る途中、樹間に高取山を望む

高取山への中腹から半原の町並みを見下ろす

低山の植林地帯も、霧につつまれ深山の趣を楽しめる

宮ヶ瀬湖の北岸に連なるファミリーハイクの山

日帰り 鳥居原ふれあいの館バス停→権現平→南山→林道→関バス停　計2時間30分

コースグレード	初級
技術度	★★☆☆☆ 2
体力度	★★☆☆☆ 2

宮《みや》ヶ瀬《がせ》ダムが誕生しておよそ20年。その観光拠点の一角である鳥居原《とりいはら》ふれあいの館《いえ》がスタート地点となる。

ここに紹介する南山《みなみやま》は、宮ヶ瀬ダムの北西部直近に位置する山で、丹沢の山々や相模平野を望むファミリー向けハイキングコースが通っている。

もともと「南山」という呼称は、相模《さがみ》川水系の串《くし》川と中津《なかつ》川にはさまれた山域全体をよんだ名称だったようであり、現在、「権現平《ごんげんだいら》」あるいは「南山園地」とよばれる山は、「長峰《ながみね》」あるいは「長山《ながやま》」とよばれていた。さらに旧津久井《つくい》町（現・相模原市緑区）である鳥屋《とや》地区の鳥居原側を「東《ひがし》山《やま》」とよぶことから、東山の一部とも考えられる。一方で、宮ヶ瀬などの属する南側の清川《きよかわ》村では、仏果山《ぶっかさん》（P18コース2参照）などを「南山」とよぶ場合があるとのこと。双方を混同しないようにしたい。

このように、さまざまな名称をもつ山だが、ここでは、現在道標に統一表記される名称でコースを記すこととする。

鳥居原から車道を300mほどで登山口に出る。左手の階段を上っていく

歩きはじめの登山道。樹林の中を進む

日帰り

鳥居原から南山に登り、関バス停へ下る

スタートの**鳥居原ふれあいの館**は、橋本《はしもと》駅や三ヶ木《みかげ》からのバスの終点で、駐車場も大きい。山支度を調えたら、宮ヶ瀬ダム方面に向かっていく。ここは飛ばしてくる車が多いので要注意だ。5分ほどで芋窪《いもくぼ》橋を渡ると左手に道標が現われる。「権現平（南山園地）2・0km」と示された登山口だ。

登りはじめたとたんに、すぐ展望が開けるが、その後しばらくは樹林の中で展望はない。384m峰からは、いったん階段状に手の入れられた登山道を下る。ここから登り返しとなるが、最初に急なところがあるだけで、快適な登りだ。「鳥居原から1・5km」の地点で高圧鉄塔をやり過ごす。眼下に宮ヶ瀬ダムが一望できる。

さらにひと登りした「鳥居原から1・6km」地点で、鳥屋から登ってくる道が左から**合流**する。階段状に整備されたなだらかな登りを行けば、まもなくログキャビンのような公衆トイレがある。ただし冬季は使用不可なので注意したい。

その先は広々とした園地となる。**権現平**や南山園地、あるいは東山とよばれる場所である。整備された園地にはあずまやが建ちベンチも設けられ、休憩に最適だ。また、宮ヶ瀬湖側には権現平展望台があり、近くは宮ヶ瀬湖や仏果山、さらに広々とした相模平野から遠くは房総《ぼうそう》半島まで望める。

園地から歩きはじめるとすぐ左手に権現平という名の由来になったという祠が立ち、その脇を下ってゆく。544m峰の手前、「南山山頂まで600m」の地点で、北に東南《とうなん》林道を経て大堀《おおほり》へ下る道を分ける。

稜線を行く道が植林帯を抜けると明るい階段状の道になり、これを登りつめると**南山山頂**だ。広々とした山頂ではないが、蛭《ひる》ヶ岳《がたけ》から塔《とう》ノ岳《だけ》、大山《おおやま》など展望は抜群である。ここから眺めると、ちょうど大山の手

権現平の名の由来となった小さな祠

南山園地の休憩小屋。屋根つきでありがたい

権現平より宮ヶ瀬ダムと半原の町並み

前には、鍋嵐《なべわらし》の山頂が重なって見える。

山頂をあとに、階段状に整備された道を下る。およそ200mで分岐があり、道標の「青山《あおやま》・大堀方面」をとる。なお、「長《なが》竹《たけ》・韮尾根方面」へ進むと、県立あいかわ公園へ下ることができる。

下りはじめは階段状に整備された尾根上の道。ここでぐっと標高を下げてゆく。傾斜がゆるやかになってまもなく、「宮ヶ瀬線5」という高圧鉄塔の手前にあずまやがあり、休憩スポットとなっている。

植林の中を下ってゆく道は手入れされているが、風のあとなどは落枝も多い。そんな道をゆったりと下っていくと、「南山遊歩道案内図」という大きな看板の立つ場所で林道に降り立つ。

ここから舗装された道をなおも下っていく。ゴルフ場に隣接した道は、やがて大堀橋で串川を渡る。住宅の中をわずかに登り返すと国道412号とぶつかる。そこから左手に折れると数分で**関《せき》バス停**に出る。

プランニング&アドバイス

鳥居原ふれあいの館は、JR横浜線・京王線橋本駅からバス1本でたどり着く。また、三ヶ木からも鳥居原行きバスがある。本コースは、関バス停を終点とした。関は上記2路線が通るので、鳥居原に駐車した場合、バス利用で車の回収ができる。なお、子供連れなら韮尾根方面へ下山し、あいかわ公園経由で帰るのもよい。その場合、週末中心に宮ヶ瀬湖を周遊するシャトルバスがあり、鳥居原や宮ヶ瀬方面へ回ることができる。また、便数は限られるがダムから定期船で宮ヶ瀬園地に渡ることもでき、湖上から南山を眺めるのも楽しい。シャトルバスや船の詳細は宮ヶ瀬ダム周辺観光財団に問合せのこと。

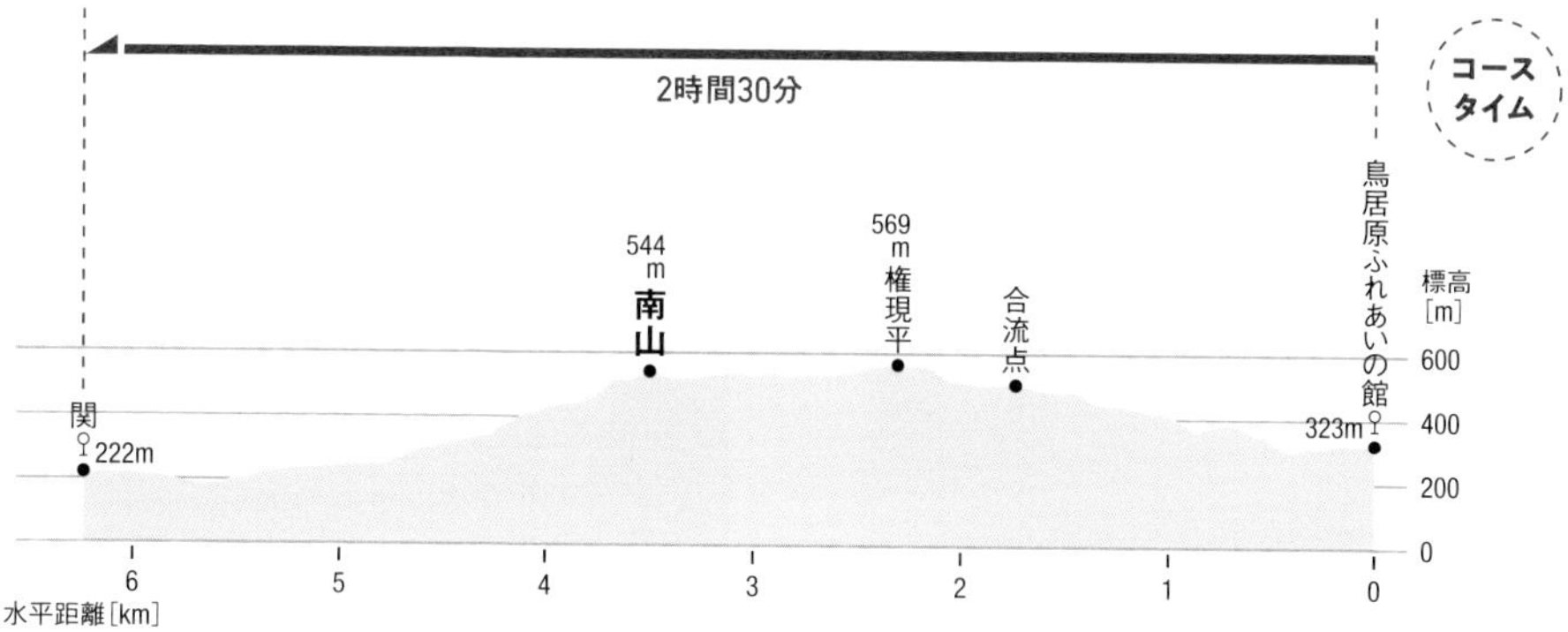

サブコース

宮ヶ瀬から春ノ木丸へ

宮ヶ瀬↓春ノ木丸↓宮ヶ瀬（周回） 1時間15分

Map 3-4B 宮ヶ瀬バス停

Map 3-4B 春ノ木丸

コースグレード	初級
技術度	★☆☆☆☆ 1
体力度	★☆☆☆☆ 1

宮《みや》ヶ瀬《がせ》湖畔園地には数年前までは、県立丹沢大山《たんざわおおやま》自然公園の宮ヶ瀬ビジターセンターがあった。丹沢の自然をわかりやすく伝えてくれる貴重な社会教育と自然教育の場であったが、残念ながら2016年3月に廃止となった（現在は「宮ヶ瀬ミーヤ館」として開館）。そのビジターセンターがあった場所から、短時間で一周できるハイキングコースが春《はる》ノ木丸《きまる》コースである。

宮ヶ瀬バス停からは県道64号を虹《にじ》の大橋方面に進み、水《みず》の郷《さと》駐車場出入口を過ぎてさらに進んだ県道の反対側（西側）に登山口がある。

シカ柵を抜けて折り返せば、すぐに「春ノ木丸自然だより」の看板がある尾根上に出る。この先はおおむねおだやかな登りだが、急な部分は階段状に手入れされている。登る途中にはシキミが生えている。寒い時期に花が咲く常緑樹で、実には毒がある。

ひと登りで、ベンチと看板のある平らな小ピークに着く。木のあいだ越しに、足もとに宮ヶ瀬湖の水を満々とたたえた仏果山《ぶっかさん》を望む。

わずかに登れば**春ノ木丸**の山頂で、ここにも「春ノ木丸自然だより」の看板とベンチが設置されている。山頂からは南西方向に踏み跡が分かれるが、そちらには進まず、湖畔園地をめざす。

途中県道のトンネルをまたぐ付近は、立派なモミが何本も生えてみごとだ。山腹を巻いて間伐材利用の展望台を過ぎ、わずかに下れば**宮ヶ瀬バス停**がある園地に出る。

ベンチが置かれた春ノ木丸の山頂

山頂手前の小ピークからの仏果山

サブコース

鳥屋から松茸山へ

鳥屋↓早戸川口↓松茸山↓水沢川口↓鳥屋　3時間30分

Map 3-3B 鳥屋バス停
Map 3-4A 松茸山

コースグレード	初級
技術度	★★☆☆☆ 2
体力度	★★☆☆☆ 2

松茸山《まつたけやま》は、宮ヶ瀬《みやがせ》湖の西側に位置し、早《はや》戸《と》川と水沢《みずさわ》川のあいだにのびる尾根の末端の山である。松茸山自然の森公園として整備され、いくつかのコースがある。ここでは南側の早戸川口から登り、東側の水沢川口へ下山することにする。

鳥居原行きバスを**鳥屋**で下車。**奥野隧道**を越えて八丁林道を左折、リヴァスポット早戸をめざす。炭焼き小屋を右に見て、下山口となる**水沢川口**を通過してなお下り、荒井林道に合流。右に折れ八丁橋を渡った右側が**早戸川口**だ（駐車スペースあり）。

小さなジグザグを切っての歩きはじめは、人工林の中の道。少しトラバースぎみに歩けば、小さな尾根上となる右下の林内に、しっかりとした山《やま》の神《かみ》の祠を見ることができる。20mほどの下りだが、余裕があれば立ち寄ってみよう。

尾根上となると、右側は常緑の人工林から落葉樹となる。葉の落ちた季節なら、右手側の枝越しに松茸山の山頂を望める。やがて太い幹の木が多くなり、松茸山の570・6m三角点と分岐を経て、あずまやが建つ**松茸山**山頂へ。山麓の登山案内板ではここの標高を584mと記載しているが、現地の山名板では570mとなっている。

山頂から水沢川口へ下るが、最初の分岐がわかりづらい。不安なら往路を戻ること。

途中の防火水槽のある分岐は道標にしたがい、右手の「水沢川ふれあい橋口」方面へ進む。下りきるとあずまやがある。水沢ふれあいの橋を渡り、登り返すと八丁林道（**水沢川口**）に出る。

松茸山三角点先の分岐を直進するとあずまやがある

山名の通り、コース中にはマツの木がある

尾根をたどって森の山へ
小さな山のアップダウンに
重なる歴史を想う

日帰り

日向山
見城山

日本三薬師のひとつ日向薬師本堂。
約1300年の歴史を誇る

日帰り 広沢寺温泉入口バス停→見城山→七曲峠→日向山→浄発願寺跡→日向薬師バス停　計3時間20分

コースグレード	初級
技術度	★★☆☆☆ 2
体力度	★★☆☆☆ 2

奈《な》良《ら》時代の僧・行基《ぎょうき》が開祖とも伝わる日向薬師《ひなたやくし》は、柴折《しばおれ》薬師（高知県大豊《おおとよ》町）、米山《よねやま》薬師（新潟県上越市）とともに日本三薬師にも数えられる、由緒ある寺である。6年にもわたった大修理を終えて、再びその茅葺きの大きな本堂が美しい。

本コースは、その背後にのびる稜線上の山々（見城山《みじょうさん》375m、日向山《ひなたやま》404m）をたどる。登山口は数箇所あるが、ここでは北面の広沢寺《こうたくじ》温泉側からのコースを紹介する。

日帰り

広沢寺温泉入口から日向山、浄発願寺奥ノ院へ

広沢寺温泉入口バス停下車。「広沢寺・鐘ヶ嶽《かねがたけ》・大釜弁財天《おおかまべんざいてん》」と看板に書かれた道を登る。鐘ヶ嶽方面への道（P56コース8参照）を分けて進み、わずかに下った河鹿《かじか》の沢《さわ》バス停からは玉川沿いを上流側へ進む。

左手に登山者も利用できる**広沢寺駐車場**が現れる。駐車場先の赤いのぼりが立つ愛宕《あたご》神社が登山口となる。参拝したら、お

石祠が鎮座する日向山の山頂

見城山と日向山の鞍部となる七曲峠

堂の横の道を、シカ柵を抜けて登っていく。広葉樹の幅広い尾根をたどると、すぐに「見城山頂へ25分」の道標が立つ稜線上となる。ゆったり登ると、左から七沢《ななさわ》温泉からの尾根道を合わせる。

小さな祠を過ぎると、登りが続く。木の根の浮き出たような急峻な部分もあり、息が上がる。展望のよいちょっとした広場まで登れば、**見城山**山頂までもひと息だ。細長い山頂の北側には、見城山や七沢城跡の概要を記した看板があり、展望もよい。

わずかに往路を戻ったら、大釜弁財天を示す道標にしたがって下る。下りきった鞍部は七曲《ななまがり》峠。右手に下れば大釜弁財天、左手に下れば亀《かめ》石に出る。振り返れば祠と山《やま》の神《かみ》がまつられ、いかにも峠らしい味わいがある。ここからは日向山まで登り返しが続く。**日向山**山頂にまつられる石の祠は、なんとも立派なもの。以前はこの山頂から奥《おく》ノ院《いん》を経由して日向薬師へ下る道があったが、長らく通行止めだ。

山頂をあとに、日向薬師への道標にしたがい下る。やがて天神《てんじん》峠とよばれる**鞍部**に出る。「日向薬師へは０・４７km」と道標に記されている。また、反対側には「弁天の森キャンプ場」と記されるが、今はもう廃止されている

鞍部にある「梅《うめ》の木《き》尾根０・１８km」と示す尾根上へ進もう。ヒノキの中を登ると「三《さん》ノ沢《さわ》・鍵掛《かぎかけ》」と記される道標がある。ここで左手より道を合わせる。なおも尾根を進むと、植林の中となる。穏やかなピーク上に、「浄発願寺《じょうほつがんじ》１・８km」という道標が現われる。

稜線上の大きな岩に木の根が絡む斜面は少々急で、補助ロープがある。そのまま登り、ようやく傾斜がゆるやかになると「浄発願寺１・０km」の道標と、すぐ先にベンチが1基ある。そこからいったん下って穏やかに5分ほど登り返すと、ここにもベンチがある。ここで「浄発願寺０・９km」の道標にしたがい、ここまでの稜線の道に別

岩上に根を張る古木を横に進もう

浄発願寺跡。山肌をくり抜いた岩屋もある

コラム1

日向薬師

丹沢山塊は、随所が信仰の場にもなっている。大山《おおやま》の阿夫利《あふり》神社（P36参照）はかなり有名だが、同じ大山山麓にある日向薬師もぜひ訪ねていただきたい。

２０１６年に本堂の大修復が終わり、その堂々とした姿を再び見られるようになった。また、本尊の薬師如来《にょらい》像をはじめとする重要文化財も数多い。天候がよければ茶店も出るので、ほっとひと息つける、気分転換にもなる場所なのである。

さて、行基によって開山されたのが奈良時代と伝わる日向薬師。明治時代前は山岳修行である日向修験の道場でもあったとのこと。この日向薬師から日向川上流にかけて、日向神社や山林修行から禅道場になったという石雲寺《せきうんじ》、弾誓上人開山の浄発願寺などがあり、江戸時代までは修行者の聖域であったようだ。

れを告げて山腹を巻く道へ。まもなく南に下る尾根をぐいぐい下るようになる。マツの大木などのある雑木の尾根だ。

途中で「浄発願寺岩屋０・２km」の道標から尾根を離れて左手に山腹を戻るように進んで谷底に向かうと、やがて**浄発願寺跡**（奥ノ院）に着く。「日向林道０・５km」の道標裏には岩屋があり、多くの石造物が遺されている。１６０８（慶長13）年生まれの弾誓上人《たんぜいしょうにん》がひらいたと伝えられる。この浄発願寺跡は、１９３８（昭和13）年に山津波で流されてしまったという寺院跡だが、現在も厳かな雰囲気がある。

53段の石段を下り、日向林道に出たら日向川を下流方向へ進む。すぐ左手に現われるクアハウス山小屋では、入浴や食事ができる。しばらく車道を下ると右手に五重塔が見えるが、それが現在の浄発願寺である。さらに下ると**日向薬師バス停**がある。

時間があれば、日向薬師に参拝してからの帰宅をすすめたい。

プランニング&アドバイス

登山口を広沢寺温泉としたが、七沢温泉側からも味わいがある。旅館「福元館」向かいが登山口だが、すぐ脇にプロレタリア作家の小林多喜二がかくまわれていたという小さな家が今も保存され、見学も可能だ。その先は登山道がツリーアトラクションの現場と重なるうえ、少々わかりづらい。地図を読み、尾根をはずさないようにたどれば広沢寺からの道に合流する。

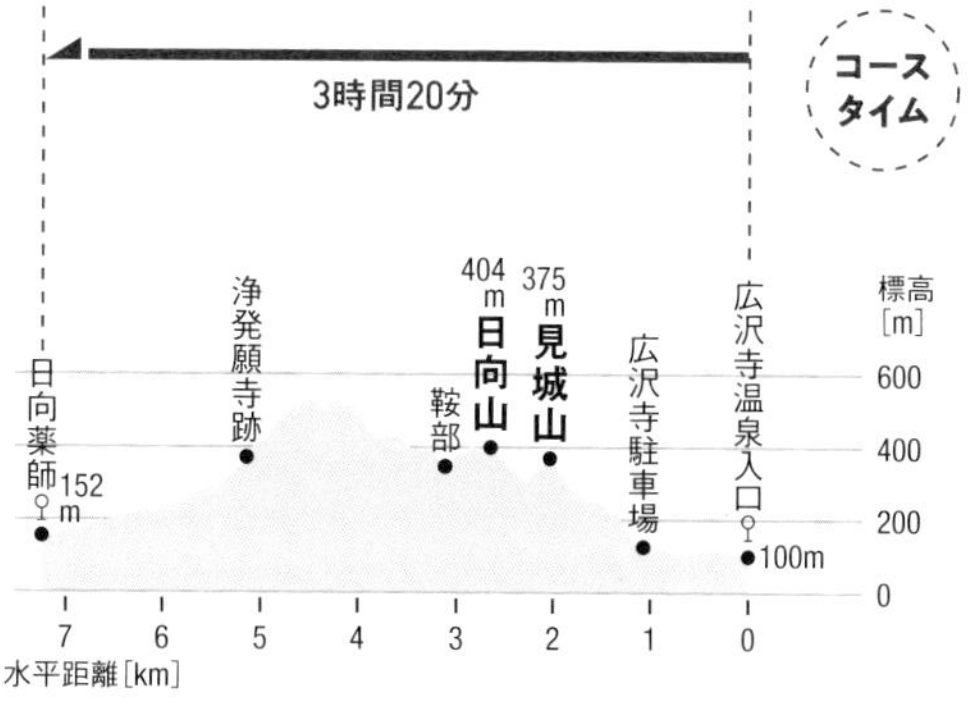

三角錐の端正な姿が印象的な信仰とハイキングの山

コースグレード | 初級

技術度 | ★★☆☆☆ 2

体力度 | ★★☆☆☆ 2

日帰り 阿夫利神社駅→16丁目→大山→見晴台→日向越→日向薬師バス停　計3時間50分

江戸時代より庶民の信仰を集めてきた大山《おおやま》は、現代においてもなお人気の高い山である。首都圏から眺めれば、その独特の三角形の山容は丹沢山塊においても群を抜いて目立つ存在である。

　ここでは、ケーブルカーを用いて阿夫利《あふり》神社下社《しもしゃ》に参拝。そのまま最もポピュラーな表参道から山頂へ登頂。下山は、見晴台《みはらしだい》を経由して、やはりこの地域を代表する古刹である日向薬師《ひなたやくし》にまで足をのばすというコースを紹介する。

日帰り

ケーブルカー利用で大山山頂に立ち、日向薬師へと下る

　伊勢原《いせはら》駅から大山ケーブル行きのバスに乗車し、終点で下車。ここにトイレがある。

　わずかに登ると、こま参道となる。狭い参道の両脇を、名物の大山独楽《こま》（P43コラム参照）を製造販売する土産物屋やこれも名物の豆腐料理屋、大山講《こう》の宿坊が軒を連ねている。いかにも古い歴史を感じさせる、情緒あふれる参道だ。

観光客とハイカーでにぎわう阿夫利神社下社

木道がつけられた山頂東直下の大山の肩

このこま参道の終点が、大山ケーブル駅（山麓駅）である。ここまで徒歩15分ほど。男《おとこ》坂あるいは女《おんな》坂を歩いて阿夫利神社をめざすのもよいが、ここではケーブルを利用して一気に高度をかせぐ。途中、中間点となる大山寺《おおやまでら》駅を経て終点の**阿夫利神社駅**（山上駅）で下車し、売店前の広場から階段をひと登りすると、広々とした阿夫利神社下社の境内となる。

総鎮護の神社として信仰を集める阿夫利神社下社に参拝をしたら、登山口の木戸をくぐり、急な石段を登る。石段が終わるといよいよ登山道である。ところどころに古い石積みが残り、白山《はくさん》神社や夫婦《めおと》杉といった見どころの多い道のりである。

天狗《てんぐ》の鼻突《はなつ》き岩を過ぎると、すぐに大山南尾根からの道と合流する。そこがベンチのある16丁目の本坂追分《ほんさかおいわけ》である。この先の稜線通しの道は一部木道化されるなど、よく手入れされている。20丁目の富士見台《ふじみだい》は、まさに富士山の好展望地。広重の浮世絵を描いた場所だとか。25丁目で左からヤビツ峠からの道（P40参照）を合わせてなおも登り、鳥居をくぐるといよいよ山頂である。

大展望の**大山**山頂には、大山阿夫利神社の前《まえ》社や本《ほん》社、奥《おく》社などがまつられている。また御神木である雨降木《あめふりのき》（ブナ）が枝をのばす。

山頂からわずかに下った東側は広場になっており展望もよく、ベンチも並ぶ。ここから比較的新しい木道を下り、見晴台方面へ下る。大山の肩《かた》を過ぎ、**不動尻《ふどうじり》への分岐**では「見晴台・下社」方面へ下る。

見晴台は広々とした尾根上。あずまやとベンチがある。振り返ると大山がすでに見上げるようである。ここからケーブルカーの阿夫利神社駅へと戻る登山者も多い。樹林の深い山腹を巻き二重《にじゅう》滝を経由する、およそ30分の道のりだ。

ここでは日向薬師をめざして、なおも尾

なだらかな道が続く見晴台からの下り

ベンチとテーブルが並ぶ見晴台。背後に大山を望む

根上を進むこととしよう。しばらくはなだらかな下りが続く。春ならばサクラやミツマタを楽しめる、ゆったりとした下り道だ。

植林に入るとまもなく左手に「ふれあいの森日向キャンプ場」への道を分ける。ほどなくして「日向薬師まで3・5km」の道標が現われる。**日向越**《ひなたごえ》あるいは雷《いかずち》峠とよばれる地点で、日向薬師方面へはここで左手に曲がって下っていく。

この地点には巨大なお地蔵様がまつられている。勝五郎《かつごろう》地蔵とよばれるこの地蔵は、高さ1・7mと男子成人サイズ。江戸時代末期に勝五郎という日向の石工がつくったと伝えられている。

日向越の勝五郎地蔵。写真ではわかりづらいが、高さが1・7mもある

ここからは「九十九曲《きゅうじゅうきゅうまが》り」の名がつく、ジグザグの下りとなる。いったん林道が横切り、なおも下るとまもなく閉館した**日向ふれあい学習センター跡**に出る。

ここからは、車も通る舗装路（日向林道）を下る。まもなく左手に浄発願寺《じょうはつがんじ》跡への道が分かれる（P32コース4参照）。さらに入浴や食事ができるクアハウス山小屋をやり過ごして下っていく。

やがて右手に五重塔が現れる。現在の浄発願寺である。さらに下り、田んぼが現われてくると**日向薬師バス停**は近い。

プランニング&アドバイス

ここではケーブルカーを利用して登ることにしたが、ケーブルカーを使わず男坂あるいは女坂を登るのもよい（50分～1時間）。また、ヤビツ峠からのコース（P40）も多くの登山者が利用している。見晴台から下社への道（P42）もしっかりと手入れされた道で、利用する登山者も多い。巨樹が多く、みごとである。日向薬師バス停からわずかに下った左手に日向薬師への参道があるので、時間に余裕があればぜひ足をのばしてみたい（往復約30分）。本堂の趣もよく、そこへ向かう参道の味わいも歴史を感じさせる濃厚なものだ。

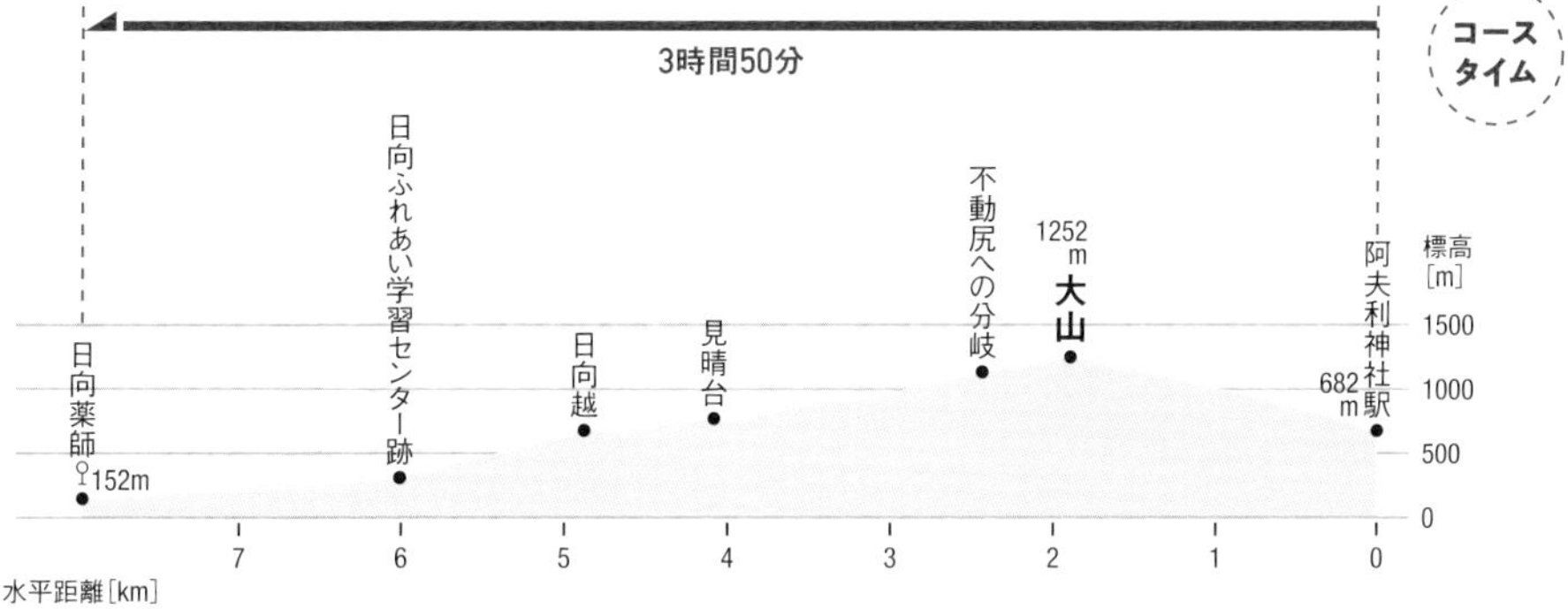

サブコース

ヤビツ峠から大山へ

ヤビツ峠↓25丁目↓大山　1時間10分

ヤビツ峠は、丹沢の表《おもて》尾根方面と大山《おおやま》方面の境となる峠である。峠から大山へはイタツミ尾根をたどり、表参道に合流すれば、山頂はすぐ。手入れのよく入った、初心者にも歩きやすい道である。ヤビツ峠は宮《みや》ヶ《が》瀬《せ》と秦野《はだの》を結ぶ県道70号が通過する峠であり、秦野駅からはバスが通じている。ただし、平日午前のヤビツ峠行きバスは1本だけなので、乗り逃さないように気をつけたい。峠にはトイレと売店がある。駐車場もあるが、停められる台数は少ない。

大山をめざすには、**ヤビツ峠バス停**の裏手が登山口。1段登るとベンチのある広場に出るが、ここはかつて山小屋（ヤビツ山荘）の建物があった場所である。

右に蓑毛《みのげ》へ下る道を分けて、登りはじめる。標高870m付近まで登ると、ベンチがある。「大山まで1・7km」と道標が伝える。さらに尾根をたどると、傾斜の急な場所にはていねいに手すり代わりのクサリがつけられている。

急登が終わり右手に折れると、尾根はいったんなだらかになる。近くのベンチでひと休みしていこう。この近くの949mピークは春岳山《しゅんがくさん》だが、登山道は通らない。なだらかに登ってベンチを通過し、なお進むと木道となる。まもなく丹沢山塊から富士山《ふじさん》まで一望のビューポイントとなり、すぐに表参道と合流する。そこが25丁目だ。ここからは急登だが、距離は短い。

グレーチング階段を過ぎれば、27丁目の鳥居が現われ、すぐに**大山**山頂に着く（山頂からはP36コース5、P41参照）。

Map 2-4B　ヤビツ峠バス停

Map 2-4B　大山

コースグレード	初級
技術度 ★☆☆☆☆	1
体力度 ★☆☆☆☆	1

起点のヤビツ峠バス停。バス停脇が登山口

イタツミ尾根上は明るく歩きやすい道が続く

サブコース

大山から広沢寺温泉へ

大山↓唐沢峠↓不動尻↓広沢寺温泉入口　3時間5分

大山《おおやま》山頂から、大山の東側にある七沢《ななさわ》温泉郷のひとつ広沢寺《こうたくじ》温泉に下るコース。

大山の山頂東側、一段下がった広場からの出発となる。道標の「七沢（東丹沢《ひがしたんざわ》温泉郷）」を確認して進もう。下りはじめは木道だ。

大山の肩を過ぎたら、まもなく**不動尻《ふどうじり》への分岐**である。立派な道標が立つが、そこには七沢温泉への表記はなく、「不動尻3・7km」と記された方向に進む。

不動尻分岐からは、階段状の尾根道をぐいぐい下っていく。明るく開けた「七沢（東丹沢温泉郷）6・3km」の道標付近には、以前はどこから来たのか錆びついた自動車の残骸が転がっていたが、現在は撤去されている。この付近から仰ぐ大山の眺めがよい。さらに下ると道はやせ尾根になり、補助的にクサリの張られた箇所もあるので注意しよう。

まもなく**唐沢峠《からさわ》**だが、以前から建っていたあずまやが片付けられてしまったのは残念だ。再建予定はないという。なお、唐沢峠を示す道標はなく、「七沢（東丹沢温泉郷）5・4km」の道標が立つ。この先の分岐で、稜線から別れての下りとなる。

ぐっと下った**不動尻**で左手から大山三峰《みつみね》からの道が合流すると（P50コース7参照）、まもなく二《に》の足《あし》林道に出る。谷《や》太郎《たろう》川に沿って下ると簡易トイレがあり、煤ケ谷《すすがや》方面への道を分ける。ここから林道をゆるやかに登り、山神隧道《やまのかみずいどう》を抜けて下ってゆくとやがてバス停と一軒宿の玉翠楼《ぎょくすいろう》がある広沢寺温泉に出るが、バスの本数が少ないので、車道を**広沢寺温泉入口バス停**まで歩く。

Map 2-4B　大山

Map 2-3D　広沢寺温泉入口バス停

コースグレード	中級
技術度	★★★ 3
体力度	★★ 2

唐沢峠の手前は桟道が整備されている

広々と明るい尾根から、大山を振り返る

サブコース

大山桜からエボシ山へ

大山小↓エボシ山↓見晴台↓阿夫利神社駅　3時間

Map 1-1C　大山小学校前バス停

Map 2-4C　阿夫利神社駅

コースグレード	中級
技術度	★★★☆☆ 3
体力度	★★★☆☆ 3

阿夫利《あふり》神社社務局の裏山（通称桜山《さくらやま》）に、4本の大きなヤマザクラの名木がある。これが大山《おおやま》桜だ。その大山桜を楽しみ、バリエーションルートを登ってエボシ山《やま》（烏帽《えぼ》子《し》山）へ。さらに進んで見晴台《みはらしだい》から阿夫利神社下社《しもしゃ》へと抜けるコースを紹介する。

バスを下車するのは**大山小学校前**。車利用の場合、サクラの開花期（4月上～中旬）に限り新道沿いに臨時駐車場が設けられる。

バスを降り、「老人福祉センター」の信号を右折して大山小学校の横から裏手に回りこむ。沢に沿って登り、シカ柵を抜ける。暗い植林の中に炭焼き窯が残っている。ここからひと登りで、下大山桜がたわわに咲く。さらにもうひと登りで上大山桜だ。

大山桜を堪能したら、もうひと登りで**尾根上**。「↑大山小学校20分、大山小学校25分↓」の道標が立つ。

ここから尾根を登る。根が多く張り出す道だが、しっかりと踏み跡があり、この尾根を忠実にたどる。標高500m地点手前に、この道の歴史を物語るようなつぶれた祠が残る。そのすぐ先で舗装された林道を横切り、なおも尾根を登っていくと、標高653mの**エボシ山**山頂に出る。

ここから北西にのびる尾根に沿って進む。軽く下って登り返せば、大山から日向《ひなた》薬師を結ぶ道の途中である**日向越**《ひなたごえ》に飛び出る。ここには大きな勝五郎《かつごろう》地蔵がある。

そのまま稜線を進めばベンチとあずまやのある**見晴台**で、分岐を左にとり、山腹を巻いて二重《にじゅう》滝経由でケーブル**阿夫利神社駅**がある阿夫利神社下社へと向かう。

山名標柱と三角点のあるエボシ山の山頂

樹齢約400年の上大山桜（幹回り約3.5m）

コラム2

大山を楽しむ

首都圏から望めば、端正な三角形のフォルムが目立つ大山《おおやま》。大山は四方から登山道がのびており、登山の対象として十二分な魅力をもっている。一方で、古くから信仰の山としてもよく知られている山である。

その先駆けは奈良時代にまで遡るという。奈良時代の高僧・良弁《ろうべん》が奈良から下り、大山の山頂に阿夫利山大山寺《あふりやまおおやまでら》を建て開山。その後丹沢では修験道がさかんとなり、八菅《はすげ》修験（八菅山・P16参照）と大山修験がその二大流派であったとか。

大山独楽。どっしりした形状と紺や赤、緑などで彩られたろくろ模様が特徴

一方、信仰は庶民のものとして普及。江戸時代には講《こう》（主に同一の信仰を持つ人々による結社）を組んでの登拝もさかんになり、落語『大山詣《まい》り』でもその様子がおもしろおかしく語られるのはご存じのとおり。

庶民にとっては1泊あるいは2泊の、まさに旅。それだけに、つい日常を離れて飲みすぎて、ということも多かったようだ。明治の文人・大町桂月《おおまちけいげつ》が記した『相州《そうしゅう》の雨《あ》降山《ふりやま》』にも、「終に前後も知らざるに至りぬ」などと記され、登拝前から宿酔だった様子がうかがえる。現在も大山山麓には何軒もの宿坊が残るので、そういった宿を利用しての登拝もなかなか楽しいものである。

昨今では御朱印が流行っているが、丹沢東部の飯山《いいやま》観音と日向《ひなた》薬師、そして大山寺の三ヶ寺合同の丹沢三山特別御朱印が用意されるようになった。

また、お土産も各種あるが、なかでも特別な存在なのが「大山独楽《こま》」。バス停とケーブル駅を結ぶこま参道には、現在もコマづくりを実演販売する店がある。

この大山独楽。もちろん子供の遊具として使われてきたが、一方で、縁起物としても知られている。特注品は、祝い事のご祝儀にも使われてきた。ところで、このコマづくりは伝統のある木地師《きじし》の技でもある。木地師というと、ついお椀をはじめとする食器に思いがゆくが、コケシやコマも木地師の仕事。大山独楽は、木肌の美しいミズキをじっくり乾かしたものを素材にして、ろくろで削り上げ、彩色している。

現在はつくり手も数少なくなった伝統工芸品。ぜひぜひお土産にしていただきたい。

また、もうひとつの名物である大山豆腐をはじめ、ミカンやカキ、大山菜など、おいしいお土産が並ぶのも嬉しいところだ。

阿夫利神社下社そばの茶店・さくらやの名物は「ルーメソ」。内容は入店してからのお楽しみだ

鍋《なべ》割《わり》山稜から塔《とう》ノ岳《たけ》をはさんで表《おもて》尾根、さらにヤビツ峠をはさんで大山《おおやま》。こういった丹沢の名山に取り囲まれるのが秦《はだ》野《の》盆地である。ここでは、その秦野盆地の東側から弘法山《こうぼうやま》や念仏山《ねんぶつやま》、浅間山《せんげんやま》を経て大山にいたるまでの、長くてのびやかな稜線(通称大山南尾根《おおやまみなみおね》)をたどってみる。また、権現山《ごんげんやま》〜弘法山間は関東ふれあいの道の神奈川県コースである「弘法大師《こうぼうだいし》と桜のみち」の一部となっていて、歩きやすく整備されている。

日帰り

弘法山と浅間山を経て蓑毛へ

小田急線**秦野駅**で下車したら、北口の目の前にある水無《みずなし》川に沿って下流となる東側へ向かって歩く。新常盤《しんときわ》橋交差点を渡り左へ。まもなく**弘法山公園入口**に着く。

登りはじめて最初のピークが小さな祠のある浅間山《せんげんやま》。ここからわずかに下り、駐車場と車道をはさんでひと登りで広々とした**権現山**山頂へ。ここには展望台もあり、ハイキング客でにぎわっている。山頂をあと

サクラの公園の山から長い稜線をたどるワンデイハイク

日帰り 秦野駅→権現山→弘法山→善波峠→念仏山→高取山→不動越→浅間山→蓑毛バス停　計4時間55分

コースグレード	初級
技術度	★★☆☆☆ 2
体力度	★★☆☆☆ 2

日帰り

弘法山
浅間山

権現山付近からの弘法山。一帯は弘法山公園として整備され、サクラの名所となっている

石碑や石像が立ち並ぶ弘法山の山頂

快適な馬場道はサクラの並木道でもある

にいったん下り、尾根上にまっすぐにのびる馬場《ばば》道をたどる。かつてはここで草競馬が行われたという。左右に下る道を分けながら幅広い道をまっすぐ進めば、釈迦堂《しゃかどう》や乳《ち》の井戸《いど》などがまつられた**弘法山**山頂だ。

ここで北へと向きを変える。いったん車道も交えるが、雑木内の穏やかな道だ。善《ぜん》波《ば》峠手前で、なぜか右に折れるよう道標が示す。ここを右手に曲がると、まもなく左手に折れ返して**善波峠**へ（道標はないが、峠手前の分岐をそのまま直進しても峠に出られる）。この善波峠は現在の国道246号となった矢倉沢往還《やぐらさわおうかん》の峠であり、文政10（1827）年に建てられた御夜灯《おんやとう》や聖徳《しょうとくたい》太子《し》像などがまつられている。

善波峠からは登り返しが続き、電波塔を過ぎるとベンチのある**念仏山**。以前は念仏講が行われていたという山で、眺めがよく、山頂西側には地蔵がまつられている。

いったん下って登り返す。右手より聖峰《ひじりみね》からの登路（P49参照）を合わせると、今度はNHKのアンテナがある**高取山**《たかとりやま》山頂だ。北面が伐採されたので、大山の眺めがよい。西側の寺山《てらやま》へ下る道があるが、途中ゴルフ場内を通る道で、あまりおすすめしない。

高取山からは大きく下る。途中、通報番号39の場所（**鶴丸**《つるまる》**分岐**）からは、道標にはないが東側に下る道が分かれる（P49参照）。

徐々に下ると、2015年に修復された大きな不動明王《ふどうみょうおう》のまつられる**不動越**《ふどうごえ》だ。古くから往来のあった峠で、いより峠という別名もある。ここから左手に分かれる才戸《さいど》入口バス停方面への下山路はゴルフ場脇を通る道で、少々荒れ気味である。

この不動越のすぐ上で幅広い車道が横切る。この舗装路沿いの東側にベンチがある。ここから先の登山道は、道幅が広くなる。秦浜線9の高圧鉄塔をくぐり、稜線上の幅広い道を進む。アンテナ2基をやり過ごし、さらに舗装の道を横断する。右側には別な巨大なアンテナが2基立っている。そのアンテナの敷地に沿ってクランク状に曲がり

浅間山山頂手前にある浅間宮の祠

杉林の中の不動越。一角に不動明王像がある

大山や阿夫利神社などへの道を分ける蓑毛越

こみ、再び稜線をたどってゆく。

さて、本コースの目標にもなる浅間山であるが、登山道は山頂直下の西側斜面を巻いてしまう。山頂方向を示す道標すらないが、せっかくなので立ち寄りたい。道には崩れたコンクリートが敷かれているが、これはどうやら電線をおおっていたものらしい。ひと登りでたどり着く山頂部の手前には、「浅間宮《せんげんぐう》」と読めるちょっと大きめの石の祠が鎮座する。細長い山頂部をさらに進むと、巨大なアンテナが立っている。三角点はその傍ら、植林の根元にあるが、**浅間山**の山名を示す標識などは見あたらない。

その先、ススキをかき分けるように進み、巻き道に合流する。すぐ先がベンチのある**蓑毛越**《みのげごえ》。ここから右手（東）に進めば阿夫《あふ》利《り》神社下社《しもしゃ》。左手（西）は蓑毛へと向かう。直進する道は、大山山頂へと続いている。

下社方面への道は、途中の石垣が道の歴史を物語り、味わい深い。ゆるやかに下り、ほぼトラバースをしながら下社へと向かう。一方、蓑毛方面への下りもよく手の入った道で、途中で林道を横断して下ってゆく。

下社に参拝したら**阿夫利神社駅**からケーブルで下るか、男《おとこ》坂あるいは女《おんな》坂を下る。一方、バス停のある**蓑毛**では登録有形文化財の大日堂《だいにちどう》に立ち寄ってからバスに乗ろう。

プランニング&アドバイス

ここでは秦野駅をスタートとしたが、蓑毛バス停やケーブルカー利用で阿夫利神社下社からの逆コースもよい。また体力に自信があれば、そのまま大山山頂をめざすのもよい。途中にはかつての女人禁制を示す碑も残っている。不動越や高取山から下山するエスケープルートははっきりしているが、途中ゴルフ場と接触する部分が多く、興が削がれる。コース後半の蓑毛越は歴史ある道でもあり、短い行程を楽しむなら蓑毛から下社まで尾根を横断するだけでも味わいがある。また、体力や時間に制限があれば、弘法山公園だけの短い行程でも楽しめるはずだ。

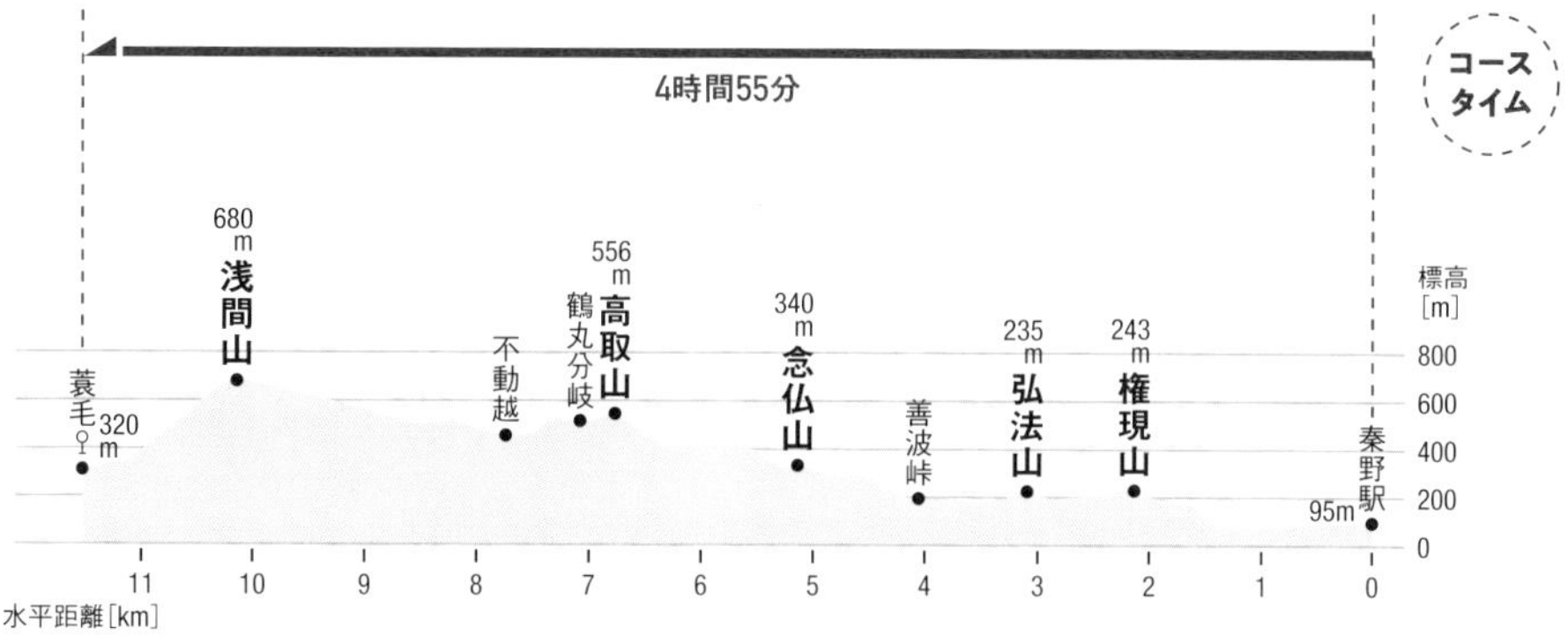

サブコース

弘法山から鶴巻温泉駅へ

秦野駅↓弘法山↓吾妻山↓鶴巻温泉駅　2時間35分

Map 1-3B　秦野駅
Map 1-2D　鶴巻温泉駅

コースグレード	初級
技術度	★☆☆☆☆　1
体力度	★☆☆☆☆　1

丹沢前衛としてもっとも初心者向けの山として親しまれる弘法山《こうぼうやま》には、多くのコースがある。善波《ぜんば》峠から吾妻山《あづまやま》を経て鶴巻《つるまき》温泉へ下るコースは、標高は低いながらも縦走気分を味わえ、また下山後には温泉も楽しめるコースとなっている。

秦野《はだの》**駅**前から水無《みずなし》川沿いに東へ。新常盤《しんときわ》橋交差点を渡り左へ。その先の**弘法山公園入口**から登ってゆく。浅間山《せんげんやま》を経て、車道をまたいでもうひと登りで**権現山**《ごんげんやま》だ。

山頂から下ると、馬場《ばば》道がまっすぐのびている。右手に「東海大学前駅」への道標がある分岐からひと登りで**弘法山**に着く。

ここから「鶴巻温泉駅」「高取山《たかとりやま》」方面へ下る。「めんようの里」や「長《なが》坂を経て自興院《じこういん》」へ向かう道を分けて進む。雑木に囲まれた心地よい道は善波峠の手前で右に折れ、その先で左へ鋭角に戻るような大《おお》山《やま》方面への道（Ｐ44コース6参照）を分け、鶴巻温泉駅方面へ。

雑木林の尾根にのびる、ゆったりとした道は歩きやすい。鉄塔のある１９９ｍピーク付近にはベンチも整備されている。

東海大学前駅へ下る道を右に見送り、なおも歩きやすい道をたどる。矢倉沢《やぐらさわ》往還への分岐から右手に折れると、あずまややベンチのある**吾妻山**山頂だ。なおも進んで、国道２４６号上の坪《つぼ》ノ内《うち》バス停との分岐を右に下る。車道に出て、道標にしたがって進むと元湯陣屋《じんや》のあるＴ字路に出る。右折して道なりに進むと小田急線**鶴巻温泉駅**にたどり着く。なお、車道歩きの途中に、立ち寄り湯の「弘法の里湯《さとゆ》」がある。

あずまやや吾妻神社の石碑がある吾妻山山頂

5月の浅間山に咲くショウブ

サブコース

栗原から聖峰へ

栗原↓聖峰↓高取山↓鶴丸分岐↓栗原　3時間15分

Map 1-1D　栗原バス停

Map 1-1C　聖峰

コースグレード	初級
技術度	★★☆☆☆　2
体力度	★★☆☆☆　2

大山《おおやま》と弘法山《こうぼうやま》を結ぶ長大な尾根（大山南《おおやまみなみ》尾根）の前衛となる聖峰《ひじりみね》は展望がよく、またツツジの山としても知られている。

伊勢原《いせはら》駅からの神奈中西バスを終点の**栗《くり》原《はら》バス停**で下車。**保国寺《ほこくじ》**前を通り、道標の「聖峰・高取山《たかとりやま》」方面へ向かう。三ノ宮《さんのみや》・上粟原遺跡の看板を眺めるようにして、坂を登ってゆく。周囲にはミカンが植えられており、無人販売なども見られる。

まもなく左手の「弘法山・高取山・聖峰」が示す道に折れる。柵があるので、自動車の進入はできないが、まだしばらくは自動車が通れる幅の道である。

ゆるやかな登りは、ゲートを越えてもなおも続く。右手すぐ上に山《やま》の神社《かみしゃ》がある。まつられるのは、どんと立つシンプルな石柱の山の神だ。そのすぐ先で林道に再合流したら九十九曲《くじゅうくまがり》（男《おとこ》坂）分岐。急な登りをじわりとつめると、展望が開けた**聖峰**山頂に着く。

ツツジを愛で、聖峰不動尊を参拝したら、さらに尾根道を登ろう。やがて大山南尾根に出て、右に折れてもう一段登ると、大きなアンテナとベンチのある**高取山**山頂だ。

ここからの下山路はいろいろ考えられるが、ここでは北に下った鞍部（鶴丸《つるまる》分岐）から下山しよう。大山方面に下り、伊勢原消防署の山火事注意通報番号39看板のある鞍部（**鶴丸分岐**）から、右手に折れる。

道なりに進めば、やがて林道となる。ゲートを越え、ゴルフ場の**十字路**を直進。畑が出てきたら右に折れ、道なりに下って**栗原バス停**に向かう。

足腰や安産、長寿の守護仏である聖峰不動尊。例年5月3日に御開帳される

ツツジが彩られる聖峰山頂。展望もみごと

日帰り

大山三峰

標高こそ低いが
桟道やクサリが続く
峻険な山

コースグレード｜上級

技術度

体力度

日帰り　煤ヶ谷バス停→物見峠・三峰山分岐→三峰山南峰→鞍部→不動尻→広沢寺温泉入口バス停　計6時間

大山三峰山頂の前後は桟道やクサリが連続する

丹沢には「三峰《みつみね》」が2つある。ひとつは丹沢山《たんざわやま》から宮ヶ瀬《みやがせ》を結ぶコース上の山々で、「丹沢三峰《たんざわみつみね》」とよばれる（P80コース11参照）。そして大山《おおやま》から唐沢峠《からさわ》を経て北へのびる稜線上の連山を、「大山三《おおやまみつ》峰《みね》」（地形図では「三峰山」と表記）とよんでいる。標高1000mにも満たない低山ながら桟道やクサリ場が多く、山なれた人向けのコースだ。また、山肌が崩れている箇所も多く、周囲の沢では遭難も多いだけに、無理のない行動を心がけたい。

ここでは三峰山のみを歩くコースとしたが、尾根づたいに唐沢峠から大山まで結んで歩き通したり（P41参照）、辺室山《へんむろさん》（P54参照）などを組み合わせるのもよいだろう。

日帰り 煤ヶ谷から大山三峰に登り広沢寺に下山する

煤ヶ谷《すすがや》バス停から、谷太郎《やたろう》川沿いの車道を200mほど進む。不動尻《ふどうじり》方面に向かう谷太郎林道と別れ、右の「札掛《ふだかけ》・物見《ものみ》峠・三峰山《みつみねやま》」方面をめざす。正住寺《しょうじゅうじ》横の登山口に登山届のポストがあり、ヤマビル忌避剤も置かれている。畑の横を通り抜けて、いよいよ入山だ。

シカ柵のゲートを抜けて杉谷戸《すぎやと》沢を渡り、どことなく湿った感じの山腹を巻くように進む。尾根を越えて、なおも巻くように進んでいくと、やがて尾根上をたどるようになる。標高530m付近にベンチがあり、物見峠への道と三峰山への道が**分岐**する。ここではわずかばかりだが距離が短くなるので、三峰山方面へ向かう。「経験者向きなので、無理をしないで引き返すように」と警告する看板が立っている。

岳の森とよばれる標高650m付近にはベンチがあり、古そうな木製の祠が残る。崩れた石段跡が、かつてこの付近で山の信仰が厚かったことを物語っている。さらに尾根をたどって物見峠と三峰山を結ぶ**稜線**に合流すると、ここにもベンチがある。

稜線からは急な階段道を登る箇所がある

稜線手前、岳の森にある山の神。このあとの登山安全を祈願しておこう

大山三峰最高点・南峰山頂。3等三角点とベンチがある

ここからは稜線歩きとなる。鞍部を過ぎると、階段状の急な登りなどが出てくる。雑木の山は心地よいが、路肩崩落や踏み抜きを警告する看板もあり、足もとは油断できない。

ベンチとテーブルのある「三峰北No・7」の山火事注意看板付近は、少し幅広く穏やかな林の中だが、この先はいよいよ厳しい道のりとなる。次のピークである三峰山の北峰《ほっぽう》を登りきると、クサリのある下りとなる。鞍部からの登り返しは、やせ尾根に桟道、幅の狭い急な階段など、険しい道が続く。三峰山中峰《ちゅうほう》を越えると、三角点がある三峰山**南峰**《なんぽう》に着く。ベンチこそあるが、広くはない山頂だ。

いったん下り、次の「神奈川縣第三四号」という石標が立つのが七沢山《ななさわやま》。ここからは、さらにクサリの張られた長い下りが待っている。難所を通過してなだらかになった**鞍部**付近には、「三峯山0・7㎞　不動尻1・4㎞」の道標と、近くにベンチもある。

ここで稜線を離れて東側の斜面をジグザグに下るが、この先にもクサリ場やザレがあるので慎重に通過したい。なお、稜線通しに唐沢峠への踏み跡がある。一般登山道ではないが、唐沢川側に踏みこまないようにすれば、大山方面への縦走もできる。

明るく開けた谷太郎川源流部付近からは、流れに並行するような道となる。樹間越しながら、美しい流れを眺めながらの下りだ。

炭焼き窯跡を通り過ぎ、いったん左岸へ、また右岸へと渡り返す。右手から唐沢峠からの道（P41参照）が合流するとまもなく

三峰山手前の平坦地にはベンチが置かれている

アルミ階段にクサリと、危険箇所の多いコースだ

不動尻で、ここからは車道歩きとなる（一般車は通行不可）。この付近は、春先にミツマタの淡い黄色の花が咲く場所だ。

谷太郎川の清流沿いに車道を下る。いったん左岸に渡り、仮設トイレのある場所で谷太郎川沿いに進む煤ヶ谷への道を分ける。ここから煤ヶ谷までの５kmの道は、一部高巻きがあるが、そちらも楽しい道だ（分岐から煤ヶ谷バス停へ約1時間30分）。

広沢寺へは、分岐からも車道歩きが続く。すぐに橋を渡り、右岸側のゆるい上り坂を進む。右手に鐘《かね》ヶ《が》嶽《たけ》方面への道を見送ると、すぐに山神隧道《やまのかみずいどう》の入口がある。

真っ暗なトンネルを抜けるとトイレがある**山《やま》の神沢《かみさわ》広場**に出て、鐘ヶ嶽からの道（P56コース8参照）を合わせる。その先にある一般車両を制限するゲートを過ぎ、なおもゆったり下って**広沢寺《こうたくじ》駐車場**、さらに**広沢寺温泉入口バス停**をめざす。

稜線からは樹間越しに横浜方面の展望が得られる

プランニング&アドバイス

気軽にアプローチできるコースだが、本文にも記したようにクサリ場などが多く、経験者向きの山である。煤ヶ谷から稜線までは古い祠を経由としたが、もちろん物見峠経由でも構わない。山腹をトラバースする箇所は足もとに注意して峠をめざす。桟道や階段などは、積雪や霜、あるいは降雨時なども滑りやすく、無理は禁物だ。稜線を通して唐沢峠（P41参照）と結ぶこともできるが、唐沢川側にのびる尾根に入りこまないようにしたい。健脚なら、そのまま大山を結ぶのもよかろう。一方、土山峠から入山して、辺室山から物見峠（物見峠まではP54参照）を経由して大山三峰に向かうのもよい。

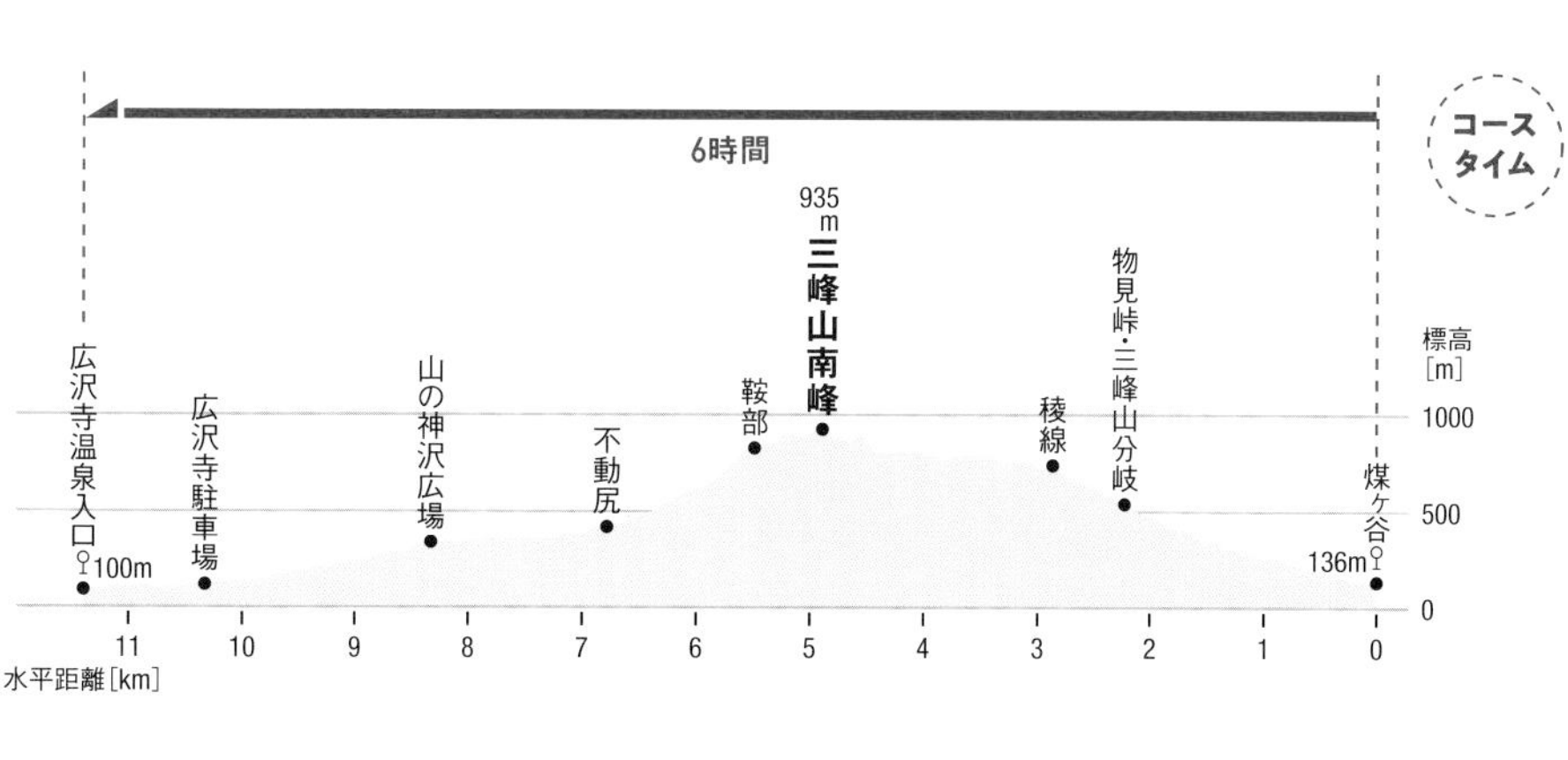

サブコース

土山峠から辺室山へ

土山峠↓辺室山↓物見峠↓
物見峠・三峰山分岐↓煤ヶ谷　3時間10分

Map 2-1C 土山峠バス停
Map 2-2C 煤ヶ谷バス停

コースグレード	中級
技術度 ★★★☆☆	3
体力度 ★★☆☆☆	2

辺室山《へんむろやま》は、宮ヶ瀬《みやがせ》湖の南側にすっと立ち上がる静かな山である。明治時代より前にさかんであった八菅《はすげ》修験では、この辺室山も行場のひとつに数えられていた。修験者はさらに大山三峰《おおやまみつみね》から唐沢《からさわ》峠へと向かったようである。

さて、宮ヶ瀬湖の南端にもあたる**土山《つちやま》峠バス停**が登山口。バスから降りて車道を若干戻るように進めば、すぐに登山届のポストがある。ここにはヤマビル対策の忌避剤が置いてあり、ヤマビルシーズンにはぜひ活用したい。ここから登りはじめとなる。

雑木の斜面を登ってゆく。葉の落ちる時期には、明るさのある登山道は比較的ゆるやかだ。5分ほどで、モミの根元におそらく山の神と思われる石の祠が2基まつられた場所に出る。

尾根に沿った登山道がなおも続く。春先にはシキミの淡い色の花にも出会える道だ。ところによって階段状に整備されている道は、勾配も穏やかで、無理することなく距離をかせいでゆく。

山頂手前はさらになだらかになる。辺室山の三角点を過ぎると、山頂まであと１００ｍほどだ。**辺室山**の山頂は展望こそないが、ベンチがあってひと息入れるのにちょうどよい。

下山は南側の物見《ものみ》峠経由とする。何本かの仕事道が合流・分岐しているが、登山道は稜線上を進む。階段状に登り返すと、展望が開ける。この**祠**がある場所で、道標にしたがい左手に折れる。ここを直進する道

コース中に咲くシキミの花。花期は4月

辺室山山頂。三角点は100mほど北にある

は西方の鍋嵐《なべわらし》（817m）へと向かうが、「登山道ではない」と注意が記されている。道なりにぐっと下りきった鞍部が、テーブルの置かれた**物見峠**である。東側が開けて眺めもよい。ここから尾根通しに行く道は、大山三峰へと続いている。なお、峠から直接右手の黒《くろ》岩方面へ下る道は、長らく通行止めのままだ。また、その迂回路ともなる唐沢林道へ下る道はわずかに登り返したところに分岐があり、右に折れる。下りきると峠をくぐる隧道のすぐ脇に出る。

さて、ここでは左手の煤ヶ谷《すすがや》への下山路を行こう。しばらくは峠と同じくらいの標高で山腹を横切る道だが、すぐに「この先800m区間は崩壊箇所が多数あります」という警告があるように、平行移動だからといって気は抜けない。途中、ザレて道幅も狭くなるところがある。足もとをしっかり注意してゆこう。一方で、このトラバース道はかつての人の往来を感じさせる道でもある。苔むした石積みが、この道の歴史を物語るようだ。

しばらく進むと、ベンチのある**分岐**で大山三峰から下ってきた道を合わせる。あとは「煤ヶ谷2・2km」の道標にしたがい、道なりに長い下りに歩を進めて**煤ヶ谷バス停**に向かう（分岐～煤ヶ谷バス停間はP50コース7の逆コースを参照）。

明るい雑木の森が広がっている、辺室山の中腹

プランニング&アドバイス

辺室山で物足りない場合は、大山三峰（P50参照）や仏果山（P24参照）を組み合わせてもよいだろう。物見峠に下る途中の分岐から尾根をそのまま進むと鍋嵐（なべわらし）という山に向かうが、分岐に「登山道ではない」との掲示があるように、正式な登山コースではない。宮ヶ瀬湖側に下り、警察に叱られるという事案が発生しているので、入りこまないよう気をつけたい。

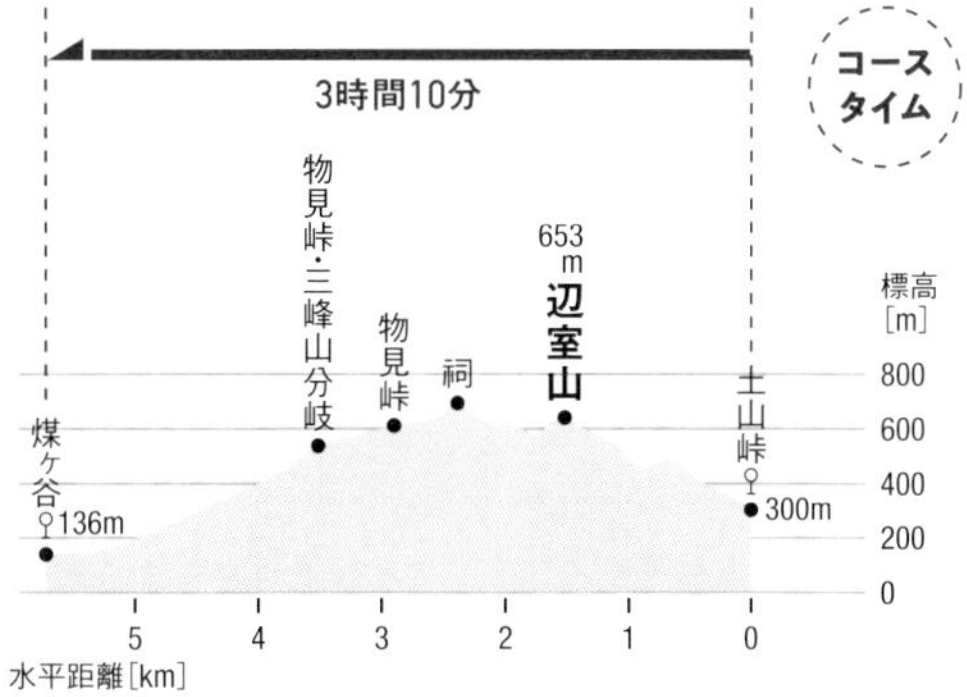

鐘《かね》ヶ《が》嶽《たけ》は大山《おおやま》から北東方向に長くのびた支尾根の末端部に位置する山で、厚木《あつぎ》市と清川《きよかわ》村の境に、独立峰のごとくすっくと立ち上がる山である。

山名の由来は、竜宮から上がった鐘を納めたとする説、または七沢《ななさわ》城への合図のために鐘が置かれたという説がある。山頂からわずかに下った七沢神社は明治時代に合祀される以前は浅間《せんげん》神社とよばれ、今もその名でよばれることも多い。鐘ヶ嶽には浅《せん》間山《げんやま》との別称もあり、富士講《ふじこう》信仰の山としても親しまれてきたようだ。道中には多くの丁目石（石造物）があり、その多くは文久4（1864）年に建てられたものだ。

日帰り 広沢寺温泉入口バス停を起点に鐘ヶ嶽を周回する

広沢寺《こうたくじ》温泉入口バス停で下車。県道をわずかに上がり、左手の広沢寺温泉方面へ向かう。鐘ヶ嶽バス停近くから「鐘ヶ嶽登山口」の道標にしたがって分岐を右に下り、

七沢神社の本殿。ここまで来れば山頂はもうすぐだ

タマネギ状に風化した岩（二十二丁目付近）

特徴ある山容の鐘ヶ嶽（鐘ヶ嶽バス停付近から）

日帰り

鐘ヶ嶽

コースグレード	初級
技術度	★★☆☆☆ 2
体力度	★★☆☆☆ 2

広沢寺温泉の裏手に キリッと立つ かつての信仰の山

日帰り 広沢寺温泉入口バス停→ 鐘ヶ嶽→ 鞍部→ 山の神沢広場→ 広沢寺駐車場→ 広沢寺温泉入口バス停　計2時間45分

登山口へ向けて車道を上がっていく。「鐘ヶ嶽ハイキングコース」の道標が示す石段を登り、これも石づくりの鳥居をくぐる。地蔵様もまつられるこの登山口が、一丁目になる。

植林の緩斜面を登ると、二丁目を示す石像が現われる。千手《せんじゅ》観音のようだが、劣化してその面影はない。

すぐにシカよけの門があり、「鐘ヶ嶽山頂へ55分」の道標とともに、ヤマビルの忌避剤が用意してある。ここからも、植林内の少々暗い道が続く。しかし、三丁目（虚《こ》空蔵芥《くぞうかい》）四丁目（文殊《もんじゅ》菩薩《ぼさつ》）と丁目石の上に鎮座する仏像を愛でながらの道のりは、独特の趣があり、楽しいものである。

さらに五丁目（普賢《ふげん》菩薩）、六丁目（勢《せい》至《し》菩薩）、七丁目（大日如来《だいにちにょらい》）と飽きることのない信仰の道が続いていく。落ち葉に埋もれるような石の祠を過ぎると、八丁目は不動尊《ふどうそん》、九丁目には八幡大《はちまんだい》菩薩が乗っている。常緑広葉樹の森となる十丁目からしばらくは、丁目石の上に像はない。

十三丁目の丁目石近くに「上杉《うえすぎ》公内室の墓」への分岐がある。七沢城を治めていた上杉定正《さだまさ》の妻・鶴《つる》姫の墓と伝えられる。3分ほどの距離なので、足を運ぶのもよいだろう。

十五丁目は、丁目石脇に勢至菩薩が鎮座する。十七丁目を過ぎてまもなく、木のあいだから展望が広がる。十八丁目の石塔脇には道標が立ち「鐘ヶ嶽ハイキングコース0・7km」と記されている。二十丁目では石塔の後ろに、ちょっと大きめの像が鎮座していて驚く。

そこからひと登り。「鐘ヶ嶽山頂20分」の道標がある尾根上で、ぐっと眺めが開ける。ひと息入れるのにふさわしいこの場所が二十二丁目だ。ここからは広葉樹の尾根道をたどるが、足もとの岩は、玉ねぎ状に風化したものが多く見られる。

普賢菩薩が安置された五丁目付近を行く

山の神峠の石像は杖と巻物を手に持っている

二十六丁目付近から再び植林となり、石段が現われる。歴史を物語るような長い石段をぐいぐいと登りつめると七沢神社だ。「ここは浅間山七沢神社の本殿です」と看板に記され、展望も得られる。

神社からはひと登りで**鐘ヶ嶽**の山頂にいたる。半分植林された山頂は残念ながら展望はないが、立てられている2体の不動明《ふどうみょう》王《おう》像はなかなか立派である。

下山は「広沢寺温泉1時間20分」の道標にしたがって、南西へのびる尾根を下っていく。「鐘ヶ嶽コース14」の道標がある**鞍部**でいよいよこの長い尾根を離れる。なお、この鞍部は「山《やま》の神《かみ》峠」という呼び名もあり、わずかに戻った尾根上には祠と石像が並び立っている。

尾根を離れ、山腹をジグザグに下る。補助ロープもある道のりを慎重に進むと、ほどなく山神隧道《やまのかみずいどう》脇の**山《やま》の神沢《かみさわ》広場**に出る。

ここからは広沢寺方面へ長い舗装路歩きとなる。車両を止めているゲートを抜け、砂防堰堤を横目に眺め徐々に里の中の道になっていく。広沢寺温泉バス停を終点としてもいいが、本数が少ないので、15分ほど進んだ**広沢寺温泉入口バス停**まで歩こう。

十五丁目の勢至菩薩。石碑には文久四子年とある

プランニング&アドバイス

鞍部（山の神峠）からなおも大山方面に向かう道はあるが、これはバリエーションルートである。一方、鐘ヶ嶽だけでは時間に余裕もあるので、白山から順礼峠を縦走して歩きつなげたり（P12コース1参照）、あるいは鐘ヶ嶽を下山後に見城山や日向薬師（P32コース4参照）を組み合わせれば、時間的にも充実した山歩きが楽しめる。鐘ヶ嶽の参道に沿った石像群は実に楽しいものだが、2011年にかなりの数が破壊行為に遭ってしまった。その後2015年に多くが修復されたが、そういったことが繰り返されぬように、登山者としても気を配りたいものだ。

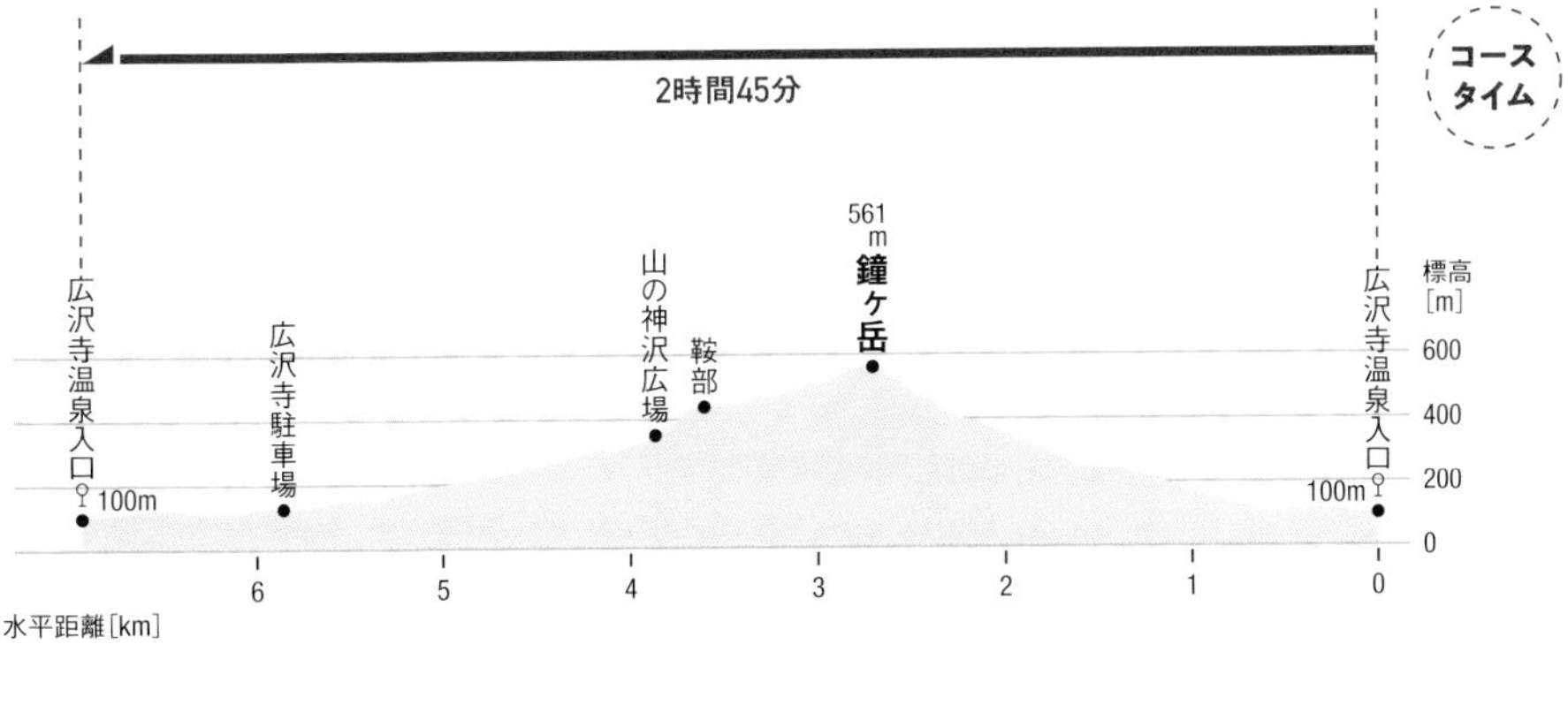

表丹沢・裏丹沢

丹沢を代表する山域
素朴な里山から日本百名山まで
バリエーション豊か

菜の花咲く渋沢丘陵からの表尾根。右から三ノ塔、烏尾山、新大日、塔ノ岳

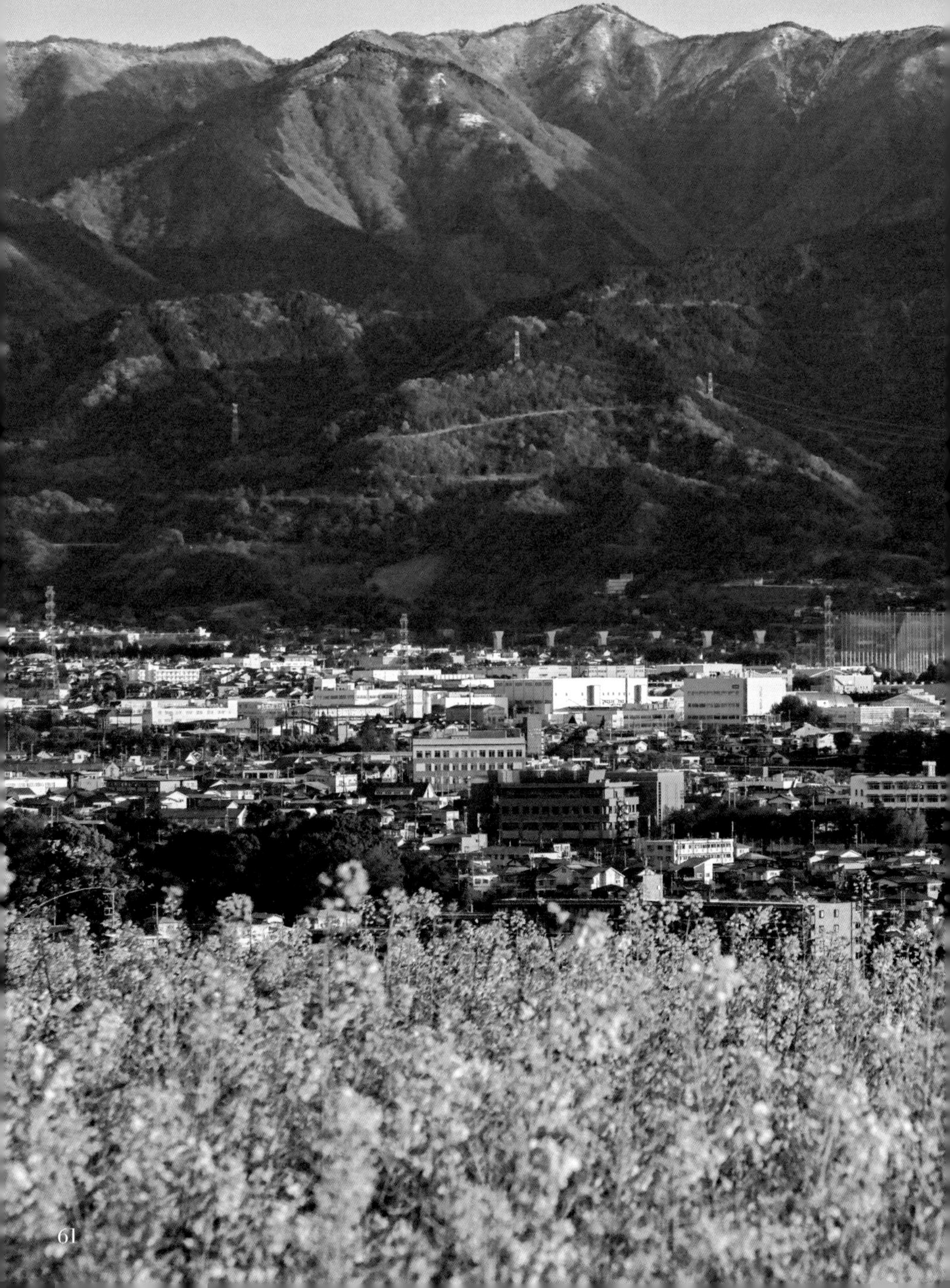

丹沢屈指の人気の山・塔ノ岳へ
代表する2つのコースを行く

日帰り

塔ノ岳

表尾根
大倉尾根

山名標柱と通年営業の尊仏山荘が建つ塔ノ岳の山頂

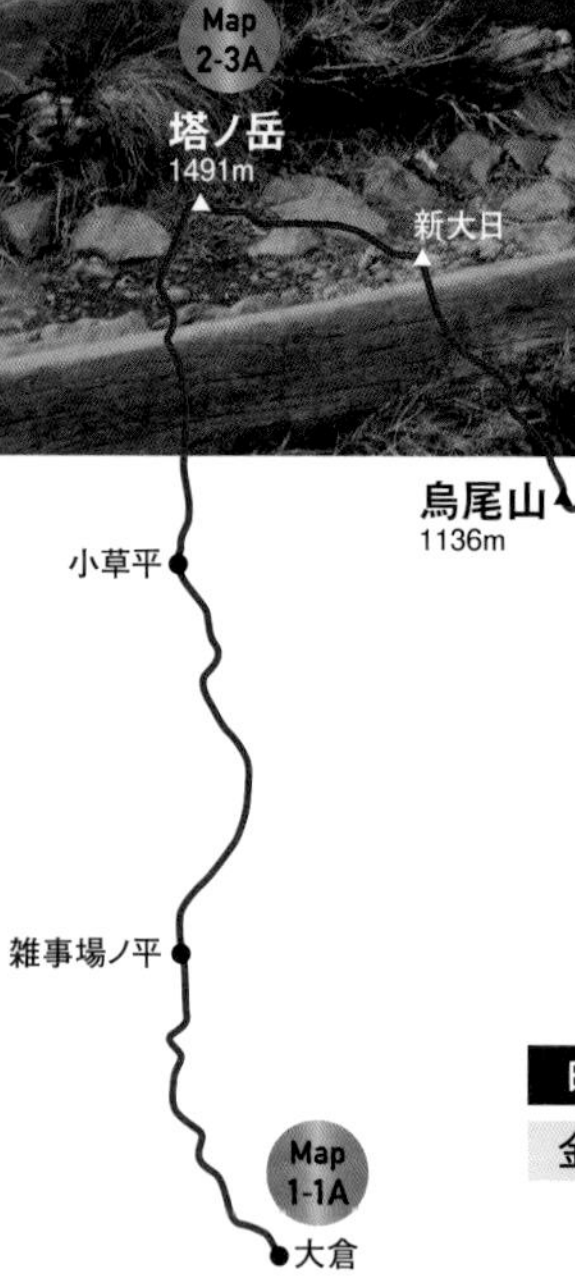

コースグレード	中級
技術度	★★★☆☆ 3
体力度	★★★★☆ 4

日帰り ヤビツ峠バス停→三ノ塔→烏尾山→新大日→塔ノ岳→金冷シ→小草平→雑事場ノ平→大倉バス停　計7時間20分

塔《とう》ノ岳《だけ》は大山《おおやま》と並んで丹沢の顔と言ってもよいほど、人気の高い山である。秦野《はだの》盆地から見上げれば、左に鍋割《なべわり》山稜、右に表《おもて》尾根から大山へと続く山並みを広げる高みにある。山頂の尊仏《そんぶつ》山荘をはじめ、いくつもの山小屋があり、また表尾根や大《おお》倉《くら》尾根をはじめ、名だたる登路が交差する山でもある。

かつて、関東大震災以前は山頂近くに尊仏岩があり、信仰を集めた山であった。一方、昭和の初めごろまでは、山頂などで毎年5月15日に賭場が開かれていたといった歴史も持っている。

さて、ここで紹介するのは、ヤビツ峠を起点として、いくつかの山々を登り下りして塔ノ岳にいたる縦走路の表尾根。そして丹沢を代表する登山基地でもある大倉と山頂を一途に結ぶ大倉尾根を組み合わせる、日帰りのロングコースだ。双方ともにメジャーなコースであるが、展望がよく変化もあるだけに、季節を変えて何度でも歩いてもらいたい。

烏尾山の山頂手前は木道が敷かれている

烏尾山荘が建つ烏尾山山頂。好展望のピークだ

日帰り

表尾根を塔ノ岳に向かい、大倉尾根を下山する

秦野駅からバスに揺られて到着するのが、標高７６１ｍの**ヤビツ峠**である。峠にはトイレと売店がある。ここからしばらくは舗装された県道を札掛《ふだかけ》方面へゆっくりと下る。交通量が多い県道は、自動車はもちろん、無音で走行する自転車も増えたので、より気をつけて歩きたい。

しばらく下った**富士見《ふじみ》橋**公衆トイレで左に折れ、菩提《ぼだい》峠方面へ。ここにはかつて富士見茶屋があったが焼失した。すぐに登山口があり、ここからは登りが続く。途中林道を横断してひたすら登ると、やがて背後に大山の勇姿を望むようになる。登りきった**二《に》ノ塔《とう》**にはベンチがあり、ここから葛葉《くずは》の泉への下山路が分かれる。

階段状に整備された道を下って登り返し、大倉方面からの登山道（Ｐ67参照）を合わせると**三《さん》ノ塔《とう》**だ。広い山頂に建つ休憩所は

三ノ塔からの表尾根。いくつものピークを越えていく

２０１９年に建て替えられたばかり。公衆トイレもある。ここからは、これから進む表尾根の全容を眺めることができる。

休憩所の先から、平坦な木道を進む。お地蔵様に挨拶をしたら急な下りに差しかかる。再び木道を登り返すと**烏《からす》尾山《おやま》**山頂で、週末営業の烏尾山荘が建っている。ここから烏尾尾根への下山路も分かれる（P68参照）。

新大日付近より三ノ塔方面。右は秦野市街

次の山頂が行者ヶ岳《ぎょうじゃがたけ》で、古くは日向《ひなた》修験の行場であったといわれる山である。山頂の前後にクサリ場があるが、下りの際は切り立っているので慎重に。登山者が多いときは渋滞することもあるので、登り優先を基本にして、ゆずり合って登降したい。

しっかりした桟道の架かるやせ尾根を登ると**政次郎《まさじろう》ノ頭《あたま》**で、登りきった先で戸沢《とざわ》からの道（政次郎尾根・P68参照）が合流する。政次郎ノ頭からひと登りした台地には以前書策《かいさく》小屋があり、書策新道の起点となっていた。その新道も現在は廃道である。

急登を終えると**新大日《しんだいにち》**。壊れかけた茶屋はすでに廃業している。ここから札掛への道が分岐する（P71参照）。山頂をあとに木道をたどると、週末営業の木《き》ノ又《また》小屋がある。さらに進み、ぐいっと登ると**塔ノ岳**にたどり着く。広い山頂の北端

表尾根の難所、行者ヶ岳〜政次郎ノ頭間のやせ尾根

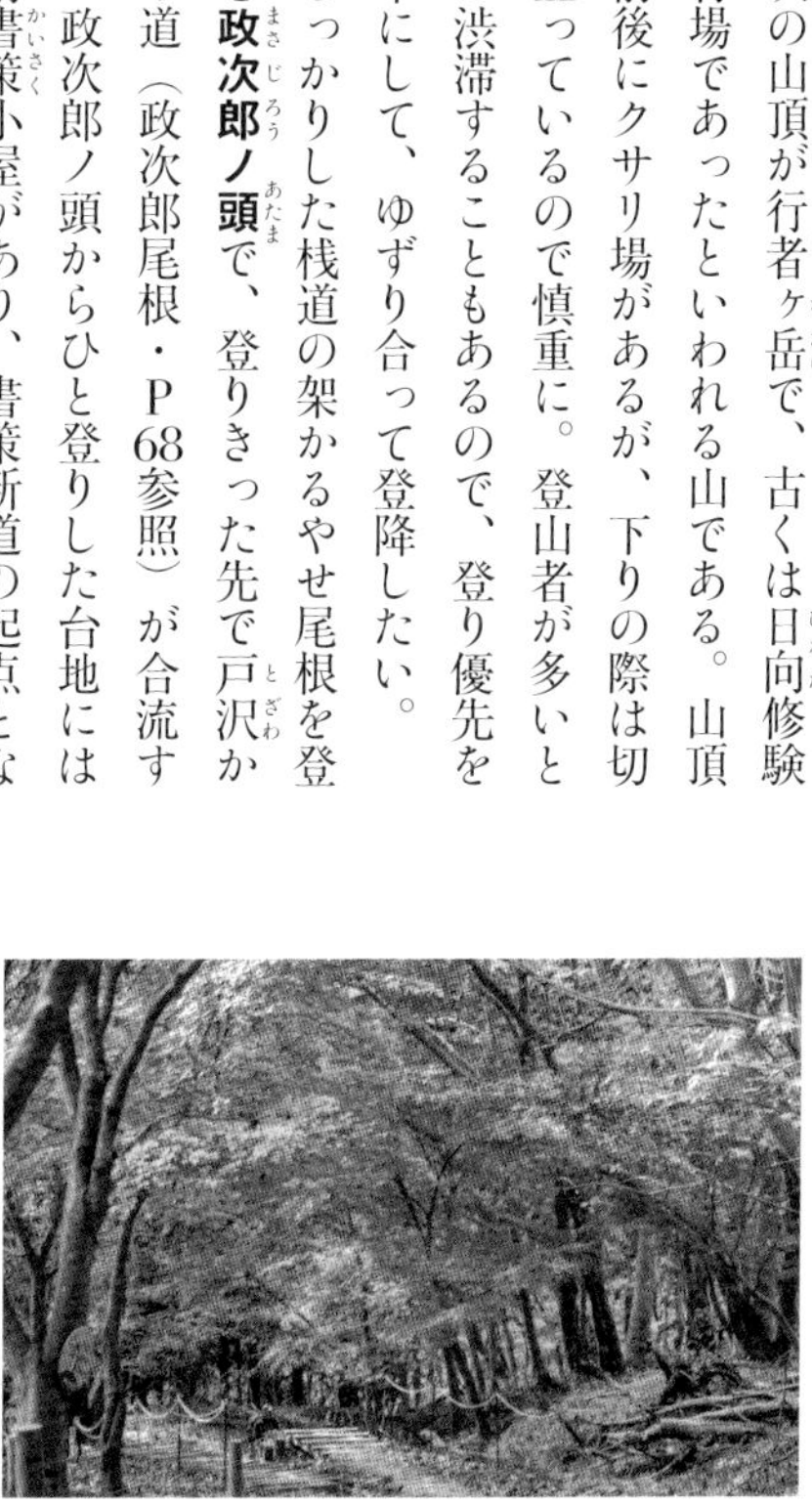
紅葉の大倉尾根（見晴茶屋〜駒止茶屋間）

大倉尾根のシンボル・長い階段道を行く

には、通年営業の尊仏山荘が頼もしい。

下山は、大倉尾根を下る。山頂から南側の階段を下り、高度を下げてゆく。**金冷《きんひや》シ**で鍋割山稜（P72コース10参照）と道を分ける。木道のある花立《はなたて》山頂からわずかに下ると公衆トイレがあり、すぐ先に週末営業の花立山荘が建っている。

ここからは、大倉尾根名物の階段下りとなる。道の両脇の植生はずいぶん回復している。階段が終わってからも、木道などが整備された道を下る。ベンチのある**茅場平《かやばだいら》**付近では、戸沢へ下る天神《てんじん》尾根（P69参照）を分ける。なおも下り、週末営業の堀《ほり》山の家が建つのが小草平《おぐさだいら》。ここから二俣《ふたまた》への道は荒れており、道標ははずされている。

いったん下った先の堀山《ほりやま》付近は、東側を巻く穏やかな道。なおも下り、駒止《こまどめ》茶屋、さらに見晴《みはらし》茶屋まで下ると、道はかなり平坦になる。**雑事場《ぞうじば》ノ平《たいら》**で道は二手に分かれる。尾根づたいに直進する道沿いには大倉高原山の家があったが、閉鎖された。双方の道は10分ほどの行程で合流し、さらに下ると観音《かんのん》茶屋。ここにも公衆トイレがある。

なおも下るとやがて車道に出て、道なりに進む。住宅が現われると、**大倉**のバスターミナルは近い。

プランニング&アドバイス

秦野駅からヤビツ峠へのバスは、平日の午前は1便のみ。乗り遅れないように。行者ヶ岳からの下りのクサリ場は慎重に通過する。本項は1日で歩くには距離も時間も長くかかる。余裕があれば、尊仏山荘で宿泊するのもよい。富士に沈む日没、きらめく夜空、そして首都圏の眩い夜景、さらには日の出まで楽しめる。ただし週末営業の小屋を利用予定なら、しっかり予約をしておこう。水場の少ないコースなので、水分は潤沢に持参すること。富士見橋のすぐ下に「護摩屋敷の水」が湧くが、生水では飲まないようにと指示がある。

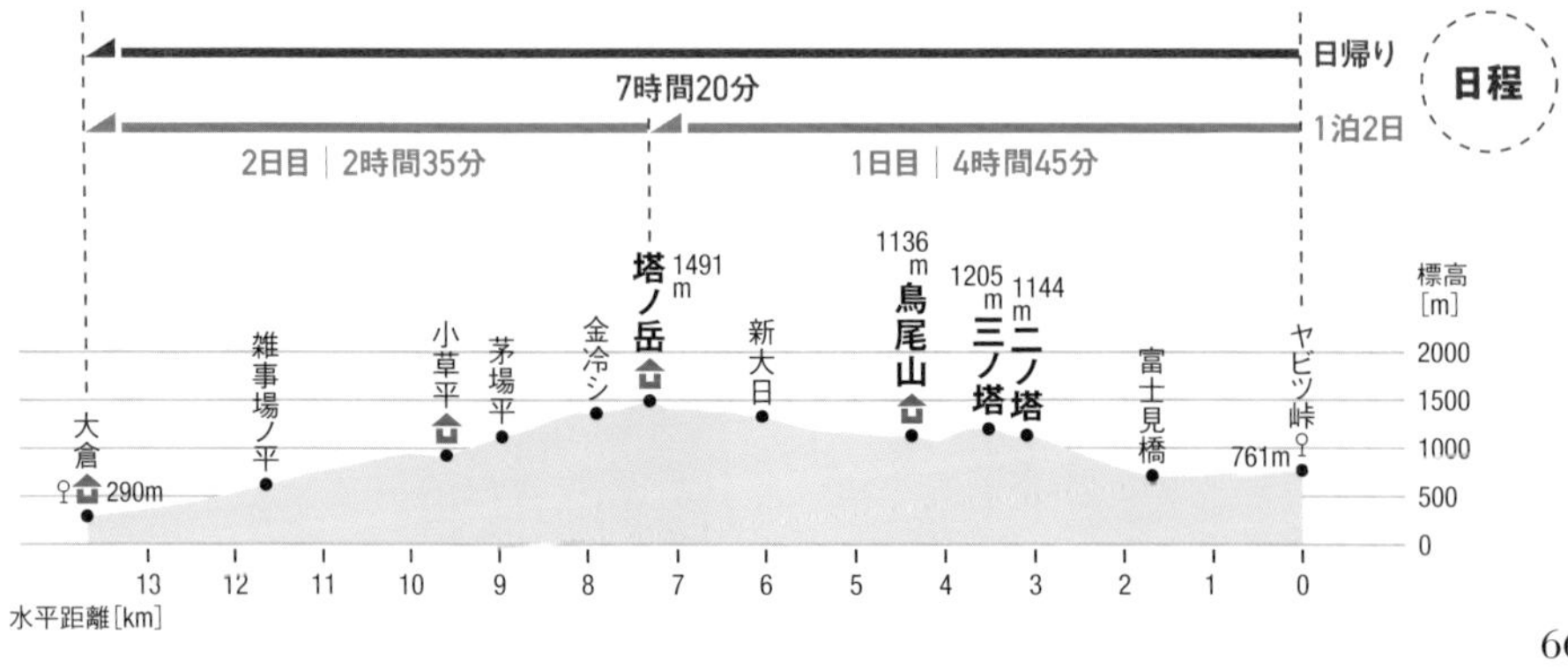

サブコース

表尾根・大倉尾根周辺の登山コース

Map 2-4B 岳ノ台
Map 2-4A 三ノ塔 烏尾山
Map 2-3A 政次郎ノ頭 新大日
Map 2-4A 茅場平

①ヤビツ峠から岳ノ台周回

岳《たけ》ノ台《だい》はヤビツ峠に最も近いピークである。堅牢な展望台があるが、樹木が育ち、秀麗な富士山《ふじさん》をはじめとする自慢の展望は今ひとつになってしまった。それでもお手軽に周回できるコースである。

ヤビツ峠から、「岳ノ台ハイキングコース」という大きな道標のある階段を進む。右手に折れて進んだ小ピークには、あずまやが建っている。ここで左に折れ、わずかに下ると旧ヤビツ峠だ。そこから広々とした明るい切り開きを進み、**岳ノ台**山頂にいたる。休憩舎を兼ねた展望台がある。

その山頂から下った鞍部は旧菩提《ぼだい》峠で、風神がまつられている。この付近では春先にウラシマソウの花を楽しむこともできる。登り返すと、一気に眺めが開ける。明るい草原にパラグライダーの離陸場があり、秦《はだ》野《の》盆地が一望できる。ベンチもあるので、休憩にももってこいだ。**菩提峠**はすぐ目の下。そこからは林道をたどり、**富士見《ふじみ》橋**からは県道70号経由で**ヤビツ峠**に戻る。（コースタイム＝**1時間40分**／コースグレード＝**初級**）

②三ノ塔尾根

三《さん》ノ塔《とう》から大倉《おおくら》方面へ下る便利なエスケープコースとして、利用価値が高い。以前は樹木で暗くなっていたが、手が入って明るい尾根になった。

三ノ塔からわずかに二《に》ノ塔《とう》側に下ったところに分岐がある。これを右にとり、しばらくは少々荒れた植林内を下る。基本的に尾根沿いの下りだが、近年伐採や林業用に

三ノ塔尾根は作業道に入りこまないようにしたい（コース②）

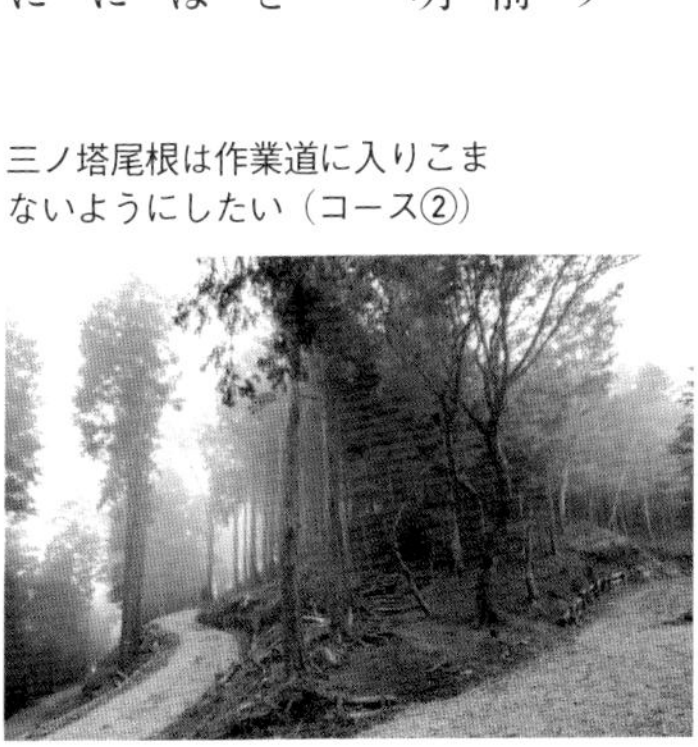

岳ノ台休憩舎。上階は展望台（コース①）

車両も入る作業道が尾根を右に左に横断し、ところによっては登山道と並走する。その作業道に惑わされないように、しっかり登山道を探して歩を進めよう。

牛首《うしくび》で舗装された林道を横切る。ここから萩山《はぎやま》林道を下ってもよいが、稜線沿いに歩いて下るほうがおすすめだ。ただし、道形は少し薄めとなっている。林道に合流したら、まもなく秦野戸川《とがわ》公園に出る。風の吊橋を渡り**大倉バス停**へ向かう。（コースタイム＝2時間30分／コースグレード＝初級）

③烏尾尾根

烏尾《からすお》尾根は、烏尾山《からすおやま》に向かって一気に登る尾根道である。

週末などに売店営業をしている**新茅**《しんかや》**荘**前がスタート地点。山荘前は道路をはさんで広場になっており、数台の駐車スペースもある。その奥から歩きはじめる。しばらくは植林の中の結構急な斜面だが、標高700mを超えてからは、傾斜が少し穏やかになる。ちょうど傾斜の変わるころにベンチが設けられている。

やがて尾根が細くなり、標高900m付近に「文化七年」と刻まれた石像が立つ。狗頭《くとう》観音と記されている。山犬＝狼をまつっているのだろうか。愛好家が手づくりのよだれかけを掛けているのが愛らしい。

さらに植林内を登ると、まもなく**烏尾山**山頂に出る。三角屋根の烏尾山荘は週末営業で、宿泊は予約制だ。（コースタイム＝大倉～烏尾山間 3時間10分／コースグレード＝初級）

④政次郎尾根

戸川林道終点の**戸沢**《とざわ》から、表《おもて》尾根の中間付近にある政次郎《まさじろう》ノ頭《あたま》に向かうコースである。表尾根からのエスケープのほか、水無《みずなし》川本《ほん》谷（P152コース22）などの遡行後の下山路にも有効な道だ。

登山口はちょうど丹沢臨時警備派出所の建物向かいとなる。登りはじめてすぐに沢

烏尾尾根登山口の新茅荘は売店のみの営業（コース③）

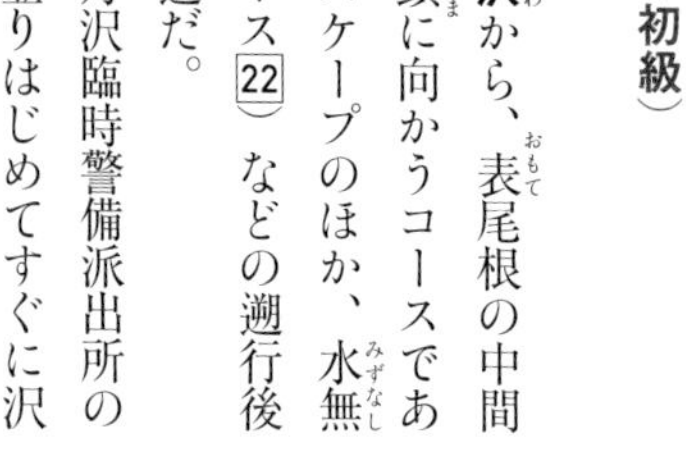

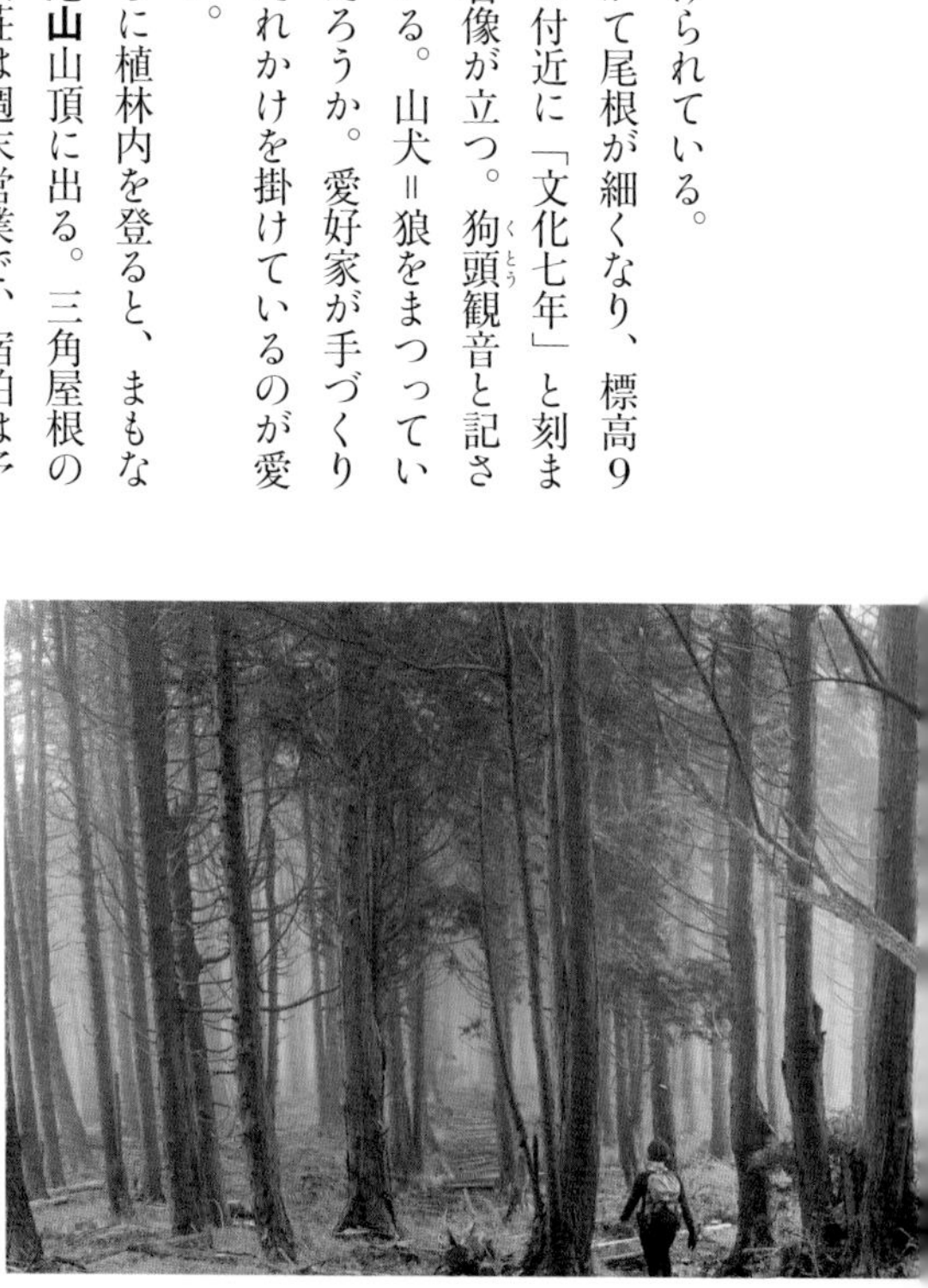

やや荒れた植林帯の三ノ塔尾根の下りはじめ（コース②）

を横断する。ここからずっと植林内を尾根に沿って登っていく。展望はほとんどない。

ひたすら続いた尾根沿いの道が巻き気味の道になると、まもなく表尾根の小鞍部に到達する。**政次郎ノ頭**のピークはすぐ右だ。（コースタイム＝大倉〜政次郎ノ頭間 **3時間35分**／コースグレード＝**初級**）

菩提峠付近より大山を望む（コース①）

⑤天神尾根

戸沢と、大倉尾根の途中にある花立《はなたて》の一段下にある茅場平《かやばだいら》を結ぶのが天神《てんじん》尾根。ほとんどが植林の中を行く急勾配の尾根コースだが、源次郎沢《げんじろう》（P154コース㉓参照）の帰路などにも利用価値は高い。また、尊《そん》仏《ぶつ》山荘の歩荷さんが利用する道でもある。

戸沢から丹沢臨時警備派出所を過ぎ、沢を渡る。道なりに進んでゆくと、だいぶくたびれた風情ながら、天神尾根を示す道標が立っている。あとは道なりに植林の中を行く。勾配は急なうえに赤土の部分も多く、滑りやすいので注意が必要だ。また、かなり浸食が進んでおり、道が溝状のところもある。展望はほぼ期待できないまま、あっという間に高度をかせいでゆく。

ベンチがある**茅場平**に出たら、大倉尾根の階段登りを経て花立に向かう。（コースタイム＝大倉〜茅場平間 **2時間55分**／コースグレード＝**中級**）

⑥札掛から三ノ塔

ヤビツ峠北方の札掛《ふだかけ》と三ノ塔を結ぶ尾根

登山者の安全を見守る烏尾尾根上部の狗頭観音像（コース③）

政次郎尾根上部の風景（コース④）

ヨモギ尾根のシンボル、ブナの巨木（コース⑥）

が、ヨモギ尾根である。バリエーション入門コースなので、登山道の積極的な手入れはされていないが、登山者は少なくない。

札掛森の家横に架かる吊橋のわずか上流側で、水量豊かなタライゴヤ沢を徒渉する。靴を濡らすか裸足になるかは、好みが分かれるところだろう。そのままやや藤熊《ふじくま》川側に回りこみながら、尾根末端に取り付く。

しばらくは防火帯の歩きやすい尾根を登る。手入れの行き届いた植林はなかなか心地よい。ひたすら尾根道をたどり、標高８０６ｍ地点付近で境沢《さかいざわ》林道から登ってくる尾根が右から合わさる。ここで道はわずかに左手に方向を変えるが、表尾根方面から下りに利用する際は、この分岐での道間違いに気をつけたい。

左手側が植林となっている尾根道を、なおも進んでゆく。やがて、右斜め下に１本、巨大なブナが目立つ。この尾根のシンボルツリーのようでもある。見に行く価値はあるが、足もとはよくないので注意したい。

再び尾根上を進んでいくと、広葉樹が山をおおうようになる。壊れかけのシカ柵を通り抜け、９７０ｍのピークを過ぎると左手下に巨大なベンチらしきものが見える。このあたりで、県道沿いのキャンプ場から上がってくる道が左から合流する。この付近はヨモギ平《だいら》とよばれ、広々として明るい。林床をテンニンソウがおおい、広葉樹が適度に生える。この尾根の見どころである。

ヨモギ平をあとにしていったん下ってから、ぐいぐいと登り返す。標高１０５０ｍ付近では、作業用モノレールの末端が現わ

戸沢にある政次郎尾根取付点の道標（コース④）

雰囲気のよいヨモギ平（コース⑥）

れる。しばらくはレールと並行するように尾根を直上してゆくと、やがて三ノ塔の**お地蔵さん**前にぽっと出る。（コースタイム＝**2時間30分**／コースグレード＝**中〜上級**）

⑦札掛から新大日

札掛から表尾根上の新大日《しんだいにち》への登山道は従来2本あったのだが、沢沿いに登るコースが災害で通行止めのままである。ここに紹介するのは長尾《ながお》尾根コースである。

丹沢ホームのすぐ手前、新家《しんや》の横を抜けるようにして登山道がはじまる。しばらくは山腹を回るように進む。途中のベンチは、かつてあった分校へ下る分岐点だ。ただし分校跡への道は経路荒廃のため通行止めと記されている。

そのまま山腹を進むと、やがて大きなモミの木とベンチのある**下《した》ノ丸《まる》**に到着する。ここは黒龍《こくりゅう》尾根上の分岐点である。右手に進むと、50mほど先の右側に黒龍大明神《だいみょうじん》がまつられるが、祠はずいぶん古びてわかりにくくなっている。また、まっすぐ進む大《おお》洞《ぼら》橋への道は通行止めだ。

ここでは左手の塔《とう》ノ岳《だけ》方面へ進む。山腹を進む道は桟道が架かるが、一部崩れているので、注意して通過する。

さらに上からのびてくる尾根の末端で**本《ほん》谷《だに》橋への道**を分け、植林の中の道を登ってゆく。「新大日3・0km」の道標からは、ほぼ尾根づたいだ。道はないのだが、この道標から東側のピークに登れば、標高879mの上《うえ》ノ丸《まる》山頂だ。シカ柵の向こうではあるが、枯れたモミの巨木が立っている。

さて、「新大日3・0km」の道標付近からは、穏やかでのびやかな樹林の中の道が続いている。やがて傾斜を増した道は稜線上の**新大日**へと飛び出す。ただ、長年親しまれた新大日茶屋は廃業しており、建物もずいぶん荒廃している。（コースタイム＝**2時間40分**／コースグレード＝**中級**）

下ノ丸先にある桟道。慎重に通過する（コース⑦）

初冬の長尾尾根（コース⑦）

日帰り

鍋割山

南に光る相模湾、西に大きな富士を望むミニ縦走を楽しむ

コースグレード｜中級

技術度｜

体力度｜

日帰り　大倉バス停→二俣→後沢乗越→鍋割山→金冷シ→塔ノ岳→金冷シ→小草平→大倉バス停　計8時間15分

豊かなブナの林が展開する鍋割山稜

塔《とう》ノ岳《だけ》から大倉《おおくら》尾根を下った金冷《きんひや》シから、西側に向かって稜線が分かれる。この稜線が鍋割《なべわり》山稜だ。小ピークの大丸《おおまる》と小丸《こまる》を経る山稜は、この山稜を代表する鍋《なべ》割山《わりやま》で大きく2つに分かれる。中津《なかつ》川（上流部は寄沢《やどりき》）をはさんで西側の山稜は雨山《あめやま》峠を経て檜岳《ひのきだっか》へと続き、南側の山稜は後沢《うしろざわ》乗越《のっこし》を経て栗《くり》ノ木洞《きどう》、櫟山《くぬぎやま》へと続く。

鍋割山山頂の鍋割山荘は名物の鍋焼きうどんが大人気だが、小屋主の草野延孝さんの高齢化に伴い、２０１９年より営業を大幅に縮小している。通常は売店営業だけで、うどんも13時に終了。月・金曜は休み（祝日の場合、月曜は翌日休、金曜の場合は木曜休）である。

ここでは、丹沢の表玄関である大倉から四十八瀬《しじゅうはっせ》川側の登山口である二俣《ふたまた》まで歩き、後沢乗越経由で鍋割山に登り、鍋割山稜をたどり塔ノ岳をめざすコースを紹介する。眼下の海や、木のあいだ越しながらも周囲の山にかけての展望も楽しみながら歩けるコースである。また、稜線沿いのブナ林も未だ立ち枯れが少なく、気持ちよいコースとなっている。

日帰り

二俣から鍋割山に登り、鍋割山稜を塔ノ岳へ

スタートは**大倉バス停**。大倉尾根への登山者と別れ、ターミナルと道をはさんだ大倉屋右横の道へ。道標にしたがい進むうちに、細い道となる。まもなく西山《にしやま》林道だ。

ここで右に折れ、西山林道へ。すぐ丹沢大山《おおやま》国立公園の看板を左に眺める。ここからは長い林道歩きとなる。表《おもて》丹沢県民の森からの道を左から合わせ、ゲートのある林道を右に分けると、すぐに丹沢の国定公園化などに尽力した尾関廣氏の胸像が建つ。

二俣で勘七《かんしち》ノ沢を渡る。右手に小丸への尾根道（Ｐ76参照）を分けて林道を進む。途中右手のスギとヒノキの美林は１９２８（昭和３）年に植えられ、「日本美しの森お

鍋割山稜からは、真鶴半島や海を望める

二俣〜林道終点間のスギとヒノキの美林

落葉する広葉樹におおわれる、たおやかな鍋割山稜

薦め国有林」のひとつに数えられる。

林道終点には大小いくつもの水の入ったペットボトルが置いてある。鍋割山荘で利用するので、余力のある人は水ボッカに挑戦して運んでいただきたい。

ここから登山道となる。ミズヒ沢を渡り、沢床をわずかに進むと、登山道はすぐ右手を登る。手入れのよい植林だが、一部は2014年の豪雪で幹折れの跡が残る。やがて植林が終われば、ひと登りで**後沢乗越**だ。

乗越から稜線上を南に向かう道は、栗ノ木洞や櫟山へ向かう（P77参照）。一方、鍋割山へ向かうのは北側に登っていく急な道である。なお、後沢乗越は西側が切り立った崖になっており、くれぐれも端に寄りすぎないようにしたい。

樹林の急な登りは、なかなか手ごたえがある。ひとつふたつ小さなピークを越えると、いよいよ鍋割山荘の建つ山頂となる。

ようやく登った**鍋割山**山頂に広がるのは大展望だ。富士山《ふじさん》がひときわ近く感じられる距離である。一方、相模灘《さがみなだ》や真鶴《まなづる》半島、あるいは湘南《しょうなん》から横浜、そして関東一帯の平野を見下ろす景色も爽快だ。鍋割山はかつて西麓の寄地区の萱場であり、「三《さん》ノ萱《かや》」という異名をもっている。

ここからは、起伏もやわらかい鍋割山稜をゆったり楽しもう。樹齢の若そうなブナ林が続くが、樹林が切れたとたんに眼下に

鍋割山稜にも木製階段がある。登ればベンチが待っている

鍋割山荘は2019年から売店主体の営業だ

コラム3 丹沢の鉱山

丹沢を歩くと、さまざまな場所に古くからの人間の営みを感じることができる。古道に見られる石積み、路傍の石像、山の神や炭焼き窯跡など。よくぞこの山奥までと、出会うたびに感服するといってもよいくらいである。

そういった人間の営為の痕跡として、丹沢には鉱山の跡もいくつか残っている。現在、丹沢の鉱山というと砂利採取になるが、昔の鉱山は、やはり鉱物資源採取であった。廃道になった書策《かいさく》新道は鉱山道という一面もあり、近くに水の湧く坑道跡があった。また、丹沢には坑道を掘らず、露天掘りでマンガンを採掘していた鉱山もあったという。

P6右の写真の坑道跡は仏果山《ぶっかさん》に残るもので、沢沿いに坑道が数本埋もれている。

は相模灘の蒼い海、もう片方には丹沢最高峰の蛭ヶ岳《ひるがたけ》などが広がってくる。

小丸を過ぎると、ところどころで木道となる。やがて右手から登山道が上がってくる（**二俣分岐**）。二俣から一気に登ってくる道だ。この先で、わずかに登ると大丸。豊かなブナ林が広がるが、登山道以外には立ち入ることができない。いったん下り、木道を進むとひと登りで、大倉尾根の**金冷シ**の分岐となる。ここから左手に登れば**塔ノ岳**山頂、右に向かえば花立《はなだて》に出る（大倉尾根はP62コース9の逆コースを参照）。

プランニング&アドバイス

以前は鍋割山荘に泊まり夜景を眺めると昼間とは違う魅力が味わえたのだが、宿泊期間縮小のため現在はほぼ不可能となった。ここでは大倉を登山口として二俣へ入るプランとしたが、表丹沢県民の森から上秦野林道、水無堀川林道を経由しても行ける。ただし、駐車場の台数に限りがある。本書では紹介しなかったが、鍋割山から稜線に沿って鍋割峠、茅ノ木棚沢ノ頭を経由して雨山峠への道もある。稜線に沿うが、クサリ場やザレている部分もあるので、経験者向けのコースである。鍋割山から雨山峠までおよそ1時間10分だ。山稜からは小丸尾根からの下山もよいだろう（P76のサブコースを参照）。

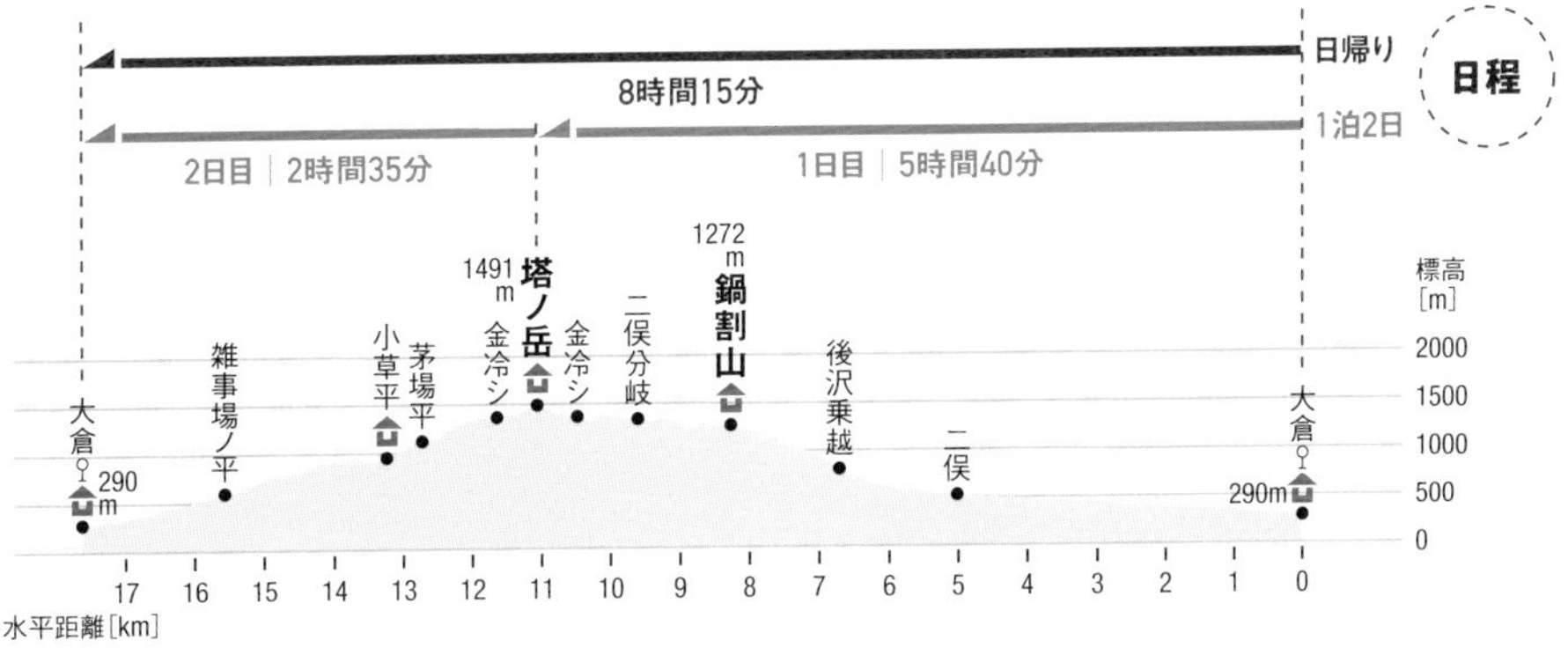

サブコース

小丸尾根

二俣↓745mピーク↓二俣分岐　2時間10分

鍋割《なべわり》山稜の鍋割山《なべわりやま》と金冷《きんひや》シ間には、小丸《こまる》、大丸《おおまる》という2つのなだらかなピークが肩を並べる。その小丸と二俣《ふたまた》を結ぶ尾根が、小丸尾根である。以前、二俣近くに登山訓練所（現在の山岳スポーツセンター）があったので、訓練所《くんれんじょ》尾根という別称もある。

一気に稜線に登るので便利な道だが、2010年代になって林業用の作業道が設けられており、地形図に記載されない道が交錯するので、気をつけよう。なお、道標はしっかり要所につけられている。

登山口は**二俣**。勘七《かんしち》ノ沢を横断し、まもなく右手に現われる「小丸まで2000m」の標識を過ぎると、手入れのよい人工林になる。この付近で、林業用の作業道が尾根を横断するが、まどわされず道標にしたがい登山道を進んでいく。

745mピーク付近は、尾根上が車も通れる幅の作業道を行く。「小丸まで1500m」標識が立つ鞍部付近で幅広の作業道が分かれるが、道標にしたがってわずかに山腹を巻く。その先で道幅が狭まり、再び登山道らしくなる。植林された斜面をジグザグに登って再度小丸尾根上へ。あとはひたすら尾根を登る。

コンクリートで固められた礎石まで登れば標高は1000m弱である。なおも登りが続き、少々やせた尾根を通過するとウネウネとした樹形のアセビが多くなってくる。

眺めがよくなれば、すぐに鍋割山稜上の道と合流する（**二俣分岐**）。右に進めば大丸経由で大倉《おおくら》尾根の**金冷シ**。左に進めば**鍋割山**だ（P72コース10の逆コース参照）。

Map 5-4D　二俣

Map 5-3D　二俣分岐

コースグレード｜**中級**

技術度｜★★★☆☆　3

体力度｜★★☆☆☆　2

標高1000m付近にある礎石

地図にない道が交差するが、道標にしたがって進む

サブコース

栗ノ木洞と櫟山

大倉↓二俣↓後沢乗越↓栗ノ木洞↓櫟山↓寄　4時間15分

Map 1-1A 大倉バス停

Map 4-2D 寄バス停

コースグレード	初級
技術度	★★☆☆☆ 2
体力度	★★☆☆☆ 2

鍋割山《なべわりやま》から南にのびる尾根上には、栗《くり》ノ木洞《きどう》と櫟山《くぬぎやま》といった山々が並ぶ。この2つの山をたどって松田《まつだ》町側の寄《やどりぎ》地区に下山するコースを紹介する。

二俣《ふたまた》へは、**大倉《おおくら》バス停**から道標にしたがい西山《にしやま》林道へ向かう。長い林道歩きで**二俣**を経て、林道終点へ。さらに手入れのよい植林内の道を登っていくと、やがて**後沢乗越《うしろざわのっこし》**に出る。乗越という名がつくが、西面の寄側は切り立っており、そちらへ下る道はない。ここで、鍋割山へ登る多くの登山者と別れて反対となる南側へ登る。832mのピークを越え、鞍部からは標高差100mほどの急な道を登る。

登りきった**栗ノ木洞**は標高908m。植林におおわれて少々薄暗く、展望もない。この山頂には「大倉方面　上秦野《かみはだの》林道約50分」の道標が立っているが、これは東に下る尾根をたどり四十八瀬《しじゅうはっせ》川沿いから表丹沢《おもてたんざわ》県民の森方面に向かう道だ（P79参照）。山頂から下る途中で、「笹地の森経由芝生の広場」という道標がある分岐に出る。やはり表丹沢県民の森に下る道である。

分岐から登り返すことなく、**櫟山**の山頂に着く。南東側にカヤトが広がり、相模《さがみ》湾から三《さん》ノ塔《とう》までを見晴らす心地よい山頂である。ここにも「芝生の広場約1時間」の道標があり、左手に表丹沢県民の森への道を分ける。また、下りはじめるとすぐに「カシワの森約30分」のコースが左に分かれる。こちらも表丹沢県民の森方面へと下る道だ。

櫟山山頂。カヤトの広がる明るい場所だ

江の島や三浦半島などを眼下にできる櫟山の山頂

ここでは尾根道を寄へとめざす。

標高差100mほど下ると、左手に「展望地約15分」の道標が設置された分岐があり、さらにその下にも「芝生の広場　大倉方面」への分岐があるが、いずれも寄方面に進路をとる。

なおも下ると、道脇の木の根元に小さな石が積まれている。この付近の古い地名である柳川《やながわ》村・八澤《はっさわ》村・菖蒲《しょうぶ》村・土佐原《とさはら》村の名が刻まれた台座が残る。

風雅な顔立ちの馬頭《ばとう》観音と出会うとまもなく階段があり、これを下ると**三廻部《みくるべ》林道**と交差する。ここで、林道をはさんだ反対側の階段を登り返す。林業用の車両も通れる作業道となり、「寄バス停・宇津茂《うづも》・土佐原」を示す道標にしたがって進む。高圧鉄塔手前でシカ柵をくぐり、植林された山腹を下りはじめる。

再びシカ柵を抜けるとあずまやがあり、周囲には茶畑が広がる。ここからは土佐原集落と宇津茂集落への道がのび、どちらからも下ることができる。

茶畑の広がる明るい道を中津川《なかつ》そばまで下ると、寄自然休養村管理センター前に**寄バス停**がある。

寄のロウバイ園まで下ってくればゴールは近い。背景は宮地山

プランニング&アドバイス

下山する寄では1月から2月にかけて「ロウバイまつり」が開催される。斜面いっぱいに淡黄色のロウバイが咲き、多くの観光客が訪れる。茶店も出てにぎやかだ。ただしそのロウバイ園と寄側の登山道が重なることとなる。また、この時期は寄側の駐車場が使用不可となるほか、会場内に入るには入場料金が必要となるので気をつけたい。

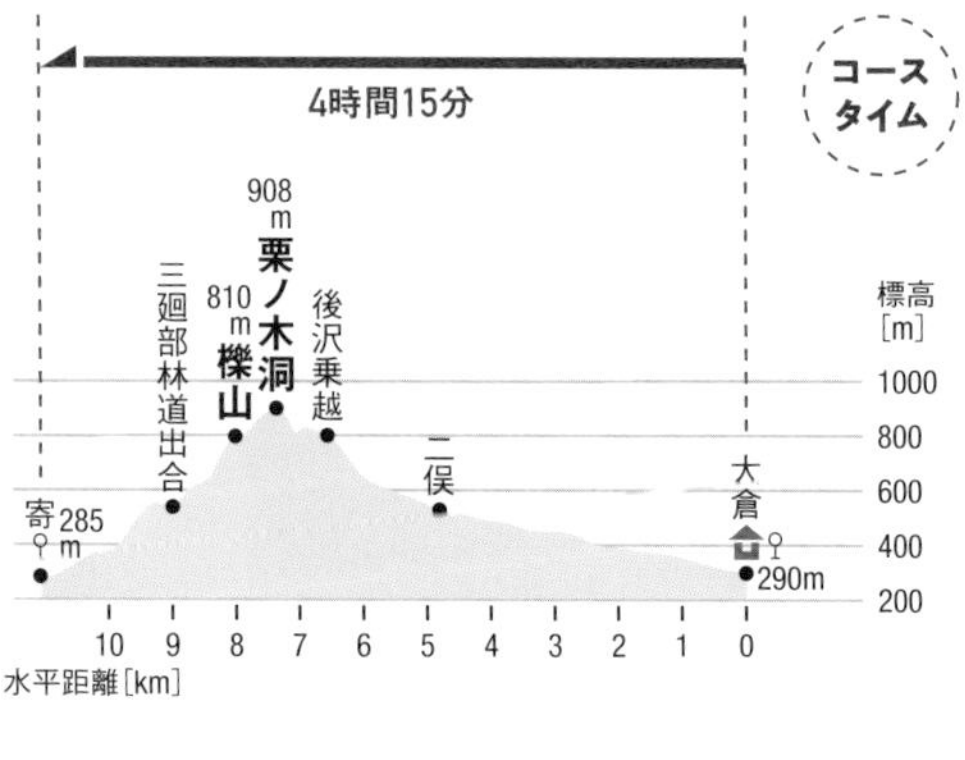

サブコース

栗ノ木洞から表丹沢県民の森へ

栗ノ木洞↓水無堀山林道↓大倉　2時間20分

表丹沢《おもてたんざわ》県民の森は、酒匂《さかわ》川水系のひとつ、四十八瀬《しじゅうはっせ》川右岸にある自然公園である。櫟《くぬぎ》山《やま》や栗《くり》ノ木洞《きどう》の東側斜面一帯が、この公園の範囲となる。公園内はいくつもの道があり、三廻部《みくるべ》林道と櫟山や栗ノ木洞の稜線を結んでいる。ここでは、栗ノ木洞からの下山路として紹介する。

栗ノ木洞山頂はなだらかながら植林におおわれ展望がない。3等三角点の石標と道標が立つそっけない山頂だ。その道標が「大倉《おおくら》方面　上秦野《かみはだの》林道」を指す道へ進む。

すぐに大きく斜面を横切るが、まもなく尾根上のザラザラとした道の下りとなる。標高を一気に下げるとやがて右側が植林となり、階段状に整備された道を進む。下りきった小鞍部には上秦野林道への分岐を示す道標が立ち、ここから道標にしたがい上秦野林道に下ってもよいが、その場合、林道にぶつかったら左手下り方向に進む。

尾根上の分岐から、なおまっすぐ尾根上を進むこととする。階段状の下りでほどなく**水無堀山《みずなしほりやま》林道**とぶつかる。そのすぐ右側に上秦野林道も下ってきている。

ここではいったん左に進む。四十八瀬川を渡るとまもなく西山《にしやま》林道と合流し、西山林道をたどって**大倉バス停**へと向かう。

なお、右に折れゆっくり下ると、公園施設のあずまややトイレ、駐車場が現われる。公園施設林道にぶつかった地点から約10分ほどだ。

Map 5-4D　栗ノ木洞

Map 1-1A　大倉バス停

コースグレード	初級
技術度	★★☆☆☆ 2
体力度	★★☆☆☆ 2

尾根末端。階段を降り水無堀山林道は左へ

栗ノ木洞中腹付近。幅広い尾根を一気に下ってゆく

丹沢山
丹沢三峰
1泊2日

山頂近くの登山道を彩るシロヤシオとミツバツツジ

1日目	三叉路バス停→高畑山→本間ノ頭→丹沢山	計6時間10分
2日目	丹沢山→塔ノ岳→小草平→大倉バス停	計4時間5分

コースグレード｜上級

技術度｜★★★★☆ 4

体力度｜★★★★☆ 4

丹沢山塊の要らしい堂々たる大きな山容

標高1567mの丹沢山《たんざわやま》は、その名のとおり丹沢山塊を代表する山のひとつ。古くは「三境《さんざかい》」という山名であったというが、それは、かつて津久井《つくい》郡・足柄上《あしがらかみ》郡・愛甲《あいこう》郡の境となる山であったためについた名であった。登山道は数本あるが、ここでは、北東の清川《きよかわ》村宮ヶ瀬《みやがせ》を起点に、本《ほん》間《ま》ノ頭《あたま》（東峰）、円山木《えんざんぎ》ノ頭（中峰）、太礼《たいれい》ノ頭（西峰）の3つのピークが続く丹沢三《たんざわみつ》峰《みね》を経由して丹沢山の頂上にいたる、およそ10㎞というロングコースを紹介する。

1日目 宮ヶ瀬湖畔から丹沢三峰を経て丹沢山へ

三叉路《さんさろ》バス停から県道70号をヤビツ峠方面へと進む。まもなく右手に登山口が現われ、すぐ登山届のポストがある。

少し汗ばむころに鳥居が立ち、山の神が3基まつられている。ここはもともと山の神がまつられていた場所だが、宮ヶ瀬湖が湛水する前に、移動した2つの山の神も合わせてまつられている。

広々とした休憩適地の高畑山山頂

小さな祠が置かれた御殿森ノ頭

高畑山近くにある炭焼き窯の跡

道中の安全を祈って進もう。古びたシカ柵をくぐるとまもなく分岐があり、わずかに登った小さなピークが**御殿森《ごてんもり》ノ頭《あたま》**。小祠がまつられているこの場所は、南麓に暮らしていたという矢口長者に由来する場所である。尾根に沿って南に下る踏み跡がある。

いったん戻って登山道を進もう。稜線の南側をトラバースするコースには、5月はじめにはジャケツイバラの黄色い花を見ることができる。また、この付近は古くから山仕事にも用いられた道のようで、よく見ると道のすぐ下にきれいな形の炭焼き窯跡を見つけることもできる。

やがて高畑山《たかはたやま》山頂への分岐。道標の立つ分岐のすぐ横にも、半分崩れた古い炭焼き窯跡の石積みが残る。ここからは巻き道もあるが、右手に折れて山頂を経由していこう。なだらかな**高畑山**山頂にはかつては大きな展望台があり格好の休憩場所になっていたが、現在は山名標とベンチのみ。

高畑山からはいったん下る。足もとの不安定な場所に注意して進もう。鞍部を越えると左手より青宇治《あおうじ》橋からの道が合流する。「青宇治橋まで2・2㎞」と示す道標が立つが、経験者向きのコースである。

分岐から先は、再びじわりじわりと登りが続く。北側斜面を横切って登っていく部分には一部桟道もあり、気が抜けない。金《きん》冷《ひや》シ付近には本コース一の難所となるやせ尾根やクサリ場もあり、要注意。とくに滑りやすい天候のときなどは慎重に行こう。

なおも登りが続くが、あせらずにじっくりと登っていく。三角点とベンチがある**本間ノ頭**山頂は地形図には東峰と記されるが、丹沢三峰の東峰ということである。ベンチ裏から早戸《はやと》川方面の本間橋（旧丹沢観光セ

丹沢三峰のブナ林。新緑や黄葉がすばらしい

丹沢山山頂。一角に日本百名山の標柱が立つ

ンター前）に下る道があるが、バリエーションルートであり、経験者以外は入らないようにしたい。

この付近からは、丹沢の頂稜らしい、力強い樹形のブナが多くなる。表丹沢《おもてたんざわ》に比べて立ち枯れはまだ少ないようで、いかにも関東南部のブナ林らしい様相だ。そのブナ林には5月中旬から6月はじめには、トウゴクミツバツツジやシロヤシオ（ゴヨウツツジ）が紅白に乱れ咲き、目を奪われる。低木のアセビも多く、くねくねとした幹と常緑の葉、そしてぶら下がるような花がよく目立つ。また、枯れた木にはサルノコシカケの仲間のみならず、秋季になるとツキヨタケ（有毒）が目立つ。

本間ノ頭からは無名《むめい》ノ頭、円山木ノ頭、太礼ノ頭と丹沢三峰のアップダウンが続くが、本間ノ頭の下り、無名ノ頭、円山木ノ頭から鞍部にいたる長い下りなどには、ここ数年でかなり木製階段が整備されている。瀬戸沢《せとざわ》ノ頭《あたま》を越えると、丹沢山の山頂までは標高差200mほど。ブナ林を登り、左手から天王寺《てんのうじ》尾根の道を合わせると、あとはわずかな距離で広々とした**丹沢山**の山頂に着く。通年営業のみやま山荘は、山頂の南側東寄りに建つ。また、富士山《ふじさん》の展望もよい三角点は、山頂部の南端にある。

2日目 塔ノ岳などを経て下山

翌日は、主稜線を**塔《とう》ノ岳《だけ》**方面や**蛭《ひる》ヶ《が》岳《たけ》**方面に向かい下山することになる。

プランニング&アドバイス

登山口となる宮ヶ瀬から札掛を経由してヤビツ峠を越えて秦野を結ぶ県道70号は、2019年10月の台風19号で2020年1月現在通行止めが続いている。三叉路バス停から通行止めだが、本コースの登山口までの数百m間なら歩いても問題ないだろう。一方、丹沢山への最短コースの登山口である塩水橋（P84参照）までは進めないので要注意。本コースはおよそ10㎞と長いコースであるが、途中エスケープする一般コースはないだけに、時間に余裕をもって歩きたい。できれば山頂のみやま山荘に1泊して、下山路は別のコースをたどるとよいだろう。また、丹沢山からの下りコースに選択するのもよい。

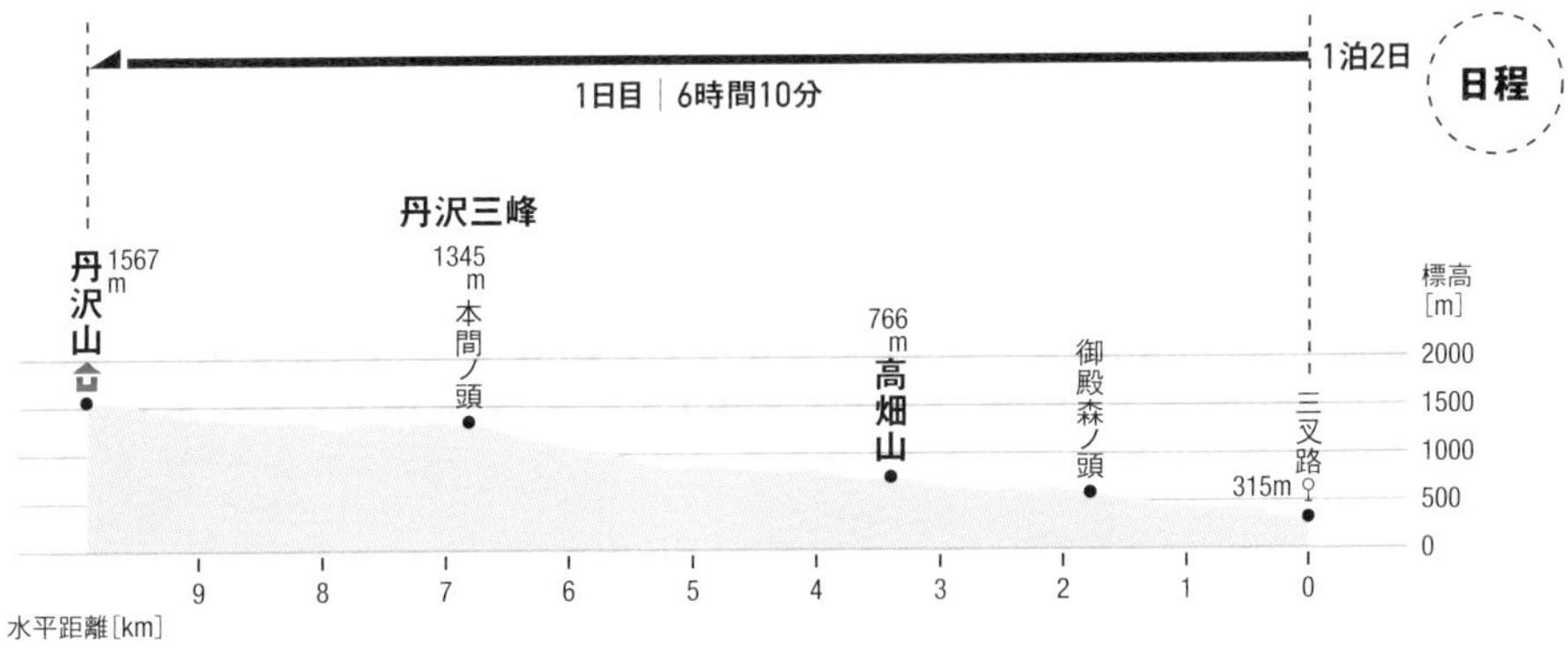

サブコース

塩水橋から丹沢山周回

塩水橋↓塩水林道↓丹沢山↓天王寺尾根↓塩水橋　6時間25分

Map 2-2B 塩水橋

Map 2-2A 丹沢山

コースグレード｜中級

技術度｜★★★☆☆ 3

体力度｜★★★☆☆ 3

塩水橋《しおみず》を起点とするコースは丹沢山《たんざわやま》への最短路で、人気が高い。しかし、2019年の台風災害の影響で、アプローチとなる県道70号、さらに登路の塩水林道と下山路の本谷《ほんだに》林道が通行止めとなっており、復旧までは時間がかかる見通しだ。

ここに記載するガイドも、復旧後を想定してのものと考えてもらいたい。なお、復旧までは丹沢山からの下山路としても利用しないように注意してもらいたい。

塩水橋近くの車両止めのゲート脇から本谷林道へ進む。すぐに右手の瀬戸《せと》橋を渡り、塩水林道をたどる。歩きはじめは舗装された道を、ゆるやかな傾斜で高度を上げてゆく。途中ワサビ沢出合からのショートカットがあるが、わかりにくいので、無理をせず林道を進もう。

堂平《どうだいら》雨量局という**無人観測所**を過ぎると、左手に登山口を示す道標が現われ、林道を離れる。登山道に入ると、手入れの行き届いた大径のヒノキ林が続く。やがて自然林となるが、その上部が「かながわの美林50選」のひとつ堂平のブナ林。残念ながら現在は立入禁止で、登山道からはその一部が見られるだけだ。

堂平の斜面を離れ、登山道は涸れた沢に向かう。道標にしたがって天王寺《てんのうじ》尾根側に回りこみ、木製階段を登る。ブナ林が広がる道を、さらにトラバースするように登ると天王寺尾根上の道と**合流**する。

分岐にある「丹沢山1・2㎞」の道標にしたがって尾根上を登るが、ハシゴの架か

●本コースは2020年1月現在通行止め。詳細は神奈川県自然環境保全センター℡046-248-2546へ。

県道70号上の塩水橋。橋のヤビツ峠側に本谷林道への分岐がある

天王寺尾根の整備された木製階段

堂平手前のヒノキ林。林はよく手入れされている

るガレ場があり、足もとに注意して通過する。そこからはブナ林に木道が整備され、登りつめると宮ヶ瀬《みやがせ》からの道（P80コース11参照）に合流する。ここまで来れば**丹沢山**山頂は目と鼻の先だ。

　下山は天王寺尾根で。往路を塩水林道からの登路との**合流点**まで戻る。そこからは、天王寺峠経由の道標にしたがって進むが、登山道は適度に木製階段が配置され、歩きやすくなった。

「塩水橋（60分）」の赤い道標地点は左に曲がる。間違えやすいので注意。なおも下り、725m峰との鞍部である**天王寺峠**からは南側へと下っていく。

　下りきると**本谷林道**に出る。近くに札掛《ふだかけ》へ向かう本谷橋の吊橋が架かっているが、このまま林道を下って**塩水橋**へ戻る。

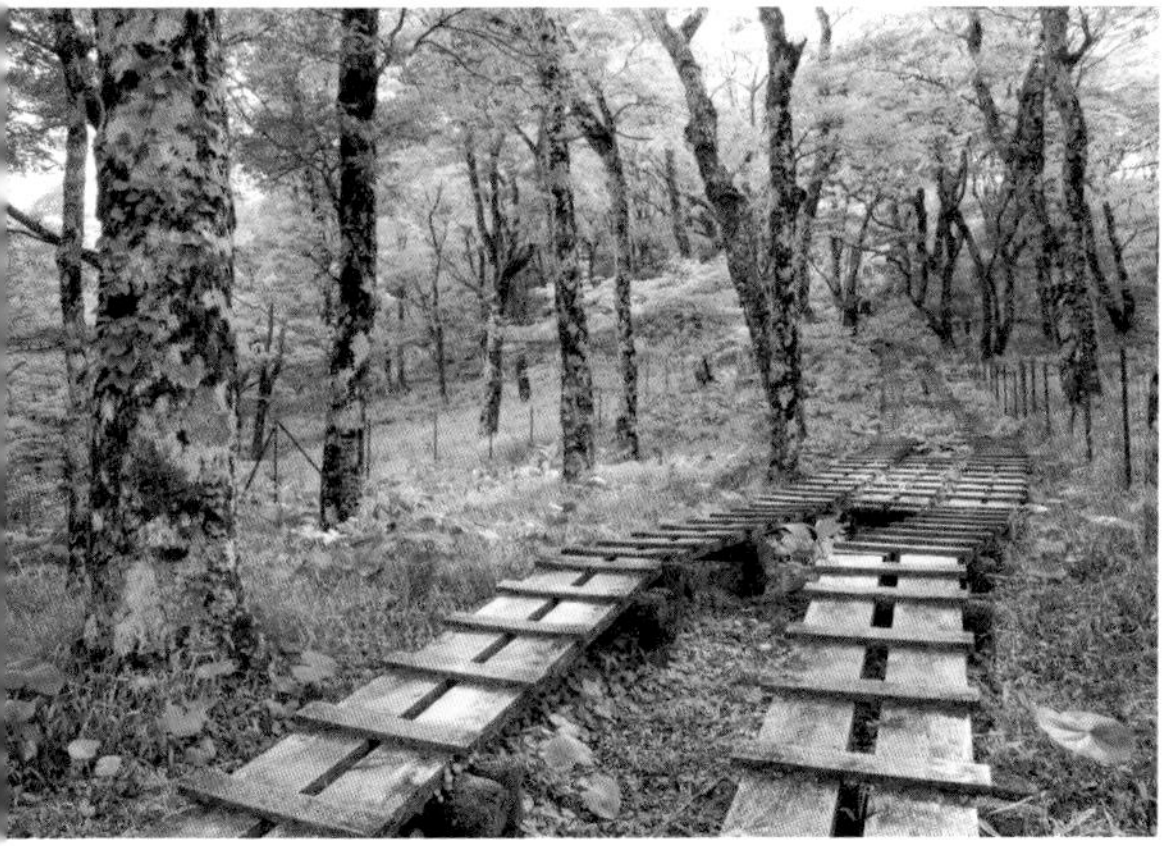

天王寺尾根上部はブナ林の中にのびる木道をたどっていく

プランニング&アドバイス

本コースは、塩水橋までのアプローチが問題。徒歩の場合、厚木から宮ヶ瀬行きバスの三叉路バス停から1時間30分ほどの車道歩きとなる。車の場合、塩水橋周辺には原則的に駐車できないことになっているので、県道70号のヤビツ峠側にある札掛の駐車場から1時間の徒歩を見こんでおきたい。小田急線秦野駅からタクシー利用の場合は約50分・約9000円。

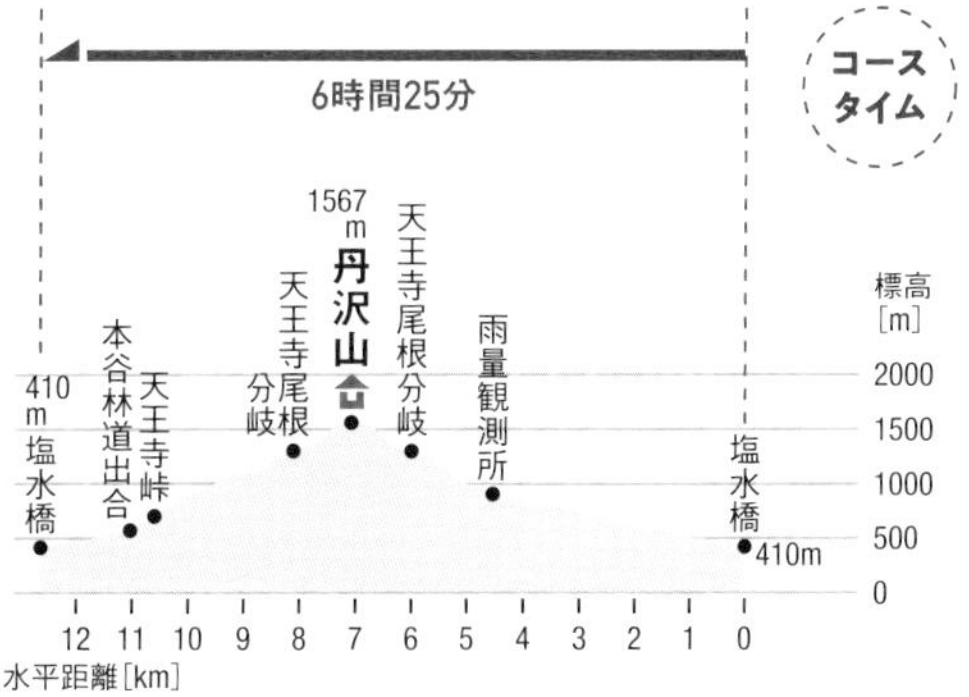

蛭ヶ岳山頂付近からの不動ノ峰、丹沢山方面の眺め

人気の山々をたどり 大展望が広がる 丹沢最高峰をめざす

コースグレード	中級
技術度	★★★☆☆ 3
体力度	★★★★☆ 4

1日目	大倉バス停→塔ノ岳→丹沢山→蛭ヶ岳	計7時間35分
2日目	蛭ヶ岳→丹沢山→塔ノ岳→大倉バス停	計5時間35分

大山塊である丹沢の中央核心部を南から北へ電光型に抜ける縦走路が、丹沢主脈である。塔《とう》ノ岳《だけ》、丹沢山《たんざわやま》、蛭ヶ岳《ひるがたけ》という丹沢の名山を結ぶだけに、歩きごたえのある人気のコースだ。蛭ヶ岳からは焼山へ向かう稜線をたどり、焼山《やけやま》から下山するのが本来の主脈だが、(P90参照)2019年10月の台風19号の影響で土砂崩れが各地で発生し、蛭ヶ岳から北は一部が通行止めになっている。そのため、ここでは大倉《おおくら》から蛭ヶ岳を往復するコースを紹介する。

1日目　大倉から塔ノ岳、丹沢山を経て蛭ヶ岳へ

渋沢《しぶさわ》駅北口からバスに乗り**大倉バス停**へ。この付近は県立秦野《はだの》戸川《とがわ》公園として整備されており、ビジターセンターをはじめ、どんぐり山荘や山カフェがある。まさに丹沢の表玄関となる登山口である。

身支度を整えたら塔ノ岳への道標にしたがって進む。大倉山の家前を通り、国定公園を示す古い地図入りの標識があるY字の

ベンチがある雑事場ノ平。この先は本格的な登りが待ち受ける

丹沢山付近のシロヨメナ群落

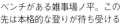

分岐で「塔ノ岳6・4km」の道標にしたがい左へ進む。ここが「大倉尾根No・0」。

しばらくは車も通れそうな舗装路だが、やがて登山道の登りとなる。まもなく現われる観音《かんのん》茶屋は土日営業の茶店として、登山者に親しまれる。牛乳プリンが人気だ。

さらに登ると、植林の中に分岐がある。左は大倉高原山の家（閉鎖）を経由して雑《ぞう》事場《じば》ノ平《たいら》へ。右は直接雑事場ノ平に向かう。どちらの道をとっても時間に大差はない。ベンチのある**雑事場ノ平**からは、いよいよ尾根上の道となる。見晴《みはらし》茶屋を過ぎると登りがきつくなる。この付近は紅葉がなかなかよい。駒止《こまどめ》茶屋を経てなおも登りは続く。いったんゆるやかになり、さらにひと登りでベンチと堀《ほり》山の家がある**小草平**《おぐさだいら》だ。

小草平からもさらに登り、**茅場平**《かやばだいら》で戸沢《とざわ》から天神《てんじん》尾根を登る道（P69参照）を合わせる。道はその先でいったんなだらかになるが、やがて本格的な階段登りとなり、一歩一歩、確実に高度をかせいでいく。登りきると花立《はなたて》山荘前に出る。富士山《ふじさん》の展望も抜群な場所だけに、ひと息入れるのによい。

小ピークの花立を越え、**金冷**《きんひや》**シ**で左から鍋割《なべわり》山稜からの道（P72コース[10]参照）を合わせる。最後は木製階段を登りつめると広々とした**塔ノ岳**山頂に飛び出す。東は表《おもて》尾根から大山《おおやま》、首都圏の街。南には伊豆《いず》半島に続く相模《さがみ》灘。そして西には富士山や南アルプスまでの大展望が開けている。山頂北側には通年営業の尊仏《そんぶつ》山荘が建つ。夜景を楽しみにこの小屋に泊まる登山客も多い。

その尊仏山荘側から、丹沢主脈をたどり丹沢山をめざす。立ち枯れも多いが、この付近はブナ林のエリアであり、また春遅い時期にはトウゴクミツバツジやシロヤシオなどの花が目立つコースだ。

塔ノ岳から北側斜面をいったん下る。鞍部を越えてじっくりと登り返し、右にちょ

不動ノ峰休憩所。お不動様がまつられている

不動ノ峰付近より丹沢山を振り返る（右奥は大山）

蛭ヶ岳山頂。丹沢最高峰にふさわしい景観が広がる

っと折れると日高《ひったか》である。ここからも大きく下り、木製階段を交えながら、ゆったりと登り返して進む。ササが広がる龍《りゅう》ヶ《が》馬《ばん》場《ば》からいったん下り、ひと登りで通年営業のみやま山荘がある**丹沢山**山頂に着く。

ひと呼吸入れ、いよいよ蛭ヶ岳をめざす。いったん下ってからの登り返しは、木製階段が整備される。不動《ふどう》ノ峰《みね》手前に休憩所が建っている。右手に5分ほど下ると水場もあるが、滑りやすい道なので転ばぬように。また、気候によっては水が細くなるので、汲むのに工夫が必要なことがある。

不動ノ峰からは比較的なだらかでペースが上がる。**棚沢《たなさわ》ノ頭《あたま》**を越えて鬼《おに》ヶ岩まで来れば、いよいよ正面に蛭ヶ岳がそびえる。

鬼ヶ岩から中ノ沢乗越への下りはクサリのある急峻な岩場で、慎重に越える。下りきれば、あとはじわじわと150mの標高を登り返し、神奈川県の最高峰・**蛭ヶ岳**にいたる。大展望が広がる山頂には、通年営業の蛭ヶ岳山荘が建っている。

2日目

往路を大倉へ下る

翌日は往路を**大倉**へ引き返すが、主稜を**檜洞丸**《ひのきぼらまる》へ向かうのもよい（P118参照）。

プランニング&アドバイス

3軒の通年営業の山小屋を結ぶコースである。強靭な体力の持ち主であれば日帰りで往復も可能だが、ぜひ無理をせずに、どこかの小屋で宿泊したいところ。本来、丹沢主脈として、蛭ヶ岳から北側に抜けてもらいたいが（P90参照）、そちらは台風被害の復旧を待つことにしたい。なお、蛭ヶ岳から檜洞丸方面へ抜けることはできる（P118コース17参照）。塔ノ岳山頂から西面の尊仏ノ土平方面に向かう途中に水場があるが、往復で30分ほどを要する。また、冬場など塔ノ岳から先の北面が積雪や凍結路となることがあるので、念のため晩秋から春まではチェーンスパイクなどを用意しておきたい。

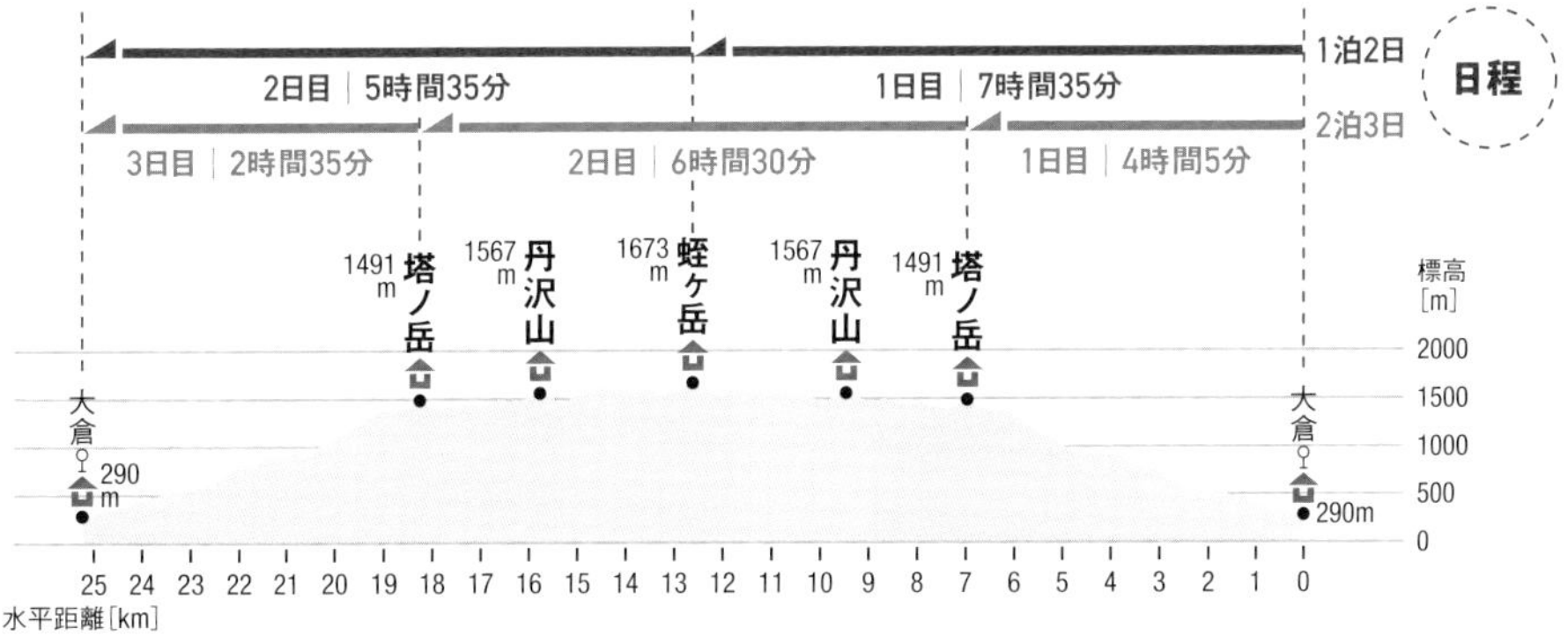

サブコース

蛭ヶ岳から焼山に下る

蛭ヶ岳↓姫次↓焼山↓西野々　5時間

Map 5-2D 蛭ヶ岳

Map 3-2A 西野々バス停

コースグレード	中級
技術度	★★☆☆☆ 2
体力度	★★★☆☆ 3

蛭ヶ岳《ひるがたけ》から焼山《やけやま》まで稜線をつなぐのが、丹沢主脈の北半分である。ただし、蛭ヶ岳より北側は台風被害が深刻で、通行をすすめられる状況ではない。ここでは台風以前の状況を記すが、焼山登山口近くは大きく荒れ、登山道付け替えの可能性もある。

蛭ヶ岳からしばらくは、手入れのよい木製階段をたどって下る。**地蔵平《じぞうだいら》**付近からカラマツが多くなる。鞍部である原小屋平《はらごやだいら》の広場から西側へわずかに下ると水場がある。ゆっくりと登り返した**姫次《ひめつぎ》**はベンチもある明るい広場で、富士山《ふじさん》を望める。ここで神《かん》ノ川《かわ》への道を分ける（P91参照）。

黍殻山《きびがらやま》方面へ向かい、東海自然歩道最高点（標高1433m）を経て青根《あおね》・東野《ひがしの》方面への道を2本分ける（P91参照）。2本目の分岐を過ぎるとすぐ右下に黍殻避難小屋が見える。小屋付近は明るい広場だ。その先が**大平《おおだいら》への分岐**（P93参照）で、ここも少々下ると水場がある。まもなく**黍殻山**山頂への分岐に出る。左が山頂への登りで、まっすぐ進むと巻き道となる。どちらの道をたどってもよい。

まもなく左手の**平丸《ひらまる》へ下る分岐**（P93参照）がある。続いて右に鳥屋《とや》方面への道が分かれるが、この道は長らく通行止めのままだ。**焼山**山頂には、山麓の集落が独自にまつった祠が3基あるほか、宮ヶ瀬《みやがせ》方面を望む展望台も設置されている。

ここからはいよいよ下り一辺倒だ。**焼山登山口**に下ってもよいが、林道を下り、西《にし》野々《のの》の集落へ向かおう。**西野々バス停**はバスの便が少ないので要注意だ。

●本コースは2020年1月現在平丸分岐～西野々間が通行止め。詳細は神奈川県自然環境保全センター℡046-248-2546へ。

黍殻避難小屋（収容20人）。トイレもある

明るい姫次のピーク。展望のよい場所だ

サブコース

黍殻山・姫次・袖平山への登山コース

①東野から黍殻山

東野《ひがしの》へは三ケ木《みかげ》からの神奈中西バスがあるが、本数は限られる。JR中央本線藤野《ふじの》駅からやまなみ温泉まで神奈中西バスで向かい、そこから菅井《すがい》地区デマンド交通（要予約）に乗り継ぐ方法も便利である。

東野バス停から、井上商店と加藤商店のあいだを登る。T字路を右に曲がり、青根《あおね》小・中学校（2020年3月閉校）を見下ろして歩く。その先の佐藤工務店前の十字路で神《かん》の川《かわ》林道を分け、「八丁坂《はっちょうざか》の頭《あたま》」を示す道標にしたがい坂を登る。東海自然歩道、姫次焼山《ひめつぐやけやま》方面の道標にしたがって進む。

釜立《かまたて》林道起点の標識があるY字路は左へ。まもなく正面に一般車を制限するゲートが現われる。ゲートを越えて林道をしばらく進むと右手に八丁坂ノ頭方面へ向かう登山道の分岐があるが、そのまま林道を行く。再びゲートのある場所から登山道を進む。いったん林道と合流するが、すぐに登山道となる。**青根分岐**で稜線上の道と合流して左に折れると、すぐ右下に黍殻《きびがら》避難小屋が現われる。5分ほど進んだ**大平《おおだいら》への分岐**のすぐ先で左手に登ると**黍殻山《きびがらやま》**山頂だ。（コースタイム＝**3時間**／コースグレード＝**中級**）

②神ノ川から姫次

本コースは東海自然歩道の一部だが、2019年10月の台風被害でアプローチとなる神の川林道が不通となっているので、しばらくは利用できない。

神ノ川から車両止めゲートを越えて林道を進む。矢駄《やだ》尾根への分岐を過ぎると、左

Map 6-4D 黍殻山
Map 6-4D 姫次
Map 6-4D 袖平山

●コース⑤以外は2020年1月現在通行止め。詳細は神奈川県自然環境保全センター℡046-248-2546へ。

青根分岐への登りにあるベンチ（コース①）

ベンチがある袖平山山頂付近（コース②）

手に巨大な道標がある。ここで林道と別れ、神ノ川公園橋で神之川を渡る。

いったん下流側に向かって山腹を巻くが、まもなく登りとなる。一本調子の続く風巻《かざまき》尾根である。**風巻《かざまき》ノ頭《あたま》**を越えると、休憩小屋が建っている。いったん下り、登り返す。登りきると登山道に沿ってベンチと**袖平山《そでひらやま》**山頂を示す東海自然歩道の道標があるが、実際の山頂はもう少し高い。せっかくなので寄っていこう。

あとは展望のよいゆったりとした道を進み、主脈上の**姫次《ひめつぎ》**に出る。（コースタイム＝3時間35分／コースグレード＝中級）

③東野から袖平山

東野から袖平山へは整備された道ではないが、以前よりこの袖平山周辺だけで見られる個人設置と思われる道標が設置され、バリエーションルート初歩といった位置づけのコースである。

東野バス停から、しばらくコース①と同じコースを行く。**釜立林道起点**のY字路を右に進む。道なりに進み、沢を越えると周囲はスギの植林となる。まもなく林道はまっすぐ坂を下る道と、左手へ登る道に二分する。よく見ると、木に道標が縛りつけられている。道標が示すように袖平山方面となる左手に進む。さらに林道は分岐するが、とにかく上をめざす。

松林を抜け、大きめの堰堤脇となる広場で林道が終わる。なおも車両が侵入できる幅の作業道がのびるが、そちらには入らず、林床に倒れたままになっている道標が示す袖平山方面（袖平山登山口）へ進む。踏み跡は明瞭ではないので、しっかりとたどる。なお、2万5千分の1地形図には破線コースが記されるが、実際のコースは地図上よりも南東側の尾根をぐいぐい登る。付近は作業道が多いので入らぬように。基本的には尾根上をはずさず、上をめざして辛抱強く歩くと**袖平山**山頂に飛び出す。本コースは下りの取り付きがわかりにくいので、できれば一度は登りに利用してから、下山路

林床に置かれた袖平山登山口の道標。見落としに注意（コース③）

東野〜袖平山間の中腹からの大室山（コース③）

として使うこと。（コースタイム＝**3時間10分**／コースグレード＝**上級**）

④大平から黍殻山

鳥屋《とや》バス停から車道を**奥野隧道《おくのずいどう》**へ向かう。隧道を抜けたら右へ。ここは奥野林道という。**水沢《みずさわ》橋**を渡ると駐車できるスペースがあり、ここで右側に伊勢沢《いせざわ》林道を分ける。いずれもゲートがあり、一般車の侵入はできない。ここから登りが続く。松茸山《まつたけやま》へのコースを分けて、山腹をゆったりとトラバースする車道歩きが続く。

「かながわの美林50選」のケヤキ林を過ぎると道が分かれるが、右側の**大平分岐**を示す道標にしたがう。かつて青少年キャンプ場があった付近で山の神にあいさつをしたら、いよいよ登山道らしくなる。

広々とした植林地を抜けて尾根道をたどると、主稜線の道とぶつかる（**大平への分岐**）。右に進めば、すぐに**黍殻山**山頂への分岐となる。（コースタイム＝**4時間30分**／コースグレード＝**中級**）

⑤平丸から黍殻山

登山口から400mほどの区間が2019年の台風で荒れたが、そこから先は従来どおりなので、丹沢主脈の北側へ登るには、不安の少ない道である（2020年1月現在）。

平丸《ひらまる》バス停から、国道413号を道志《どうし》村方面に200mほど進み、旧国道を左に入ると登山口がある。

しばらくは沢沿いだが、この区間は台風の影響で荒れている。「横山沢《よこやまざわ》ノ頭《あたま》2・45km」の道標で沢を離れる。よく見ると、沢の右岸側に小さな赤い祠がまつられている。斜面を登って尾根に取り付く。ここからは尾根上の登りだ。標高700m付近で橋津《はづ》原《はら》を経由して青根方面への分岐がある。

そのままひたすら尾根上を進み、主稜線に飛び出す。ここが**平丸分岐**で、横山沢ノ頭もこの付近のことのようだ。（コースタイム＝**2時間**／コースグレード＝**中級**）

平丸登山口からの登りはじめの荒れた箇所（コース⑤）

大平にある山の神（コース④）

丹沢を流域とする中津川《なかつ》といえば、まず思いつくのが宮ヶ瀬《みやがせ》湖から流れ出す相模《さがみ》川支流のひとつである中津川だが、もう一本、丹沢西部の酒匂《さかわ》川支流にも、中津川が流れている。この流れは、上流で寄《やどりき》沢と名を変える。この寄沢と酒匂川支流の丹沢湖に流れこむ玄倉《くろくら》川とのあいだには南北にのびる山稜があり、雨山《あめやま》や檜岳《ひのきだっか》などのピークが並ぶ。この山稜は鍋割《なべわり》山稜の続きとなるが、登山者はそれほど多くはなく、静かな山歩きを楽しめる山域である。

日帰り

寄を起点に雨山峠、檜岳、伊勢沢ノ頭を周遊する

寄バス停下車。中津川沿いの舗装路を稲《いな》郷《ごう》方面へ向かう。左手に**やどりき大橋**が分岐する地点から寄水源林の入口ゲートを抜けると、寄水源林事務所がある。ここで登山届を提出する。建物近くには水源林の情報掲示板があるので、最新情報を確認しておこう。また、やどりき大橋の右岸側には数台の駐車可能なスペースもある。

●本コースは2020年1月現在通行止め。詳細は神奈川県自然環境保全センター℡046-248-2546へ。

寄沢徒渉点。案内にしたがって進むこと

寄水源林へのゲート。管理棟で登山届を出す

雨山から檜岳間にかけては落葉広葉樹の豊かな森が広がる

コースグレード	上級
技術度	★★★★☆ 4
体力度	★★★★☆ 4

鍋割山西方に横たわる静謐な巨躯

日帰り 寄バス停→ 雨山峠→ 雨山→ 檜岳→ 伊勢沢ノ頭→ 林道秦野峠→ 寄バス停　計8時間25分

ここから水源林内の林道を終点まで進むが、台風の影響で巻き道に迂回する部分もある。林道終点の「恵水《けいすい》の森」看板や「雨山峠3・2㎞」道標のある広場から登山道となる。水源林の「ボランティア林A」への遊歩道を分け、いったん沢沿いに下る。

ここで、寄沢を右岸に徒渉する。ここからさらに断続的に左岸に右岸にと計4回ほど徒渉を行うが、通常の水量なら飛び石などで足を濡らさずに行ける。ただし、降雨時や降雨後などの増水時には、十二分に注意して、無理をしないこと。徒渉点には目印や道標がある。

左岸に移り最初はシカ柵沿いに進むが、いったん沢筋に戻り、クサリや階段、桟道が続く登山道を進む。植林の中にある窯場《かまば》平《だいら》のベンチは、ほっとする休憩ポイントだ。ここから雨山峠まで1・6㎞である。

窯場平から尾根をたどれば、寄コシバ沢に出る。鍋割峠への登路でもある沢だ。ここも沢を渡り、山腹を巻く道をたどっていく。荒天時の危険を喚起する看板を過ぎると、桟道が断続する。「雨山峠0・6㎞」道標を過ぎると、クサリのある道は沢床へと続く。水のない沢床をたどると、ようやっとベンチのある稜線上の**雨山峠**となる。

雨山峠から反対に下ると玄倉川方面へ。また、北へ登ると茅《かや》ノ木《き》棚沢《たなさわ》ノ頭《あたま》を経て鍋《なべ》割山《わりやま》へと続いている。そして、めざす檜岳方面は南へのびる尾根道をたどってゆく。

広葉樹の樹林帯が続く道を登ると、**雨山山頂**となる。ここから檜岳まではブナをはじめとする落葉広葉樹の多いコースで、のんびりと歩を進められる。ただし台風の影響で崩落が進んだ場所もあり、要注意だ。

たどり着いた**檜岳**山頂は、以前は朽ちかけのベンチが多数置かれていたが、今は撤去されベンチはひとつだけとなっている。

檜岳からは、トウゴクヒメシャラが多くなってくる。独特の赤みを帯びた幹も目立つが、6月末から7月ごろに咲く黄色い花芯に白い花弁の花も、なかなか素敵だ。こ

トウゴクヒメシャラの花（檜岳付近）

山稜上の雨山峠。檜岳へは左へとる

れも丹沢のブナ林を彩る花である。

穏やかに下って同じように登る。「林道秦《はだ》野《の》峠2・3㎞」道標は山神《さんじん》峠への分岐だが、その道は今では廃道といってもよいだろう。この道標からすぐ**伊勢沢《いせざわ》ノ頭《あたま》**山頂に着く。

ここから道は、稜線のわずかに南東寄りを稜線と平行に進む。少しわかりにくいところもあるので、注意して進もう。「林道秦野峠2・1㎞」と「林道秦野峠1・9㎞」の道標間は斜面を横切って進み、その後は階段状の下りとなる。

秦野峠からは右手山腹を大きく巻くように進み、「林道秦野峠0・6㎞」道標から登り返す。登りきった「林道秦野峠0・5㎞地点は、あまり目立たないが日影山《ひかげやま》（ブッツェ平《だいら》）へとのびる道の分岐でもある。

この先は両側をシカ柵がはさむ尾根上の狭い道を進み、木製階段を下ればようやっと**林道秦野峠**に飛び出す。

ここからはスタート地点の寄に向けて、舗装された林道歩きとなる。ゆったりとした下りの道がえんえんと続く。

車止めのゲートを抜けると**やどりき大橋**は直近だ。橋を渡ったら、**寄バス停**をめざして車道をあとひと踏ん張りだ。

伊勢沢ノ頭の山頂標柱

プランニング&アドバイス

本コースは山慣れた健脚者向けである。徒渉やザレ場の通過など判断力が求められるが、それだけに充実した山歩きになるだろう。また、ここでは寄から寄水源林を経由し、雨山峠に向かうコースとしたが、健脚ならば鍋割山から稜線づたいに鍋割峠や茅ノ木棚沢ノ頭を経由して雨山峠へ向かうのもよい。その場合は、鍋割山～雨山峠間はおよそ1時間10分の歩程である。なお、雨山峠から玄倉川側に下る道があるが、玄倉林道は2020年1月現在人車とも通行止めであり、玄倉への下山はできないので、不用意には下らぬこと。林道秦野峠からは、シダンゴ山（P98コース14）に抜けることもできる。

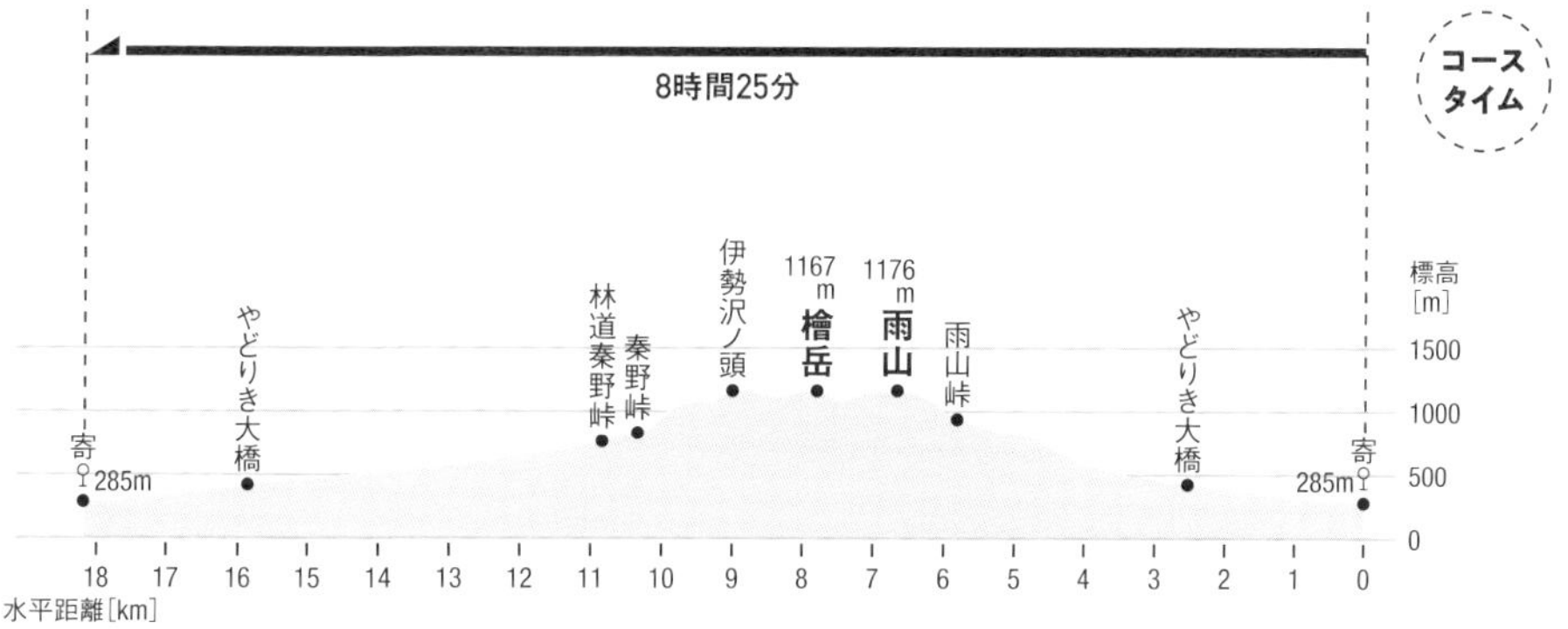

寄ロウバイ園越しのシダンゴ山とタコチバ山（左）

植林の山道をたどれば広がる くつろぎのてっぺん

コースグレード｜初級

技術度｜★★★★★ 2

体力度｜★★★★★ 2

日帰り　寄バス停→シダンゴ山→タコチバ山→宮地山→寄バス停　計2時間50分

酒《さか》匂《わ》川水系の中津《なかつ》川上流にある集落が松田《まつだ》町寄《やどりき》。中津川の刻んだ深い谷間にぽっかりと明るく開けた集落だ。昭和30年まで寄村という村であり、今もちょっとした隠れ里のような趣を残している。山に囲まれた盆地状の寄集落の西側のちょこっと飛び出る小高い山が、このシダンゴ山《やま》だ。なんとも不思議な山名は、シダゴンとよばれた仏教を宣揚する仙人がこの山上に住んでいたとされることに由来する。また、寄《やどりき》権現山《ごんげんやま》という一名もあるようだ。

日帰り

寄を起点にシダンゴ山、宮地山を周遊する

新松田駅前から富士急湘南バスに乗車、終点の**寄バス停**で下車する。バス停前となる大寺《おおでら》橋で中津川を横断。橋のたもとのお地蔵さんにあいさつをして歩きはじめる。

大寺観音堂への道を分け、しばらくは住宅地の中を進む。まもなく、自然環境保全地域や寄地区を紹介する看板やベンチ、そして公衆トイレが左手に現われる。なおも

起終点の寄バス停（アクセスはP171参照）

シダンゴ山山頂。山名由来の石碑などがある

舗装された農道が続き、やがて緑豊かな茶畑の中の急な登りとなる。眺めのよい茶畑を過ぎ、まもなくイノシシ避けの防護柵を抜ける。獣害を防ぐために、戸締まりはしっかりしておこう。

植林の中にのびる階段状の道をたどる。休養村管理センターの道を合わせ、なおも植林が続く。右から林道を合わせるとまもなく水場があるが、涸れていることもある。

山腹を巻くように続いた登山道はやがて尾根に取り付き、じわりと高さをかせぎはじめる。単調な植林の登りで、展望はない。

やがてアセビが多くなり、**シダンゴ山**の山頂となる。広場のような山頂には、祠がまつられており、山名由来が書かれた石碑も添えられている。植林の樹高が上がり、少々展望をじゃますようにはなった。北側に位置する丹沢の山々は少々眺めづらいが、海側の展望は健在である。

山頂を楽しんだら、宮地山《みやじやま》方面へ進もう。山頂西側の道を下る。「林道秦野《はだの》峠、雨山《あめやま》峠方面」にしたがい、植林の中を下る。50mほどで「林道秦野峠2・2㎞」の道標がある。ここで、左手に分かれる道は女坂。そのまま進めば男坂である。ここは、男坂で下ろう。植林の中、尾根上の道を下るとほどなくして女坂と合流し、林道にぶつかる。

この林道合流部に「シダンゴ山0・3㎞　林道秦野峠1・9㎞」という新しい道標とならんで、宮地山を示す道標が立っている。宮地山をめざして、林道を左手に進む。

山腹を横切るように林道を進む。やがて林道はコンクリートに簡易舗装され、尾根を右手に回りこみながら下りはじめる。その場所の左手には丸太を半分にしたようなベンチが置かれ、その奥に高圧鉄塔が見える。ここで林道と離れて、「新秦野線33」という高圧鉄塔の下に向かう。尾根上の道をたどると、すぐに宮地林道への分岐を右下に見送り、宮地山へと向かう。この付近は植林にしっかりと手が入っていて、心地よい尾根道である。

宮地山最高点は暗い植林の中のようだ

心地よい雑木林をたどる寄への下山路

ゆったりと穏やかな傾斜で登り返す。細かく株が分かれるアブラチャンが目立つ道だ。登りつめたところは588mのタコチバ山《やま》だが、展望もなくあまり山頂らしさがない穏やかな出っ張りである。

タコチバ山から下りきった鞍部には「大寺・休暇村」への分岐を示す道標が立つ。ここが下山路となるが、宮地山山頂はもう少し先だ。山腹を回りこむようにして登ると田代《たしろ》からの道が合流して、あっけなく**宮地山**山頂に出る。

下山は田代方面には進まず、鞍部に戻り「大寺・休暇村」方面へ下る。途中の雑木林はなかなか美しい。標高およそ400m付近でイノシシの侵入を防ぐ柵を抜けると、まもなく谷間は端正な茶畑となる。

小さな橋を渡ると、ほどなくシダンゴ山への登路に戻る。あとは大寺橋を渡れば、**寄のバス停**となる。

松田の町並みや遠く江の島も望むシダンゴ山山頂

プランニング&アドバイス

本コースは危険箇所が少なく、初心者や家族連れ向け。行程も短時間なので、毎冬開催される寄の「ロウバイまつり」に合わせて計画をするのもおすすめだ。シタンゴ山だけでは物足りない場合、近隣の高松山（P104）やタケ山（P102）、あるいは櫟山（P77）などのコースと組み合わせるのもよいだろう。マイカー利用の場合、寄バス停と道をはさんだみやま運動広場の駐車場があるが、ロウバイまつりなどイベント開催時には利用不可のこともある。その場合は新松田駅付近のコインパーキングを利用してバスで寄に行くのも一案だ。

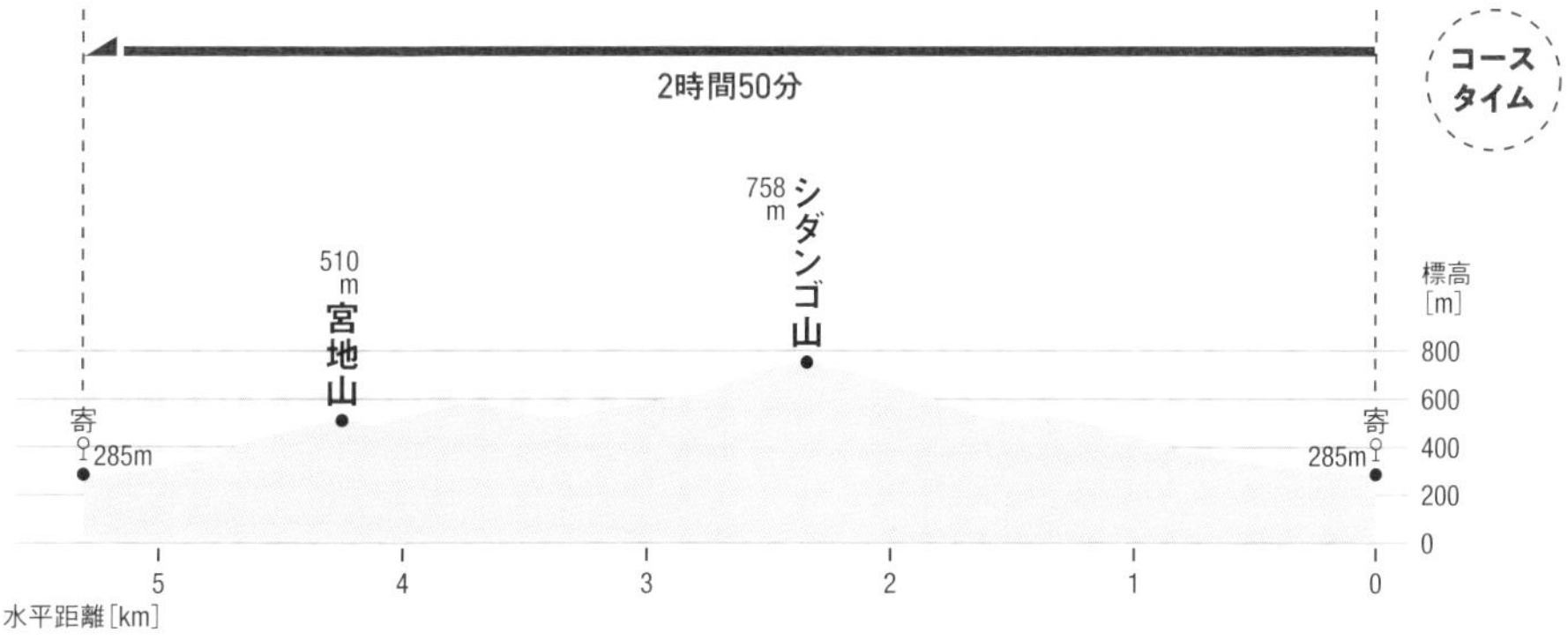

サブコース

タケ山からシダンゴ山へ

田代向↓長寿橋↓タケ山↓シダンゴ山　2時間20分

Map 4-2D 田代向バス停

Map 4-1D シダンゴ山

コースグレード	初級
技術度 ★★☆☆☆	2
体力度 ★★☆☆☆	2

タケ山《やま》は、かつて麓の松田《まつだ》町虫沢《むしざわ》地区の茅場として利用されてきた山。このコースは久しく忘れられていたが、2017年に、虫沢古道を守る会の尽力で復活を遂げたばかりの道である。

田代向《たしろむかい》バス停から長寿橋《ちょうじゅばし》バス停まではP104コース15を参照。長者橋バス停の四つ辻を道標にしたがい、タケ山方面へ向かう。長寿橋を渡ったら、道祖神前を「タケ山・虫沢林道」方面へ。途中、近道が分かれる。ススキが多く歩きにくいが、冬枯れ時期ならこちらへ。茶畑もありよい景色だ。登りきると、八坂《やさか》神社の愛らしい祠が建つ。

その先で林道と合流し、すぐに建物のあいだから登山道となって植林の中をゆっくりと登る。炭焼き窯跡（炭焼窯復元地）は標高530m。その先で尾根上の自然林を進むようになり、やがて標高650m付近で展望が開ける。丹沢表《おもて》尾根から伊豆箱《いずはこ》根《ね》にかけてぐるりと見えるタケ山展望台だ。

ここから先は、アブラチャンの多く生えるなだらかな道である。タケ山富士見台《ふじみだい》にはイス代わりの丸太も転がっていて、休憩にぴったりだ。そこから**タケ山**はすぐだが、山頂は植林におおわれ少々薄暗い。

山頂からは反対側に下る。高圧鉄塔下をくぐり、なおも下る。そして登り返すと林道となる。ここを右折して林道を進む。およそ20分でシダンゴ山《やま》からダルマ沢《さわ》ノ頭《あたま》を結ぶ登山道と交差する。ここから**シダンゴ山**をめざして行こう。

タケ山の山頂手前は特徴的なアブラチャンが多く生える

タケ山展望台より（正面の平頂は大野山）

サブコース

みどりの風遊歩道

田代向↓みどりの風展望台↓最明寺史跡公園↓松田山↓新松田駅 2時間50分

中津《なかつ》川右岸側をたどり松田《まつだ》市街と寄《やどりき》を結ぶのが、みどりの風《かぜ》遊歩道。ソメイヨシノをはじめとする花の名所・最明寺《さいみょうじ》史跡公園からは舗装路が多く、距離のある道のりとなる。前半は崩れやすく、遊歩道ながら危険箇所のある登山経験者向きの道だ。

歩きはじめは**田代向《たしろむかい》バス停**。田代橋を渡り下流側へ。谷戸口《やとぐち》橋で虫沢《むしざわ》方面への道と別れて橋を渡る。「まつだ山《やま》みどりの風遊歩道」の道標にしたがってドッグランと釣り場前を通過。「最明寺史跡公園」の道標にしたがい林道に進む。林道に入ると最明寺史跡公園へはすぐ左に分岐。そちらへ向かう。

まもなく一《いち》ノ沢＝ビョウブ沢を越える。「ヤスミドウ」ベンチで高松《たかまつ》方面への道を分け、山腹を巻くように歩く。ついで二《に》ノ沢＝ヤスミドウ沢を越える。くるみ平からは寄集落と丹沢の山々が好展望。三《さん》ノ沢を越えた先の四《よん》ノ沢がマムシ原《はら》沢。その先で眼下に新東名高速の工事現場を収める。崩れやすいトラバース道を抜け、鉄塔下で尺里《ひさり》峠からの道と合流。

ここから一段登るとみどりの風展望台。一気に下り五《ご》ノ沢＝タメノ池《いけ》沢を横断し、標高差200m近くを登る。展望のよいあずまやを越えるとゴルフ場にぶつかる。最明寺史跡公園への道標をたどっていったん折り返すように下り、**最明寺史跡公園**へ。

あとは舗装された車道が主体の道をえんえんとたどり、松田町自然館を経由して小田急線**新松田駅**へといたる。

Map 4-2D 田代向バス停

Map 4-4D 新松田駅

コースグレード	中級
技術度 ★★★☆☆	3
体力度 ★★★☆☆	3

●本コースは2020年1月現在通行止め。詳細は松田町役場観光経済課℡0465-83-1228へ。

最明寺史跡公園への登路にある展望のよいあずまや（背景は高松山）

くるみ平より眼下の寄集落と丹沢の山々

尺里峠への登り道・標高400m付近からの眺め。山肌に茶畑が広がる

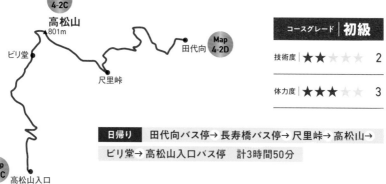

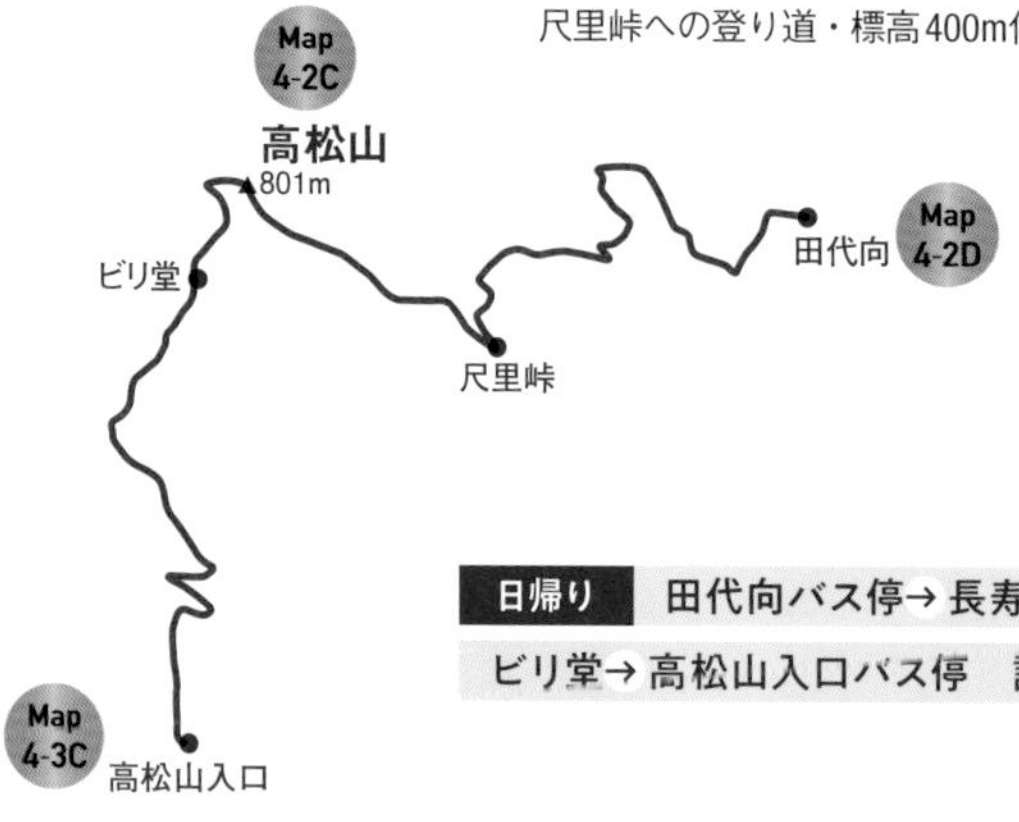

コースグレード | 初級

技術度 ★★☆☆☆ 2

体力度 ★★★☆☆ 3

日帰り 田代向バス停→長寿橋バス停→尺里峠→高松山→ビリ堂→高松山入口バス停　計3時間50分

高《たか》松山《まつやま》は広々とした山頂からの展望がよく、歩程も適度でハイキングに向く山だ。多くは南麓の高松山入口から尺里《ひさり》峠に向かって歩く周回路で紹介されてきたが、尺里峠までが舗装路歩きとなるのでおもしろみに欠ける。そこで、中津《なかつ》川沿いの田代向《たしろむかい》から高松山へ登ることとしよう。

日帰り

田代向から山頂に立ち、ビリ堂へ

新松田《しんまつだ》駅からのバスを**田代向バス停**で下車し、バス停横の道を西に進む。田代橋で中津川右岸へ横断するとT字路となり、ここを左の下流側に折れる。なお、右側には三角屋根の公衆トイレがある。

しばらく進むと谷戸口《やとぐち》橋となる。橋を渡らずに右折して、虫沢《むしざわ》川上流側に登る。すぐに沢の右岸側に移った道は、まもなく虫沢集落に入ってゆく。

やがて変形の四つ辻となる。長寿橋《ちょうじゅばし》バス停があり、ハイクマップが置かれている。ここで、タケ山《やま》へ登る道、ヒネゴ沢乗越《さわのっこし》

尺里峠への車道脇に設置された古道への道標

尺里峠には仮設トイレが設けられている

へと続く「はなじょろ道《みち》」への道、そしてめざす尺里峠への道が分かれる。虫沢古道を守る会などによる数本の道標があるので、しっかりと確認をしよう。いちばん目立つのは西へ向かう「はなじょろ道」への看板だが、その反対の東側へ登る道をたどる。

龍王寺《りゅうおうじ》前をすぎると左に虫沢の地域集会施設がある。ここのトイレは登山者にも使えるようになっていてありがたい。そのすぐ先で、左手に折れる。消防第七分団の小屋を通り過ぎてお茶畑の横を登っていくと、車道のショートカットになる。

さらに突き当たったら左へ進む。さらなるショートカットである。眺めのよいお茶畑を進む。その先、正面高くに住宅が見える地点でもう一度左右に道が分かれるが、今度は右へ進む。左へ進むと住宅地になってしまう。すぐに車道がぶつかるので、こんどは左手に折れる。

尾根をぐるりと巻き、標高400mの看板を過ぎると左手に茶畑が広がる。また、道の右脇には、小さな祠がまつられている。

その先、右手に「尺里峠・高松山」を示す古道を守る会の道標にしたがって車道を離れ、古道の風情を感じられる道をたどる。ちょっとわかりにくいところもあるが、注意して進む。いったんカーブする林道とぶつかるが、すぐに古道へといざなわれる。

植林の尾根を進み、次に車道と合流したら、あとは車道を進む。途中で表丹沢《おもてたんざわ》の展望を楽しみ、**尺里峠**に出る。尾根への階段をのぼると、第六天《だいろくてん》（他《た》化自在天《けじざいてん》）や馬頭《ばとう》観音がまつられている。虫沢古道を守る会による、そのいわれを記した看板も付け加えられた。ここから穏やかな尾根道が続き、富士見台《ふじみだい》、桜平《さくらだいら》、真弓ヶ《まゆみが》丘《おか》という休憩ポイントをつなぐ。最後にぐっとひと登りすれば、**高松山**の山頂となる。広々とした山頂は日当りもよく、お弁当を

草原状で開放的な高松山の山頂

ビリ堂に置かれた馬頭観音。手を合わせていこう

尺里峠付近より表尾根と鍋割山稜

広げるにも好適。山麓の街までよく見渡せる。

下山は山頂西側から、まずはビリ堂をめざす。下っていくと、まもなく分岐がある。緑のフェンスに沿って登り返すとヒネゴ沢乗越方面に向かうが（Ｐ１０８参照）、道標には記されていない。これから下る道には「ビリ堂《どう》方面20分」と記されている。

倒木が多く少し荒れた植林内の道をたどると、表情豊かな馬頭観音が立つ**ビリ堂**である。ふもとから最後の観音堂で「ビリ」と名づいたという説を聞く。

しばらく植林内の山腹道をたどる。途中眼下に酒匂《さかわ》川や小田原《おだわら》方面が広がっている。「尺里55分」の道標先で林道を横切り、なおも下る。これから高圧鉄塔を２つ過ごす。標高３００ｍ付近で、３つ目の高圧鉄塔が近づくが、その付近は新東名高速の建築工事中であり、迂回路への指示がある。

指示にしたがって道をたどれば、やがてミカン畑の上部に出る。車道をなおも下って東名高速の高架をくぐり、県道上の**高松山入口バス停**に向かう。

プランニング&アドバイス

ここでは、古道の味わいも楽しめる田代向のバス停を起点とした。一方、高松山入口バス停を起点にして、尺里峠へ登り、高松山を周回するコースは、多くのハイカーが歩く人気の道である。ただ、尺里峠まで車道歩きとなり、少々味気ない。その折は、旧高松分校の木造校舎を眺めるというのもちょっと寄り道で楽しいもの。コース中にある長寿橋バス停だが、松田駅からの便は夕刻のみの運行なので、登山者には使いにくい。なお、2020年1月現在、新東名高速道路の建設に伴い、登山口付近がルート変更されている。従来どおりの下山路はとれないので、係員の指示にしたがって歩くことになる。

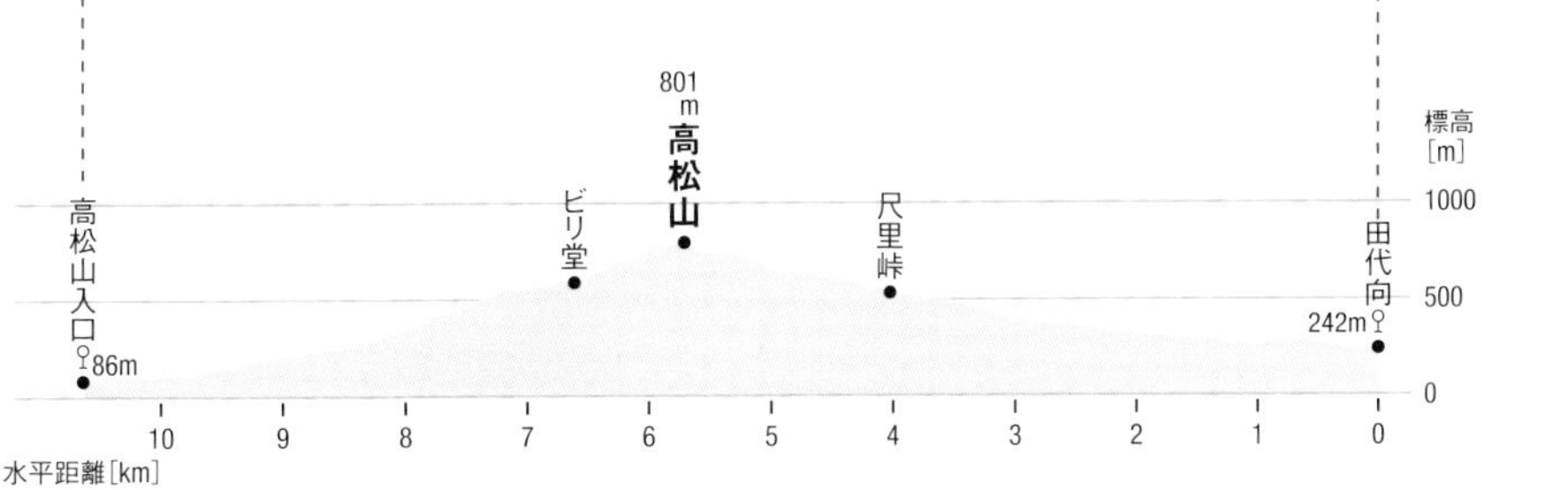

サブコース

はなじょろ道

田代向↓はなじょろ道入口↓ヒネゴ沢乗越↓高松山↓八丁↓山北駅　5時間15分

はなじょろ道《みち》は明治末期まで、山北町《やまきたまち》八《はっ》丁《ちょう》と松田《まつだ》町寄《やどりき》の虫沢《むしざわ》地区を結ぶ生活道路だった。この道を花嫁がやってきたことから、はなじょろ道の名がついたという。近年、虫沢古道を守る会の手により、整備復活した道だが、ヒネゴ沢乗越《さわのっこし》から東側の道は多少手入れの行き届かない場所がある。

田代向《たしろむかい》バス停から虫沢集落に向かう（Ｐ１０４コース15参照）。長寿橋《ちょうじゅばし》バス停前の四つ辻から道標にしたがい、はなじょろ道へと進む。丸塚《まるつか》沢を越えるとまもなく左手上に山の神と思われる小さな祠がある。さらに太尾《ふとお》橋で太尾沢を越え、林道を奥に進む。

ヒネゴ沢をヒネゴ橋で渡ると、左手が**登山口**。花嫁の鐘を鳴らしていざ出発である。なお、ヒネゴ沢右岸側に簡易トイレがある。

チェンソーアートが組み合わされた道

標を楽しみながら、植林の中を登る。歩きやすい道が続き、炭焼き窯跡まで来ればもうひと登りで**ヒネゴ沢乗越**である。このまま乗越を進んでもよいが、せっかくなので南の尾根を進み、**高松山《たかまつやま》**へ登っておこう。

高松山からは乗越まで下らず、手前の尾根を下る。サワラの木の看板がある標高７００ｍ付近で、乗越からの道が合流する。

八丁をめざして下ると、すぐ「高杉《たかすぎ》入口」方面の道を分ける。烏山椒《からすさんしょう》の木はおよそ標高４５０ｍほど下った地点だ。この付近は明るい広葉樹林。なおも下ると植林となり、水無瀬《みなせ》川を渡ると**林道**に出る。あとはえんえんと**ＪＲ山北駅**まで歩く。

Map 4-2D　田代向バス停

Map 4-3B　山北駅

コースグレード｜初級

技術度	★★☆☆☆	2
体力度	★★☆☆☆	2

楽しいチェンソーアートの道標（ヒネゴ沢乗越）

幹をくねらせる大木の烏山椒

サブコース

大野山

山北駅↓大野山入口↓犬クビリ↓大野山↓車道↓谷峨駅　4時間10分

大野山《おおのやま》は長く神奈川県の大野山乳牛育成牧場が置かれていたが、２０１７年にその役を終えた。しかし、一部は民間牧場として継承している。山頂一帯は今も手入れが行われ、大展望が人気の山である。

ＪＲ御殿場《ごてんば》線**山北《やまきた》駅**下車。駅前商店街を西に進み旧安戸隧道《やすどずいどう》をくぐり、国道２４６号から離れ右斜め上の道へ。新松田《しんまつだ》駅からバス利用の場合、**大野山入口**で下車する。

東名高速の**高架**をくぐり、左に都夫良野《つぶらの》への道を分ける。その先で右の古宿《ふるやど》方面へ。鍛冶屋敷《かじやしき》の集落を抜けて古宿集落へ。廃校の**旧共和《きょうわ》小学校**を回りこむ。週末などはカフェがオープンし、近くにトイレもある。

市間《いちま》集落への道を右に分け、炭焼き小屋前を通り地蔵《じぞう》岩から登山道となる。お地蔵さんを拝んでから、広葉樹の山道をたどる。

やがて一直線の階段を登れば展望がぐぐっと広がり、大野山らしい青天井となる。**犬《いぬ》クビリ**の車止めを抜けて進めば、広々とした**大野山**の山頂に着く。

下山はＪＲ御殿場線谷峨《やが》駅へ。大展望の頂稜部を西に向かう登山道は、南に向かって下りはじめる。展望のよい道を道なりに下る途中にあずまやもある。シカ柵を抜けると再びあずまやがあり、**車道**を横断。谷峨駅をめざし植林内の階段状の下りへ。舗装路を谷峨駅方面に下ると、トイレと休憩所がある。もう一度車道を越えて下っていき、嵐《あらし》の集落から車道をたどる。酒匂川を吊橋（嵐橋）で渡り、**谷峨駅**へと向かう。

Map 4-3B 山北駅

Map 4-3A 谷峨駅

コースグレード | **初級**

技術度 | ★★☆☆☆ 2

体力度 | ★★☆☆☆ 2

大野山山頂からの丹沢湖と権現山（左）

旧共和小学校横より望む大野山方面

深いブナ林におおわれた「西丹沢の盟主」檜洞丸（右）。ツツジの名山でもある（蛭ヶ岳から）

西丹沢

ブナをはじめとする
豊かな自然が残る
丹沢の奥座敷
通称「ニシタン」

日帰り

檜洞丸

ツツジ新道 犬越路

檜洞丸山頂手前。シナノキをはさむように木道が敷設されている

シロヤシオやブナで人気の高い西丹沢の盟主

コースグレード	中級
技術度	★★★★☆ 4
体力度	★★★★☆ 4

日帰り 西丹沢ビジターセンターバス停→ツツジ新道→檜洞丸→犬越路→用木沢出合→西丹沢ビジターセンターバス停　計7時間40分

標高1601mの檜洞丸《ひのきぼらまる》は、丹沢山塊では蛭《ひる》ヶ《が》岳《たけ》に次ぐ高さを誇る。また、以前よりは立ち枯れなどで減ったとはいえ、山頂付近一帯がブナ林におおわれ風格がある。そして何よりもこの山をひきたてるのが、シロヤシオとトウゴクミツバツツジの饗宴である。5月半ばから6月頭にかけて、新緑に先駆けるかのように、山は白と赤に彩られるのだ。山頂へは西丹沢ビジターセンターを起点にツツジ新道から登り、犬越《いぬごえ》路《じ》を経て下山する周回が一般的だが、犬越路からの下山路は2019年の台風の影響でかなり荒れており、自信がなければツツジ新道の往復としたい。

日帰り

ツツジ新道を登り、犬越路から下山

起点はバス停がある**西丹沢ビジターセンター**（旧西丹沢自然教室）。歩きはじめる前に、登山届を提出するとともに、ここで登山道などの情報収集をしておこう。

ゴーラ沢出合の階段を上がると急登が続く

ゴーラ沢出合へと向かう樹林内の山腹道を行く

さて、センターと県道をはさんだ山の神に安全を祈願したら、東《ひがし》沢を渡り、キャンプ場を横目で眺めながら県道を進む。

10分ほどで、右手に**ツツジ新道入口**が現われる。登山道に入ると最初は沢沿いに進むが、すぐに山腹を折り返して登る。桟道を交える道は、いつしか心地よい雑木の山腹を横切るように山の奥へとのびてゆく。

やがて沢音が大きくなると堰堤上の**ゴーラ沢《ざわ》出合《であい》**で、以前は仮橋があったが、現在は徒渉となる。最初に渡るのは東沢で、その次に右手より流れこむゴーラ沢を渡る。

その正面にある尾根末端のコンクリート階段からいよいよ厳しい登りとなり、樹林の中をぐいぐいと高度をかせいでゆく。標高1040mの小ピークを越えて、わずかに下った鞍部で左から作業道を合わせる。

この付近から、登山道周辺にはブナが多く現われる。ひと踏ん張りで、ベンチのある**展望園地**に出る。正面に富士山《ふじさん》を望む絶好の休憩ポイントだ。

さらに登りが続く。短いクサリ場を過ぎたあたり、標高1300m付近から、シロヤシオやトウゴクミツバツツジが一気に増えてくる。この付近からは、ほとんどが木製階段の登山道となっている。やがて、右手より**石棚《いしだな》山稜からの道**（P123参照）を合わせると、ようやく傾斜が穏やかになる。

バイケイソウの多く咲く稜線上は木道化されており、そこからわずかに登れば、待望の**檜洞丸**山頂に到着する。山頂から東側の蛭ヶ岳方面にわずかに下ると、青い屋根が目印のかわいらしい青ヶ岳《あおがたけ》山荘が建っている。また、小屋裏には公衆トイレもある。

さて、次に向かうは犬越路である。檜洞丸山頂を西に向かう。すぐに、富士山をはじめはじめとする大展望が開ける。そこから木製階段を下る。途中、短いクサリ場はあるものの、心地よいブナ林の道が続く。

犬越路（標高1060m）。ここで主稜線を離れ用木沢へ下る

檜洞丸山頂より西に下る道からの大室山方面

熊笹《くまざさ》ノ峰《みね》を過ぎると、まもなくベンチがある。ここで右手から神《かん》ノ川《かわ》から矢駄《やた》尾根を登る道（P116参照）が**合流**する。

大笄《おおこうげ》からは長い木製階段からはじまる下りとなる。小笄《ここうげ》の前後は少々急なクサリ場やハシゴがあり、通過の際は要注意だ。

ようやくたどり着いた最低鞍部が**犬越路**で、ベンチと避難小屋がある（水場はない）。ここは武田信玄が小田原《おだわら》城を攻めた折、この場所を犬が先導して越えたという伝説が残る峠だ。北に向かう道は神ノ川に下るが（P128参照）、台風の影響で通行止め（2020年1月現在）。

ここからは、南側の用木沢《ようぎざわ》出合をめざして一気の下りとなる。なお、この付近から台風の影響で大荒れに荒れている。設置されていた木製階段も流れている。

大きな堰堤近くまで下ると、あとは沢沿いに歩く。桟道の通過や飛び石の徒渉もある。増水時は危険な一帯だ。まもなくしっかりした用木沢公園橋を渡る。**用木沢出合**からは車道歩きで**西丹沢ビジターセンター**に下山する。

シロヤシオ。別名ゴヨウツツジ（ツツジ新道にて）

プランニング&アドバイス

ここでは西丹沢ビジターセンター起点の周回コースとしているが、2019年の台風の影響で犬越路〜用木沢出合間は大きな被害を受けている。危険なトラバースなどもあるので、登山の際はしっかり現況の情報収集をしてから臨むこと。また、犬越路から神ノ川側への下りも2020年1月現在通行止めだ（P128）。神の川林道も大きく崩れている。それだけに、このエリアのプランニングには経験と体力をしっかり織りこんで考える必要がある。山頂近くにある青ヶ岳山荘は、昔ながらの落ち着いた山小屋である。せっかく檜洞丸に登るなら、ぜひ宿泊をして早朝や夕刻の檜洞丸を楽しんでもらいたい。

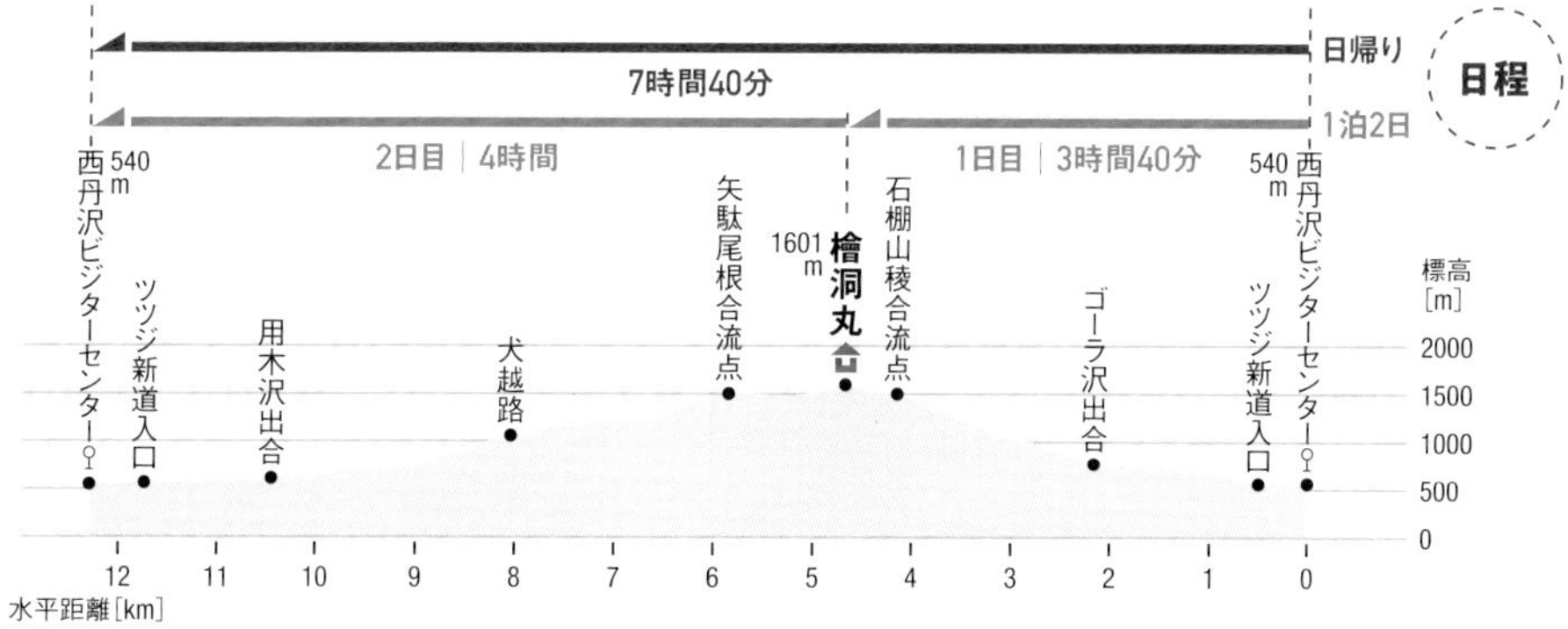

サブコース

矢駄尾根

神ノ川↓県道76号↓主稜線↓檜洞丸　3時間25分

●本コースは２０２０年１月現在通行止め。詳細は神奈川県自然環境保全センター℡０４６-２４８-２５４６へ。

矢駄《やだ》尾根は、神ノ川《かんかわ》から丹沢主稜線の熊《くま》笹《ざさ》ノ峰《みね》近くに突き上げる、登り一辺倒の尾根である。その尾根上をたどるコースを紹介する。ただし、神ノ川への県道76号が２０１９年の台風被害のために長期通行止めとなっており、利用は林道開通以降となる。

神ノ川から一般車通行止めの県道のゲートを抜ける。10分ほどで、右手に矢駄尾根への分岐が見えてくる。

ここからは登り一辺倒である。歩きはじめは植林の中を行く。標高８５０ｍ付近でいったん車道に出る。未舗装の砂利道で一般車は入れないが、登山口から続く県道であり、犬越路《いぬごえじ》トンネルを抜けて丹沢湖方面へと続く道である。

この車道を横切ると、再び登り一辺倒の道となる。歩きはじめに少しやせた部分があるが、おおむねしっかりとした歩きやすい道である。「熊笹ノ峰０・８㎞」の道標前には簡易なベンチが設けられる。この付近はすでにブナ林の道となる。「熊笹ノ峰０・７㎞」の道標付近では、わずかに斜面を横切るが、すぐにもとの稜線の道となる。比較的穏やかな傾斜の道には、木製階段が設けられている。

そして、主稜線との合流点手前には丹沢でもトップクラスの枝振りのよいブナがあるのだが、近年、そのブナを囲む少々無粋な防鹿柵が設けられたのが残念だ。

主稜線上に**合流**すればベンチが設けられており、正面には富士山《ふじさん》も望める。ここから東に向かえば、熊笹ノ峰を経て**檜洞丸**《ひのきぼらまる》にいたる。

Map 5-1C 神ノ川

Map 5-2C 檜洞丸

コースグレード	中級
技術度	★★★☆☆ 3
体力度	★★★★☆ 4

コースの下部は植林地帯をたどる

木製階段が敷かれたコース上部のブナ林

コラム4

玄倉林道とユーシンの現状

丹沢山《たんざわやま》を源とする玄倉《くろくら》川。それと並行してのびるのが玄倉林道（全長約8㎞）だ。

2011年、数年間にわたった玄倉林道・青崩隧道《あおざれずいどう》（2号隧道）の通行止めがようやく解除となり、このエリアの山に通うことができるようになったものの、2018年に大規模な土砂崩れが起こり、青崩隧道の上流側となる石崩《いしざれ》隧道（3号隧道）〜洞角《どうがく》隧道（6号隧道）間が、人車ともに通行不可となってしまった。しっかりとしたフェンスがあり、立ち入りはできない。この通行止めは2022年3月まで予定されている。

（上）玄倉ダムのユーシンブルー　（下）登山者に親しまれてきたユーシンロッジ

このため、玄倉川上流部にあり、この付近の登山基地にもあたるユーシンへも、通常コースである玄倉川下流からはたどり着けない状況となっている。このエリアの登山ベースとなるユーシンロッジも長期にわたって営業休止状態が続いている（ただし、一部の部屋が開放され、避難小屋としての機能は果たしている。小屋の詳細はP178「山小屋ガイド」を参照のこと）。

「丹沢の秘境」と称されるユーシン渓谷

さて、こういった状況だけに、玄倉川上流域の登山コースは、一般コースもおすすめしにくい状況だ。

下流側から玄倉川上流域に向かうのであれば、寄《やどりき》から雨山《あめやま》峠を越えて玄倉林道の雨山橋に下るコースでの入山が一般的ということになる。コースタイムは寄から雨山峠までが3時間15分（P94コース13参照）。さらに雨山橋まで1時間の道のりである。また雨山橋から雨山峠への復路は1時間半の時間を要する。ただし2019年の台風で道が荒れ、その修復が遅れており、路面状態に注意を要する状況が続いている。

また、塔《とう》ノ岳《だけ》から尊仏《そんぶつ》ノ土平《どだいら》へ下る道は災害の影響はないが、いちおうロープで通行止めとしている。檜洞丸《ひのきぼらまる》から同角《どうがく》山稜を経てユーシンに下るコースも途中に長いクサリ場などがあり、通過には十分な注意を払う必要がある。

いずれにしても、体力に十二分に余裕があり、丹沢の山に慣れた登山者のみが玄倉川上流に入れると考えておこう。

なお、2019年末現在、玄倉川の2つダム（玄倉、熊木《くまき》）に水は溜まっておらず、近年人気のユーシンブルーも見ることはできないようだ。

丹沢主稜は、蛭《ひる》ヶ《が》岳《たけ》から西に続く主稜線である。臼《うす》ヶ《が》岳《たけ》〜檜洞丸《ひのきぼらまる》〜犬越路《いぬごえじ》を結ぶ稜線は、さらに大室山《おおむろやま》や加入道山《かにゅうどうやま》へとずっとのびてゆく。本来の主稜はそのさらに先、菰釣山《こもつるしやま》や大洞山《おおぼらやま》にまで続いていくが、丹沢山《たんざわやま》から畦《あぜ》ヶ《が》丸《まる》までを歩き通すこととしよう。なお、大室山から先、稜線は山梨県と神奈川県の県境となり、甲相《こうそう》国境尾根ともよばれている。

ここでは、2泊3日で畦ヶ丸まで進むコース設定とした。最終日はコースタイム10時間強というスパルタ健脚向けであるが、歩きがいがある。

1日目　大倉などから丹沢山へ登る

丹沢山山頂のみやま山荘へは、大倉《おおくら》尾根や表《おもて》尾根から**塔《とう》ノ岳《だけ》**経由（P62コース9）、あるいは宮《みや》ヶ《が》瀬《せ》から丹沢三峰《たんざわみつみね》を経由（P80コース11）しての登山となる。時間がなければ塔ノ岳の尊仏《そんぶつ》山荘泊、体力や時間に余裕があれば蛭ヶ岳山荘泊もよいだろう。

金山谷乗越〜檜洞丸間はブナやシロヤシオの道

蛭ヶ岳からは木製の急な階段を下っていく

2泊3日 丹沢主稜縦走 蛭ヶ岳・檜洞丸

臼ヶ岳より望む丹沢最高峰の蛭ヶ岳。右の稜線は丹沢山へと続く

丹沢の主要な山々を3日かけて 歩き通すハードな縦走

1日目	大倉バス停→ 塔ノ岳→ 丹沢山　計5時間35分
2日目	丹沢山→ 蛭ヶ岳→ 臼ヶ岳→ 檜洞丸　計5時間20分
3日目	檜洞丸→ 大室山→ 加入道山→ 畦ヶ丸→ 西丹沢ビジターセンターバス停　計10時間40分

コースグレード	上級
技術度	★★★★☆ 4
体力度	★★★★★ 5

2日目

丹沢山から蛭ヶ岳、檜洞丸へ

みやま山荘を出発して、まずは蛭ヶ岳方面へ向かう。いったん下って登り返すが、木製階段がきっちりと整備された道が続く。不動《ふどう》ノ峰《みね》には休憩所がある。水場での補給をしっかりしておこう。

鬼《おに》ヶ岩を経て大きく下り、中ノ沢乗越からたっぷりと登り返す。下りは岩場のある急峻な道で、クサリも架けられいる。凍りつく時期や雪の残る時期、雨風の強いときには注意を重ねて歩きたい。

丹沢最高峰の**蛭ヶ岳**山頂で大展望を満喫したら、檜洞丸をめざして出発する。

最初から待っているのは急な下りである。木製階段を下ってからはクサリの張られたさらに急な下りが待っている。凍結時や積雪期、強風時など要注意だ。下りきって、本《ほん》ダルミから登り返せばミカゲ沢《ざわ》ノ頭《あたま》。

再び下って登り返すと**臼ヶ岳**に出る。ベンチがあり、ほっとひと息つける。ここからは蛭ヶ岳の姿も大きく望むことができる。なお、臼ヶ岳の本来の山頂部分にはシカ柵が張りめぐらされ、立ち入りできない。ここから玄倉《くろくら》方面へ下る踏み跡があるが、そちらには行かず、直角に右へ折れて檜洞丸をめざす。

心地よいブナ林の道が続くが、崩壊してやせた部分は要注意。下った神《かん》ノ川乗越《かわのっこし》のユーシン側には水場がある（往復約10分）。

さらにブナの森は続く。2つほどピークを越えると**金山谷**《かなやまだに》**乗越**。この付近には崩れやすい場所もあり、木製階段や桟道も多く設置されている。足もとには十分気をつけていこう。さて、乗越を越えて神ノ川方面へ下る源蔵《げんぞう》新道を分けてからはしばらく登りが続く。やがて、青ヶ岳《あおがたけ》山荘の前に出る。ここまで来れば**檜洞丸**山頂は目と鼻の先で

金山谷乗越周辺はやせ尾根や崩壊地などの難所

東海自然歩道の標柱が立つバン木ノ頭山頂

ある。宿泊手続きをすませたら、山頂西側へ富士《ふじ》の姿を拝みに行こう。

3日目　檜洞丸から大室山、加入道山、畦ヶ丸を経て下山

最終日は長丁場で体力勝負の1日だ。青ヶ岳山荘を出発し、檜洞丸山頂を越えて熊《くま》笹《ざさ》ノ峰《みね》方面へ。下り着いた**犬越路**には避難小屋がある。ここから用木沢《ようぎざわ》出合を経て西丹沢ビジターセンターに下ってもよい（檜洞丸〜犬越路間はP112コース16参照）。

犬越路から大室山をめざす。登り返しをこなすと大室山の肩で、ここからブナ林におおわれた**大室山**山頂を往復して、破風口《はふこう》〜前大室《まえおおむろ》を経て**加入道山**へ。

避難小屋もある山頂から、白石《しろいし》峠をめざして下る（犬越路〜加入道山〜白石峠間はP124コース18）。途中で道志《どうし》へ下る道を分け、最低鞍部の**白石峠**へ。峠の道志側での呼称は「お茶煮《ちゃに》のコシッパ」という不

檜洞丸からめざす熊笹ノ峰、大室山方面を望む

加入道山の周囲はブナ林が広がる

思議なものだが、峠から道志へ下る道は廃道である。一方、南西の白石沢を下る道（P124）は、今も多くの登山者が利用する。体力に自信がなければ、ここから下ろう。
　さて、白石峠からは小さなピークを越えてゆく。整備された長い木造階段を下り、次に水晶沢《すいしょうざわ》ノ頭《あたま》へ登る。ここにはベンチがあり、ひと休みできる。この付近は心地よい稜線歩きだが、防鹿柵が断続的に続く。
　シャガグチ丸《まる》から先も尾根歩きが続くが、やせている部分があるので要注意だ。やがて整備された木製階段を登り返すと、ベンチのある**バン木《き》ノ頭《あたま》**となる。ここで檜前頭《ひのきまえあたま》を経由して道志方面へ下る道（迷いやすい箇所あり）を分け、さらに進もう。
　モロクボ沢《ざわ》ノ頭《あたま》で丹沢主稜＝甲相国境尾根を離れ、**畦ヶ丸**へ。あとは**善六《ぜんろく》のタワ**を経由して、西沢《にし》沿いの登山道から**西丹沢ビジターセンター**をめざす（畦ヶ丸〜西丹沢ビジターセンター間はP134コース19の逆コースを参照）。

プランニング&アドバイス

ここでは、3日目にコースタイムが10時間を超える強行プランを組んでいる。体力・脚力ともにある人向けのプランだ。当然ながら、日中時間の長い新緑の時期におすすめということになる。体力に自信がなければ、犬越路（P112）や白石峠（P124）からの下山もよい。また、日程に余裕があれば、畦ヶ丸避難小屋に宿泊して、山中湖方面をめざすのもよい。2日目に犬越路まで足をのばすのもよいが、避難小屋には水がないので要注意だ。なお、犬越路から神ノ川方面（P128）の道は台風被害のため通行止め（2020年1月現在）。

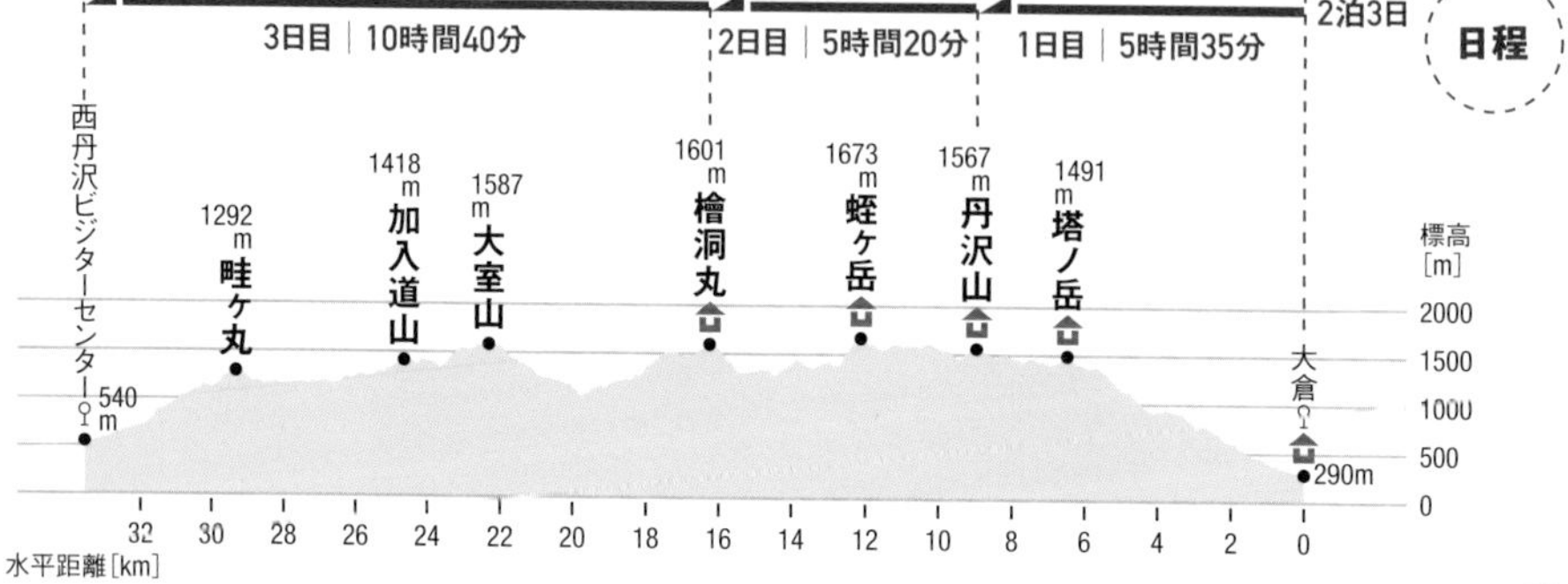

サブコース

檜洞丸から石棚山稜を下る

檜洞丸↓県民の森分岐↓箒沢公園橋 3時間15分

石棚《いしだな》山稜は、檜洞丸《ひのきぼらまる》からのびる尾根のひとつ。途中テシロノ頭《あたま》や石棚山《いしだなやま》といった山を越えて、箒沢《ほうきざわ》公園橋に下るコースである。距離が長いので、下りでの利用がおすすめであり、ここでも下山路として紹介する。

檜洞丸山頂からツツジ新道を下る。平坦な頂稜部が終わるころ、**石棚山稜との分岐**となる。そこから木製階段を下るとベンチがあり、ここで同角《どうがく》山稜への道を分ける。

心地よいブナ林を歩き、テシロノ頭道標にいたる。ここはピークを踏まず巻いて進む。稜線沿いの明るいブナ林の道は、ツツジ新道に負けず劣らず、シロヤシオやトウゴクミツバツツジを楽しめるコースだ。

階段状の道を下った鞍部の正面には、このコースのシンボルツリーというべき巨大なカツラが生えている。背後にシカ柵ができてしまい、写真になりにくいのが残念だ。

ピークの判然としない石棚山三角点を過ぎ、まもなく**西丹沢県民の森**へ下る道を分け、右に進む。**板小屋沢《いたごやさわ》ノ頭《あたま》**の南側を巻く道は、「箒沢公園橋2・3km」の道標で向きを変える。ここから一部階段状に整備された尾根上の急な下りが続く。滑りやすいクサリ場を抜けて、傾斜が穏やかになると尾根から離れて板小屋沢沿いの道となる。数基の古い炭焼き窯跡が残っている。

「箒沢公園橋0・5km」の道標で涸れている沢を左岸に渡り、さらに板小屋橋で渡り返すとキャンプ場敷地となり、バス停がある**箒沢公園橋**はすぐ目の前である。

Map 5-2C 檜洞丸

Map 5-3B 箒沢公園橋バス停

コースグレード	中級
技術度	★★★☆☆ 3
体力度	★★★☆☆ 3

風格あるシンボルツリーのカツラ

ツツジに彩られる5月のテシロノ頭

標高1587m、威風堂々たる三角形の山体をもつ大室山《おおむろやま》（大群山《おおむれやま》）は、西丹沢でもひときわ目立つ山だ。東京の多《た》摩《ま》地区などで「富士隠《ふじかく》し」の異名でよばれるが、それはまさに富士山《ふじさん》の手前に位置して富士山を隠すのでつけられた名前であり、その存在感を示す名前である。周辺地域の信仰を集めた山でもあり、山麓に大室神社が点在する。また「沖《おき》ノ権現《ごんげん》」という別名もある。

一方の加入道山《かにゅうどうやま》（標高1418m）は、大室山の西方に位置する丹沢主稜上の山で、大室山同様にブナ林が優占する緑の山でもある。

さて、いくつもの登路がある大室山だが、最も人気なのが犬越路《いぬごえじ》から登り、白石峠《しろいし》から下る周回路である。しかし、2019年の台風19号による災害でそれぞれ谷間を歩く部分がかなり荒廃して、復旧はかなり遠い状況である。登山の際は西丹沢ビジターセンターなどで情報を入手したうえで計画を立ててもらいたい。

用木沢出合。登路と下山路が合流する

大室山山頂分岐の手前は木道が敷かれている

加入道山東側からの前大室と大室山（右）

コースグレード | 中級

技術度 | ★★★★ 4

体力度 | ★★★★ 4

西丹沢の名峰2山を一度にたどる山旅

日帰り 西丹沢ビジターセンターバス停→用木沢出合→犬越路→大室山→加入道山→白石峠→用木沢出合→西丹沢ビジターセンターバス停　計8時間10分

日帰り

犬越路を経由して、大室山、加入道山に立つ

西丹沢ビジターセンター前で山の神に安全祈願して、中川《なかがわ》川沿いに県道を北へ向かう。檜洞丸《ひのきぼらまる》へ向かうツツジ新道を右に分け（P112コース16参照）、なお進む。途中、犬越路への県道を右に分ける。

白石オートキャンプ場を過ぎてまもなく**用木沢《ようぎざわ》出合**となる。ここからが登山道だ。しっかりとしたつくりの用木沢公園橋を渡ると、用木沢の谷間に入りこむ。沢筋は台風の影響が残り、しばらくは歩きにくい。右岸に渡った先の「犬越路2・1km」道標はかなり埋もれている。桟道を歩き、木橋で何度も渡り返す。正面に大笄《おおこうげ》の稜線を望むようになると、もうそろそろ沢筋から離れる。台風災害の影響で、犬越路手前では斜面崩落や木製階段が崩れている場所があり、十二分の注意が必要な状況だ。

登り着いた**犬越路**には避難小屋がある。ここで東に向かえば檜洞丸（P112コース16参照）、北へ向かえば神《かん》ノ川《かわ》である（P128サブコース参照）。ただし、神ノ川方面は台風による災害で通行止めとなっている（2020年1月現在）。

大室山へは、避難小屋の脇を抜けて登りはじめる。すぐ先に大杉《おおすぎ》丸《まる》の三角点。この付近に、富士山の展望が開ける場所がある。この先はほぼ登りが続く。標高差400mほどあるので、じっくりと行こう。

やがて傾斜が穏やかになり、木道が現われる。この付近に敷設された木道は、バイケイソウ保護などのための木道だ。ついでベンチが現われると、大室山山頂への**分岐**である。ブナに囲まれた**大室山**山頂までは、往復10分ほどである。

分岐に戻ったら、加入道山をめざす。頂稜部は穏やかな傾斜で、再び木道の上を歩

前大室より望む加入道山と富士山

ブナ林の中の大室山山頂。道標がにぎやかだ

く。このなだらかな山頂付近をあとにして、ぐっと階段状の道を下る。下りきった鞍部が破風口《はふこう》だ。狭い鞍部はまさに風の通り道である。ここから登り返すと**前大室**《まえおおむろ》のピークとなる。道志《どうし》側の田代《たしろ》橋や椿《つばき》からの道が合流する。なお、その道を進むと、田代橋と椿に道が分かれる地点に祠が建っている。ずっと潰れていたが、近年嬉しいことに再建されている。

手入れのよい木製階段を降り、登り返すといよいよ**加入道山**山頂である。山頂の南側直下には加入道避難小屋も建っている。天候に応じて、休憩でも積極的に使いたい。ただし、トイレや水場はない。

加入道山をあとにして、しばらくは下りが続く。途中、右手に道志村（和出村《わでむら》）への道標が立つ。ここが道志の湯方面（P130サブコース参照）への分岐である。

そのまま稜線を下ると、**白石峠**に出る。ここはお茶煮《ちゃに》のコシッパという別名がある。ここで左に折れて白石沢方面へ下山する。北側の道志方面にもわずかに踏み跡があるが、廃道なので気をつけよう。

ここからの下りは、台風19号の影響でかなり荒れている。沢沿いは浮き石に注意。また設置されたロープを頼りにする地点も十二分に気をつけて通過する。途中、**白石**《しろいし》**ノ大滝**《おお》を眺める場所があるが、実際は手前の木がじゃまで、しっかりとは見られない。

堰堤を越えて沢を何度か横切ると、**林道**に出る。あとは道なりにゲートを越え、**用木沢出合**を経て**西丹沢ビジターセンター**まで歩いてゆこう。

プランニング&アドバイス

本コースは、2019年の台風19号で甚大な被害を被った。復旧が追いつかぬままに、2020年になっている。用木沢出合手前では橋の部分で車道が大きく陥没し、車は通行不可のままだ。登路の用木沢はかなり土砂で埋まり、さらにつめ上がると、コースは一部崩れている。下山路の白石沢も木製階段が崩落するなど、大きな被害が出ている。稜線上はほぼ以前のままで歩きやすいが、先述のとおりアプローチがズタズタで山慣れした人のみのコースとなる。前大室から道志へ下ることも可能だが、道標のないバリエーションルートで、ふもとまで下ったネイチャーランドオム近くにわかりにくい場所がある。

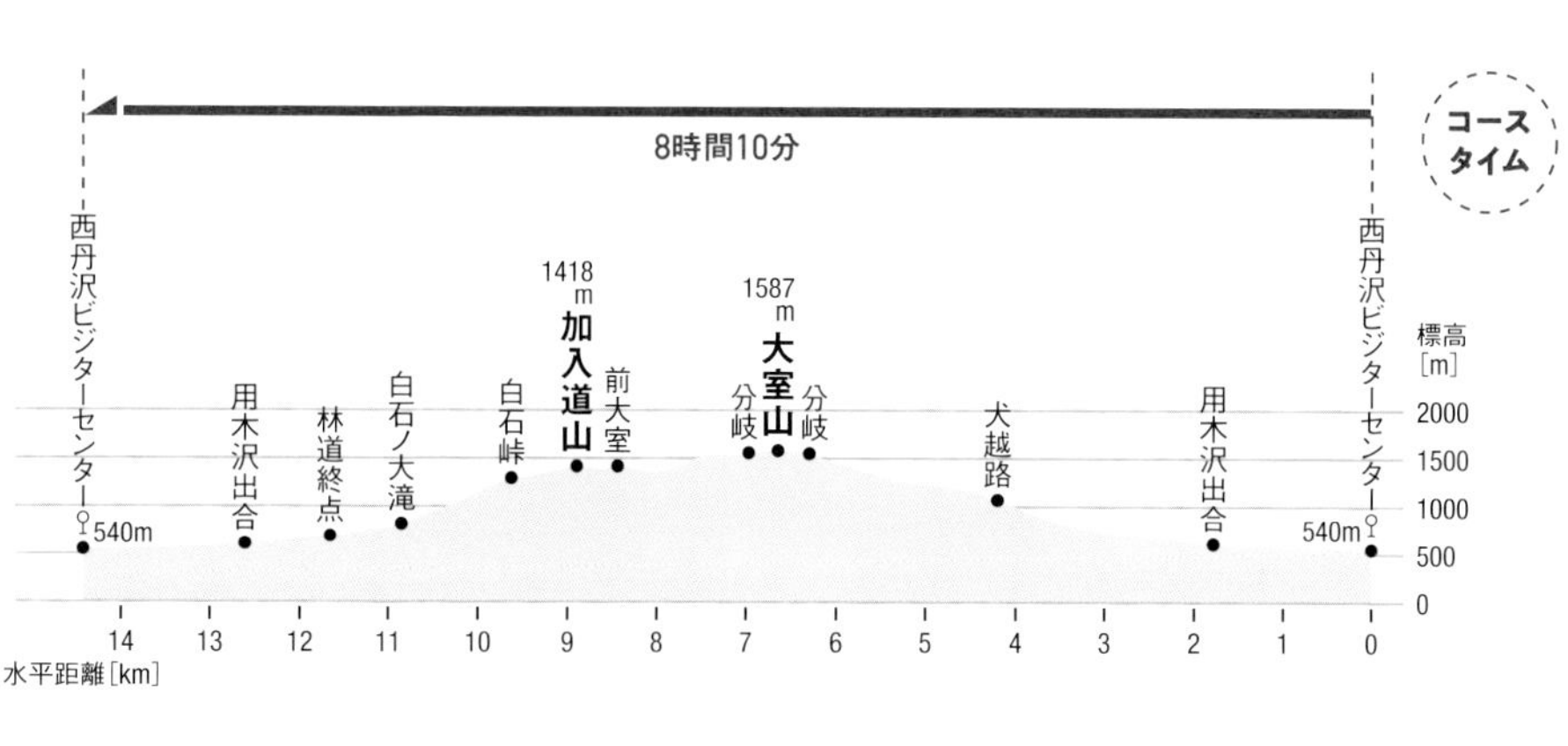

サブコース

大室山・加入道山周辺の登山コース

●神の川林道の大瀬戸トンネル先～神ノ川ヒュッテ間は2020年1月現在通行止めのため、コース①は通行不可。コース②は折花橋からの往復となる。また、神ノ川ヒュッテも利用不可。詳細は神奈川県自然環境保全センター℡046-248-2546へ。

Map 6-4B 大室山

Map 6-4B 加入道山

Map 6-4C 鐘撞山

①神ノ川から犬越路へ

神《かん》ノ川《かわ》から犬越路《いぬごえじ》へのコースは、武田信玄の小田原《おだわら》侵攻の折に犬が先導したという伝説のコースである。

神ノ川ヒュッテを横に眺めながら、谷に沿って犬越路へ向かう。まもなく右手に日《ひ》陰沢《かげさわ》新道入口を示す道標がある。その道標を過ごし、しばらくは右岸側を歩き続ける。

いくつかの堰堤を右側に眺めながら歩くが、谷が狭くなり桟道で堰堤上に登ると「犬越路まであと1・4㎞」の道標が立ち、この付近で左岸に移る。左岸には「犬越路まで1・3㎞」の表示があり、そこから階段状の登りとなる。桟道を交えた山腹の道を進み、犬越路まで1・0㎞地点先で、しっかりとした橋で沢を横断する。ひと呼吸いれたい涼しい場所だ。ここで水の流れを離れ、階段の整備された道をぐいっと登る。

まもなく、再び離れた流れを右側の眼下にする。植林越しに眺める流れには、歴史を感じさせる石積み堰堤が5基も連続している。その先、「犬越路まで0・4㎞」の道標付近は上部から押し出された土砂で道が付け替わっており、注意して進む。この場所を越えると、まもなく**犬越路**だ。（コースタイム＝**1時間30分**／コースグレード＝**中級**）

②長者舎から鐘撞山

鐘撞山《かねつきやま》の登山口は、神ノ川よりずっと手前の**折花《おりはな》橋**のたもと。登山口は神之川《かんのかわ》左岸にあたるが、橋の右岸側には折花宮があり、折花姫がまつられている。この付近には戦国時代の伝説として折花姫にまつわる地名

犬越路避難小屋の内部。使用後はきれいにしておこう（コース①）

土砂が押し出された犬越路手前300m地点（コース①）

が多い。鐘撞山も、見張りを立て鐘を鳴らした山と伝えられている。

　登山口の階段を上がり、植林の中をひたすら登る。途中に古い白炭窯が残る。まもなく山腹を水平に巻く道とぶつかるが、左手は崩れて行けないので右に進む。わずかに下りながら山腹を行くが、浅い谷を越える部分は足もとが悪く、補助ロープが張られている。その先の分岐を左に折れ、稜線に向かう。**稜線**に出たら左に折れ、尾根を登ると**鐘撞山**だ。山頂には三角点のほか祠がまつられ、山名どおり鐘も設置されている。また、西側が刈り払われて眺めがよい。

　山頂から大室山《おおむろやま》方面に向かうとすぐに分岐があり、左手の東南にのびる尾根を下ってゆく。分岐には「立石建設に至る」という壊れた標識が落ちているので、見落とさないこと。植林の中、尾根上をひたすら下ると、やがて**県道**とぶつかる。（コースタイム＝**3時間**／コースグレード＝**中級**）

加入道山への登路からの鳥ノ胸山と富士山（コース④）

③久保《くぼ》吊橋から大室山

道志《どうし》村久保地区の吊橋で道志川を渡り、大室山まで一気に尾根上を登るコース。茅《かや》ノ尾根という名がある。

　登山口は国道413号に沿った道志村久保地区の**久保吊橋**から。吊橋基部にはトイレとお土産屋があるが、駐車スペースはほとんどない。吊橋の西寄りにある久保キャンプ場に駐車できる（有料・要事前確認）。

　久保吊橋を渡ったら、100mほど進むとベンチがあり、ここで右に折れて登りは

鐘撞山中腹に残る炭窯跡（コース②）

神奈川百名山に数えられる鐘撞山の山頂（コース②）

じめる。斜面を斜めに進んで植林となったところで上へ登るが、この付近は道がややわかりづらいうえ、一部滑りやすい。

尾根に沿って登り、共同テレビアンテナがある場所がおよそ標高650m。なおも、えんえんと登りが続く。およそ標高850m地点の久保分岐で、大渡《おわた》方面からの尾根道と合流する。標高1000mあたりまで植林が続くが、その付近でブナなどの広葉樹の森に切り替わる。1050m付近には古い石標、1131m付近には古い道標が残る。その後も心地よいブナ林の登りが続き、**大室山**山頂にいたる。（コースタイム＝2時間50分／コースグレード＝中級）

④道志の湯から加入道山

本コースの標高1300m付近には、かつての大理石採取の跡地が残る。太古、丹沢山塊が海底にあった証拠でもある。また、丹沢に数多くあった小鉱山のひとつに数えてもよいだろう（P75コラム参照）。かつて本コースを「大理石ライン」とよんだ時代があったようだが、近年は手入れが行き届いていない。

道志の湯から室久保《むろくぼ》川沿いの道を300mほど上流に向かう。木の駅を過ぎた先のY字路を左へ。登山者用駐車場の先に登山口がある。登山道に入ると、しばらくは水源林の記念植樹された植林地が続く。そこを抜けると、比較的穏やかな傾斜の道が続く。あずまや付近で沢が最も近くなる。古くは白石峠に直接抜ける道が分かれていたが、そちらは廃道である。ここから**あずまや**を回りこむように斜面に取り付き、あとはほぼ尾根上をひたすら登る。

やがて山腹を巻くようになり、岩が目立つ涸れた沢を越える。白い石が転がる付近の左手上に石切場跡がある。その先で道は崩壊地を横断するので、慎重に通過する。すぐに稜線上の**分岐**に出る。ここからひと踏ん張り、ブナの多い稜線を登ってゆけば**加入道山**《かにゅうどうやま》山頂となる。（コースタイム＝2時間25分／コースグレード＝中級）

避難小屋が建つ加入道山山頂（コース④）

茅ノ尾根標高1050m付近の広葉樹林（コース③）

サブコース

鳥ノ胸山

道の駅どうし↓林道終点↓鳥ノ胸山↓浦安峠↓水晶橋↓道の駅どうし　3時間55分

鳥《とり》ノ胸山《むねやま》は、丹沢主稜線上から北にのびる尾根上にある道志《どうし》村の山で、山梨百名山にも選ばれている。不思議な山名だが、もともとは「殿《との》ムレ山《やま》」が「トンノムレ」に転じ、さらに「鳥ノ胸」になったようだ。

中山《なかやま》バス停そばの**道の駅どうし**が起点。中山橋で道志川を渡り、100mほど南へ。沢に架かる橋を渡らず、左のオートキャンプINむじな方面へ。オートキャンプINむじなと花の森オートキャンピアを過ぎ、へアピンカーブを道なりに回りこむ。この先で巨大な砂防ダムが建設されている。そこが**林道終点**で、登山道の起点となる。

植林地帯から登りはじめ、人工林と広葉樹林が交互に現われる。いったん林道にぶつかってわずかに林道を進むが、基本的には同じ尾根上をひたすら登る。ブナが現われるのは山頂直前になってから。観光農園からの道を左から合わせると、まもなく**鳥ノ胸山**山頂である。山頂からは西側の展望が開け、富士山《ふじさん》や御正体山《みしょうたいやま》が立派だ。

ピストン登山もよいが、ここでは南にのびる尾根を行ってみよう。

植林の中の急な下りに補助ロープが張られているところもあるが、基本的には雑木の多い穏やかな道である。雑木《ぞうぼく》ノ頭《あたま》で道志《どうし》の森《もり》キャンプ場への道を分ける。そちらへ下ってもよいが、もう少し尾根を進もう。**浦安《うらやす》峠**で林道が横切るので、そこを右へ。そのまま林道を降り、**水晶《すいしょう》橋**、**道志の森キャンプ場**を経て**道の駅どうし**へと戻る。

Map 8-1D　道の駅どうし

Map 8-1D　鳥ノ胸山

コースグレード	中級
技術度 ★★★	3
体力度 ★★	2

山頂より望む富士山と御正体山。道志川が横切る

名前のとおり雑木に囲まれた雑木ノ頭山頂。下山は道志の湯方面に進む

サブコース

菰釣山

下善の木↓広場↓菰釣山↓
城ヶ尾峠↓下善の木　5時間45分

菰釣山《こもつるしやま》は丹沢主稜線西方にある標高1379mの山。西側が大きく開け、富士《ふじ》山《さん》を大きく望む絶好の展望台になっている。**下善《しもぜん》の木《き》バス停**から東に進み、道志《どうし》川右岸に渡って道志の森キャンプ場方面へ進む。あるいは、道の駅どうしを起点にして道志の森キャンプ場方面へ進む。**キャンプ場**内を抜ける林道を左に曲がることなく、そのまま三ヶ瀬《さがせ》川西《にし》沢に沿うように進む。

数軒建つ別荘を抜け、台風で荒れた砂利道の林道を進むと、40分ほどで左手にクサリで閉ざされた林道が分かれるので、そちらへ向かう。林道がブナ沢を渡ると小さな**広場**があり、右手から登山道に入る。

植林を抜けていったん左岸へ。湿地状の場所を抜けて右岸に移る。ここから主稜線に向かって登りつめてゆく。

登りきったら主稜線との**分岐**（ブナ沢乗《さわのっ》越《こし》）に出る。ここで右手に折れてゆったり登りはじめるとすぐに菰釣避難小屋が建っている。ここからさらに30分の登りで、富士山を見据える**菰釣山**山頂となる。

いったん**分岐**まで戻ったら、そのまま主稜線を進む。落ち着いたブナ林を進み、ブナ沢ノ頭《あたま》、中《なか》ノ丸《まる》を越えてゆく。明るく穏やかな山頂の城《じょう》ヶ尾山《おやま》から下ると、すぐに古道の趣が残る**城ヶ尾峠**である。ここから道志方面に下るが、途中2カ所ほど崩れている。ロープが張ってあるが慎重に通過する。**水晶《すいしょう》橋**を渡るとまもなく**キャンプ場**内となり、歩きはじめの道と合流する。

Map 8-1D　下善の木バス停
Map 8-3D　菰釣山

コースグレード	中級
技術度	★★★☆☆ 3
体力度	★★★☆☆ 3

菰釣山への登山口となる広場。右が登山道

菰釣山山頂からの富士山の雄姿。雲も特徴的

サブコース

矢頭山

長又→矢頭山→試し切り石→長又　1時間40分

道志《どうし》村には源頼朝《みなもとのよりとも》に関する伝説が多いが、矢頭山《やのうさん》もそのひとつ。頼朝がこの山頂から矢を放ったと伝わり、近くには試《ため》し切《ぎ》り石や兜《かぶと》石という伝説の地が残る。

さて、バスの場合は**長又《ながまた》バス停**からだが、平日のみ運行で使いにくい。基本的にはマイカー利用になる。その場合、まずオートキャンプ長又と、とやの沢キャンプ場を林道で抜け、兜石の少し先に向かう。そこに数台の駐車スペースがある。悪路に強い車なら、試し切り石付近にも駐車できる。

徒歩では、長又バス停から長沢《ながさわ》橋を渡り右へ進む。目の前の尾根が矢頭山への登山口。「頼朝の豪弓《ごうきゅう》」看板から手入れされた尾根道へ。マイカーの場合は、駐車位置からここに戻ってのスタートとなる。

手入れのよい尾根道を登ると、すぐにベンチやシカ柵がある。ゲートを開け、階段状の道を登りきると、**矢頭山**山頂である。左下に巻くような道を10mほど行くと祠がある。頼朝が弓を放った場所であろうか。

祠から戻り、「遊歩道・兜石」の看板にしたがって尾根を進む。最初はマツが多い道だ。獣害よけのテープが幹に巻かれた木も多い。しばらく進むとみごとな樹形のマツが1本あり、つい見惚れる。

下った鞍部に「やのう山遊歩道」看板があり、そこで尾根を離れる。道なりに進み下って鳥屋《とやの》沢を渡ると、まもなく植林内に兜石がある。林道に出たら右手に進む。橋を渡って5分ほどで**試し切り石**が見事だ。

あとは林道歩きで**長又バス停**へと戻る。

Map 8-2C 長又バス停

Map 8-2C 矢頭山

コースグレード	初級
技術度	★★☆☆☆ 2
体力度	★★☆☆☆ 2

その名のとおりすっぱりと割れた試し切り石

矢頭山山頂直下にある祠

日帰り

畦ヶ丸

ブナの深い森をもつ丹沢の奥山

日帰り 西丹沢ビジターセンターバス停→権現山分岐→善六のタワ→畦ヶ丸→大滝峠上→一軒屋避難小屋→大滝橋バス停　計5時間35分

コースグレード｜**中級**

技術度｜

体力度｜

爽快に水を落とす本棚（落差約60m）

かつて丹沢が森深き時代には、「怪峰」とさえよばれたのが畦《あぜ》ヶ《が》丸《まる》だ。一方で『丹澤《たんざわ》記』著者の吉田喜久治は、「何の奇もないボサ山」と記している。実際はいかにも西丹沢らしいブナの山で、トウゴクミツバツツジやシロヤシオなど多くの花が咲く山である。丹沢の背稜となる稜線からわずかに南に位置し、その稜線は屏風岩山《びょうぶいわやま》や権現山《ごんげんやま》（世附《よづく》権現山）へと連なっている。

ここでは、西丹沢ビジターセンターから名瀑を眺めながら登り、大滝《おおたき》橋へ下山するコースを紹介する。

日帰り

西丹沢ビジターセンターから山頂に立ち、大滝橋に下る

西丹沢ビジターセンターで支度を整えたら、中川《なかがわ》川に架かる吊橋を渡る。しばらくは正面に流れこむ西《にし》沢に沿って歩く。沢に渡された木橋を、何度も渡り返して進んでゆく。

やがてたどり着く右岸側のベンチのある広場からは、権現山（箒沢《ほうきざわ》権現山）への道が分岐する（**権現山分岐**）。ただし、権現山への道はある年に事故が続いた影響で道標がはずされたままで、手入れされていない。

分岐のすぐ先で下棚《しもんだな》への道が分かれる。せっかくなので立ち寄ろう。下棚沢に沿って進むと、落差40ｍの下棚がどどっと流れ落ちる。迫力ある滝である。

分岐に戻り10分ほど進むと、今度は本棚《ほんだな》分岐となる。本棚は下棚よりもさらに迫力がある落差60ｍの滝だ。岩肌を走る流れの豪快な景色を楽しんだら、分岐に戻ろう。

この分岐を過ぎると、しばらくは登りっぱなしとなる。途中にベンチがあるが、ひたすら登って高度をかせいでゆく。

やがてたどり着く鞍部が**善六《ぜんろく》のタワ**だ。この付近は少々やせた尾根になっている。少し進んで待っ

下棚分岐付近。この付近から登りとなる

樹林に囲まれた静かな畦ヶ丸の山頂

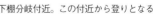

善六のタワの先にある長いハシゴ

幅の狭い鞍部の善六のタワ

ているのは長いハシゴである。ここを慎重に越えると、いよいよ美しい樹林の尾根に変わる。

　ブナの多い森を楽しみながら、ゆったりと登りながら進もう。登りきれば**畦ヶ丸**山頂だ。周囲を樹木がおおい、展望はない。山頂からさらに100mほど進み、わずかに登り返すとベンチがある。ここは道の分岐点になっており、モロクボ沢《ざわ》ノ頭《あたま》から主稜線や道志《どうし》方面へ向かう道が分かれる。そのすぐ脇には畦ヶ丸避難小屋が建っている。長年親しまれてきた避難小屋だが、2020年夏に建て替わる予定だ。

　下山は急な下りからはじまる。最初の鞍部付近は、沢登りで鬼石《おにいし》沢をたどる登山者が登りつめる地点である。登り返して樹林帯の尾根を下ってゆけば、ベンチのある**大滝峠上**に出る。そのまま尾根上を進むと旧来の大滝峠を通り屏風岩山方面へ向かうが（P138参照）、屏風岩山への道標の指示はない。ここでは「大滝橋4・5km」の道標にしたがって左に折れる。

　尾根上をたどりはじめた道はほどなく斜面を折り返し、ステタロー沢に下る。広い谷底には春先になるとミツマタの花が黄色くたわわに咲く。沢筋の道を下ると、この沢と鬼石沢の合流点に**一軒屋《いっけんや》避難小屋**が建っている。小屋周辺は小広い広場で、また小屋の裏手には階段があり、上がると祠がまつられている。

堅牢なつくりの一軒屋避難小屋。トイレはない

ベンチのある大滝峠上。ここで稜線から離れる

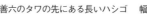

頂稜部のブナとトウゴクミツバツツジ

かつては住人もいたと伝えられるこの地。１９４３（昭和18）年には県営製炭事業従事者のための分教場が開設されたそうだ。さらに昭和40年代には過激派がこの付近で爆弾実験を行ったという物騒な事件の現場でもあったという。現在の佇む小屋からは想像しにくい歴史話である。

さて、一軒屋避難小屋前で鬼石沢を渡り、下流側にしばらく進んでから沢筋を離れる。山腹を進む道は桟道部分が多い。「大滝橋１・９km」の道標で尾根を乗り越える。さらに「大滝橋１・８km」地点で道はマスキ嵐《あらし》沢に沿うようになる。この流れは下流で大滝沢に合流している。

桟道や木橋はあるものの、穏やかで歩きやすい道が続く。やがて林道と合流し、さらに大滝沢沿いに下れば、車両を止めるゲートを越えて県道76号に合流する。新松田《しんまつだ》駅への**大滝橋バス停**はすぐそこだ。

プランニング&アドバイス

西丹沢のツツジは檜洞丸（P112参照）が有名だが、畦ヶ丸の頂稜付付近でシロヤシオやトウゴクミツバツツジが見られる。花期は年にもよるが5月中旬〜6月初旬にかけて。年によって咲いたり咲かなかったりという変動もかなり大きいので、事前に自治体などに問合せておきたい。コース中には避難小屋が2軒ある。避難小屋なので積極的な宿泊利用は避けたいが、休憩時や天候急変時にはありがたい存在だ。畦ヶ丸からはモロクボ沢ノ頭を経由して道志川南側の山々へ足をのばしたり、下山することができる（畦ヶ丸からは白石峠へ2時間25分、城ヶ尾峠へ1時間30分）。

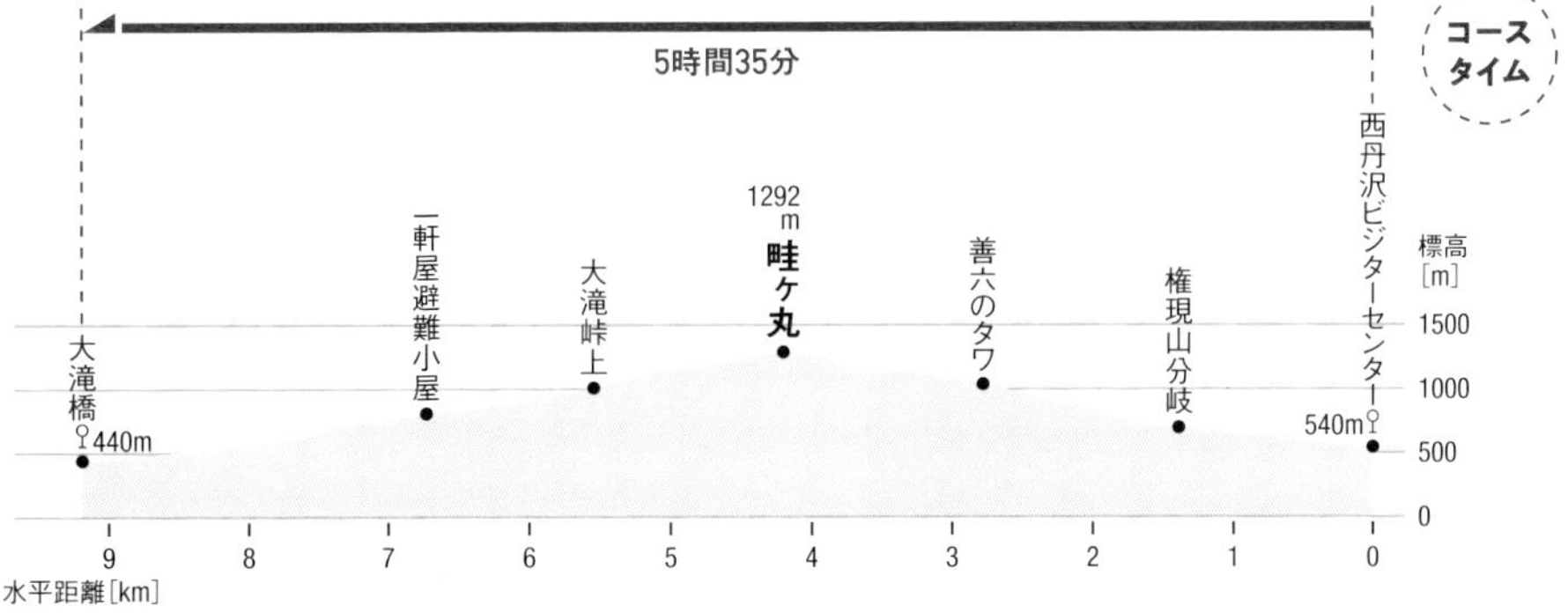

サブコース

屏風岩山

大滝橋↓大滝峠上↓屏風岩山↓二本杉峠↓細川橋　5時間10分

屏風岩山《びょうぶいわやま》は、畦ヶ丸《あぜがまる》から南下する尾根上の、南北にのびやかな山である。道はそれほど悪くないが、道標は完備されていない。**大滝橋《おおたきばし》バス停**から大滝沢に沿って登り、**一軒屋《いっけんや》避難小屋**を越え、ステタロー沢沿いに登り**大滝峠上**に出る（大滝橋〜大滝峠上間はP134の逆コース参照）。ここから稜線を南に向かうが、屏風岩山を示す指導標はない。ただし、しっかりとした道である。

まもなく「大滝峠上0・15㎞」の古い道標がある。ここが旧大滝峠で、かつては東海自然歩道が分かれた地点である。ここではこのまま稜線をたどり、屏風岩山に向かう。なお、**屏風岩山**山頂は展望がない。

山頂から南側の尾根をゆったりと下る。その先で登り返した地点は、少し間違いやすい。「二本杉《にほんすぎ》峠」を示す古い道標や、巻き付けられたテープを目印に進もう。

やがて補助ロープのある急な下りを進み、小さなピークを右から巻くと、ベンチのある**二本杉峠**である。傍らに小御岳大権現《こみたけだいごんげん》がまつられる峠は、かつては集落と集落を結ぶ交通の要衝であったが、現在は西側へ下る道はかなり荒れている。そしてこの峠の西側には1軒の人家もないのである。

峠からは東側の細川《ほそかわ》橋方面に下るが、2019年の台風の影響で峠から600mの地点で大きく崩れ、通過には要注意だ。あとは歩きやすい道が続き、巨大な砂防堰堤群の横を通過して大室生《おおむろう》神社の鳥居前に下る。県道に出れば**細川橋《ほそかわばし》バス停**は近い。

Map 5-3B　大滝橋バス停

Map 5-4A　細川橋バス停

コースグレード	中級
技術度	★★★☆☆ 3
体力度	★★★☆☆ 3

ベンチのある二本杉峠。細川橋へは2.3㎞

屏風岩山山頂。展望は樹間から見える程度

サブコース

大出山（ミツバ岳）・権現山

浅瀬入口↓大出山↓権現山↓細川橋　4時間20分

Map 4-1A　浅瀬入口バス停
Map 5-4A　細川橋バス停

コースグレード	中級
技術度	★★★☆☆ 3
体力度	★★★☆☆ 3

丹沢湖北西にある大出山《おおだやま》。こう書いてもピンとこない読者も多いだろう。実は、ミツマタ（三椏）の花で近年人気上昇のミツバ岳《だけ》の正式名称なのだ。この地域では昭和初期に小田原《おだわら》造幣局に収めるため紙幣の原料となるミツマタ栽培がさかんだった。そのミツマタ畑が転じてミツバ岳という名称が独り歩きしたとのこと。誤山名が定着しているが、あえて本書では大出山と表記する。

丹沢湖畔の**浅瀬入口《あさせいりぐち》バス停**が起点。落合《おちあい》トンネルをくぐり、しばらく湖畔の車道を歩く。滝壺橋《たきつぼ》を渡ったらすぐ右手が**登山口**。

ここからはひたすら登り道で、歩きはじめには補助ロープの張られた斜面もある。以前には転落事故もあったので気をつけたい。主に植林された斜面の登りだが、その林にもミツマタがかなり多く、目を楽しませてくれる。

やがて雑木の中を歩くようになり、大出山手前にはみごととしかいいようのないミツマタの大群落が待っている。一面のミツマタを堪能し、わずかに進むと**大出山**（ミツバ岳）山頂。ここからは富士山《ふじさん》も美しい。

山頂を離れ、穏やかな道を進み**権現山《ごんげんやま》**へ。山頂手前には祠があるが、ちょっとわかりにくい場所だ。この権現山は、ふもとの地名から世附《よづく》権現山とよばれることも多い。近くには他の権現山（箒沢《ほうきざわ》権現山）があり、区別するための呼び名である。

ここからは、北へ向かいぐんぐんと下る。1回登り返し、さらに急な下りを進むと**二《に》本杉《ほんすぎ》峠**。ここから**細川橋《ほそかわばし》バス停**がある上《うえ》ノ原《はら》方面へ下ることにする（Ｐ１３８参照）。

ミツマタの花（大出山三角点付近より）

権現山山頂。ベンチのある小広い場所だ

湯船山と富士山を背景にするサンショウバラの丘（樹下の二人）

日帰り

湯船山 不老山

サンショウバラ咲く
丹沢西端の縦走

コースグレード | 中級

技術度

体力度

日帰り 明神峠バス停→湯船山→峰坂峠→世附峠→不老山→駿河小山駅 計5時間15分

丹沢西端にのび続けた丹沢主稜線は、甲相駿《こうそうすん》三国境の三国山《みくにやま》で大きく２つに分かれている。西にのびる稜線は大洞山《おおぼらやま》から畑尾山《はたおやま》、篭坂《かごさか》峠へと連なる（Ｐ１４４コース21参照）。甲州《こうしゅう》と駿河《するが》の国境であり、「丹沢の尻尾」ともよばれる主稜線の末尾である。

一方、駿河と相模《さがみ》の境として東へとのびる尾根は、湯船山《ゆふねやま》や白嵓《しらくら》ノ頭《あたま》などいくつかの頂と峠を連ね、最後に不老山《ふろうさん》の高みに登り、平地へ消えてゆく。その尾根筋をたどるのがこのコースである。また、日本のバラで最大の花を誇るサンショウバラが多数自生するのもこのコース。花期の５月末から６月上旬には、多くの登山者でにぎわう。

日帰り

明神峠から湯船山、不老山へ

ＪＲ御殿場《ごてんば》線駿河《するが》小山《おやま》駅から明神《みょうじん》峠行きバスに乗車。ぐいぐいと登ったバスの終点**明神峠バス停**が起点となる。登山道入口はすぐ目の前。すでに標高は９００ｍで、ここからほとんどが尾根に沿った道である。

歩きはじめると、山中諏訪《やまなかすわ》神社奥宮と記された祠がある。現在の山中湖村の諏訪神社奥宮は正式には鉄砲木《てっぽうぎ》ノ頭《あたま》（Ｐ１４８参照）にある。これは、それ以前に奥宮が置かれていた位置で再興されたもののようだ。

しばらくで「ごんぐのベンチ」という道標がある。この地域の山々をこよなく愛した故岩田澗泉《いわたたにいずみ》氏作成の道標だ（Ｐ１４３コラム）。このコースは、もはや朽ちゆく岩田さんの道標を愛でながらのコースでもある。

その先の小ピーク先で右に上野《うえの》方面に下る道を分けると、本コース最高点となる**湯船山**山頂に着く。ここからはしばらく平坦な道となるが、この付近はブナ林の様相をしっかりと残している。大きく下って登り返すと白嵓ノ頭。そこから下りはじめ、しばらくのあいだは南側斜面が明るく開けている。大々的な皆伐が行われているのだ。そのぶん不老山などの眺めはよい。

サンショウバラ。本コースに登るならぜひ愛でたいもの

白嵓ノ頭〜峰坂峠間の皆伐地からの不老山

湯船山周辺に広がるブナ林。
枝ぶりのよい木も残っている

さらに下ると、左から幅広い林業用の作業道が並行するようになる。作業道から離れるとまもなくコンクリートのベンチがある**峰坂峠**《みねさか》だ。古くは交易に利用された生活道がこの峠を越えていた。その先の悪沢《わるさわ》峠は道標がわかりにくい。この付近から、サンショウバラが数多く目立つようになる。

峠から登りきると広々とした眺望のよい丘に出て、満開のサンショウバラ越しの富《ふ》士山《じさん》という絶景を眺められる。また駿河湾も望まれる。この心地よいピークは近年「サンショウバラの丘」とよばれるが、以前の「樹下の二人」という呼称も味わい深い。

ここから世附《よづく》峠まではあっという間である。林道の通過する**世附峠**だが、北面の浅《あさ》瀬《せ》側に下る道は、もう何年にもわたり通行禁止となったままだ。その峠には、岩田さん渾身の道標が残る。残念ながら記載された内容は古くなってしまっているが、アートとして、あるいはモニュメントとして、いつまでも愛でたいものである。

世附峠から不老山までは登りが続く。本コース一の踏ん張りどころだ。登りきったピークが不老山南峰《なんほう》。ここから左へ往復10分ほどの**不老山北峰**《ほっぽう》にはベンチもある。なお、東峰からは番ヶ平《ばんがだいら》を経て山北《やまきた》町の旧棚《たな》沢《さわ》キャンプ場方面へ下ることができる。

さて、南峰に戻ったら下山は「不老の活《かつ》路《ろ》」にとろう。南へと下る尾根上の道だ。すぐに右へ金時《きんとき》公園への道を分ける。使われていない林道を横切り、昔の炭焼き窯への分岐を越えてゆく。いったん穏やかに下ってから高圧鉄塔「新秦野《しんはだの》線9」の下に出る。切り開かれていて、展望がきく。

その先の鞍部が生土《いきど》不老山林道への分岐。ここでは半次郎《はんじろう》の道標がお迎えだ。林道経

岩田澗泉氏お手製の道標。もはや
アートだ（県境尾根・生土分岐）

不老の活路の途中にある素浪人の道標

コラム5

岩田潤泉《たにいずみ》氏の道標

不老山から三国山周辺は、稜線から南側が主に静岡県小山町域だ。そのエリアでは、今もウイットにあふれたアートな道標を見ることができる。小山町に暮らしていた岩田潤泉さんの手づくり道標だ。

不老山での道迷い事故を受け、もっぱら登山者の安全のため、道標をつくり立てた岩田さん。アートのような道標が評判となり、多くの登山者がこのエリアを訪れるようになった。一方、50本もの道標が引き抜かれ捨てられたり、行政が誤った方向の道標を正さないことを指摘してからのぎくしゃくとした関係など、晩年には苦労が多かった。１９２６（大正15）年生まれの翁は２０１７年に大往生を遂げ、残念ながら道標も多くが朽ちた。岩田道標を味わえるのも、あと数年のことかもしれないのは残念だ。

由のコースを分けて尾根上を進む。すぐに素浪人《すろうにん》とよばれる道標が頑張っている。６１４ｍ峰（大久保山《おおくぼやま》）は西から巻いて下ると、田代幹線３４０の高圧鉄塔を右に見る。

三角塔入口、風越山《かざこしやま》入口をやり過ごす。道なりに進み、ホトトギス看板を過ぎてから植林を抜け、幅の広い広葉樹林の尾根を下る。尾根上を忠実にたどると、県境尾根と生土方面の分岐がある。ここで右に折れ、生土方面へ。旧国道２４６号に出たら右に折れて、**駿河小山駅**方面へ向かう。

プランニング&アドバイス

駿河小山駅から明神峠行バスは、運行期間が限られているので、事前に調べてから利用したい（P173登山口ガイド参照）。世附峠から北側の浅瀬方面への下山路は2010年の台風以来、架橋されず通行できない。また天神山を経て柳島へと下山するコースも、天神山を巻く部分が崩落したままなので、天神山山頂経由となる。多少のルートファインディングが要求される状況だ。世附峠にある道標をはじめ、コラムで紹介した岩田さんの道標はこの山域の名物だが、すでに物故され更新されていないので、記載内容が古くなっている。アートとして楽しみ、個別の情報はそのまま信じないようにしておこう。

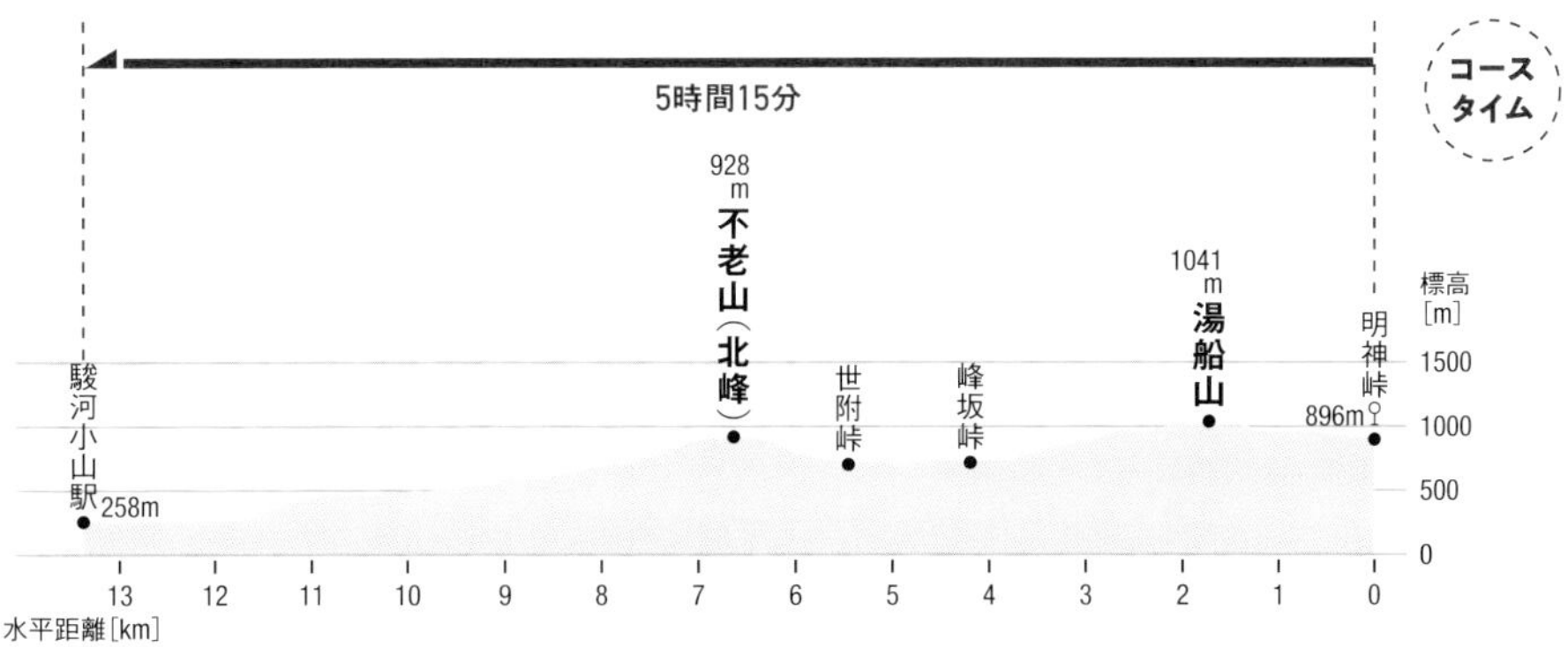

サブコースの鉄砲木ノ頭から望む三国山の山並み

「丹沢の尻尾」をたどる展望の稜線歩き

日帰り 明神峠バス停→三国山→大洞山→立山→富士高原ゴルフ場バス停　計4時間50分

コースグレード	初級
技術度	★★☆☆☆ 2
体力度	★★☆☆☆ 2

山《やま》中《なか》湖南岸に並び立つ三国山《みくにやま》から大洞《おおばら》山《やま》を経て篭坂《かごさか》峠へといたるのびやかな山々は、「丹沢の尻尾」とよばれている。名付け親は、故ハンスシュトルテさん。1934（昭和9）年に来日した学校の教師で、深く丹沢に関わった方だ。彼の著書『丹沢夜話』三部作は、丹沢好きなら必読の書である。その丹沢の尻尾を歩くのが本コースである。起点の明神《みょうじん》峠までは、JR駿河《するが》小山《おやま》駅からのバス（季節運行・詳細はP173登山口ガイドを参照）を利用する。

日帰り

明神峠から三国山、大洞山、立山を経て須走へ下る

明神峠からは、湯船山《ゆふねやま》・不老山《ふろうさん》方面への道（P140コース20参照）を分け、しばらくは車道横のコンクリート壁上を車道と並行するようにして登る。すぐ仮設トイレが現われるが、これもバス運行期間のみの開設で、それ以外は撤去されている。

車道を渡るといよいよ山中に入る。三国山東登山口の道標が示す尾根を登れば、大

大洞山直下の角取神社奥ノ院。縦走路からは若干はずれた場所にある

アザミ平付近は平坦な道が続き歩きやすい

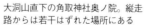

径木のブナがみごとだ。その上に高圧鉄塔が立っており、付近は展望が開ける。夏の終わりごろには、足もとのテンニンソウが多く咲く。再びブナの多い道を登れば、三国山の山頂まではそれほど時間は要さない。**三国山**はその名の通り、甲州《こうしゅう》、相州《そうしゅう》、駿《すん》州《しゅう》という三国の境が接する場所である。樹林におおわれ展望はきかないが、木のあいだ越しに遠く駿河湾方面を眺められる。

ここからは、甲州と駿州との国境となる稜線がのび、大洞山に向けてこれをたどっていく。ブナをはじめとする大きな木が多く、ゆったりとした幅広い稜線は快適な歩き心地である。

ゆるやかな下りを進むと、ヅナ峠にいたる。篭坂峠がよく使われるようになる以前は、甲州と駿河を結ぶ重要な峠であり、武田信玄の侵攻にも使われたという歴史を秘めている。とはいえ、現在は峠を横断するかすかな道形が残るだけで、すっかり忘れ去られた峠だ。

手書きで地名を記してある楢木山《ならのきやま》を越えて進む。少し若いが均質のブナ林をゆったり登ってゆくと、本コース最高点で標高1383・4mの**大洞山**山頂に出る。この山は、小山町側では角取山とよんでいる。

山頂をあとにわずかに進むと「角取《つのとり》神社奥ノ院入り口」の金属道標がある。左へやせた急な尾根道を3分ほど下ると、石の祠が2基並んでいる。風を収めるためにまつられた祠である。

もとの稜線に戻ったら、ゆったりと下る。軽く登り返すと、その先はかなり平坦になる。道が一直線にのびる**アザミ平《だいら》**である。この付近の静岡県側は自然環境保全地区に指定されている。その先で、篭坂峠と畑尾《はたお》山《やま》方面とに道が分かれている。ここは左上の畑尾山をめざして登る。

立山展望台からの富士の雄姿

畑尾山山頂付近には苔むしたブナが多い

三国山付近のブナ林。しっかりとした木が多い

ひと登りでたどり着いた**畑尾山**は落ち着いた樹林の山頂である。そこから下った鞍部には立山《たちやま》東分岐という道標が立つ。ここからも篭坂峠への道が分かれている（Ｐ１４９参照）。ここをゆったり登り返すと、今度は**立山**山頂の道標が立つ。あまり山頂らしくない、通過点のようなポイントだ。そのまままっすぐ進んでもよいが、せっかくなので立山展望台に立ち寄ってこよう。そちらのほうが山頂らしいのである。

分岐から南に向かって約３００ｍ。途中左手には向かい合って立つ２本のブナの木があるが、なかなかみごとな位置関係で絵になる。たどり着いた**立山展望台**は広々とした草原状で、お弁当を広げたくなる場所だ。晴れていれば富士山《ふじさん》がどんと正面に現われるのも嬉しい。三角点もあり、やはりこちらの方が山頂らしい雰囲気である。

富士山の眺めを堪能したら、須走立山分岐に向かい、そこから左に折れて下山路をたどる。**立山休憩所**で左に曲がると、この付近から植林帯となる。車両の通れる幅の作業道となり、直線状に下る。やがて紅富《こうふ》台《だい》という住宅地の上に出ると登山道は終わり、車道歩きとなる。国道１３８号に出たら左手に折れ、**富士高原《ふじこうげん》ゴルフ場バス停**からバスに乗ってＪＲ御殿場《ごてんば》駅に向かう。

プランニング&アドバイス

逆コースは登りが長く、また明神峠からのバス便がないのでおすすめしづらい。マイカーの場合は明神峠に駐車スペースがないので、三国峠に駐車することになる。峠から三国山山頂までは雑木に囲まれた道を30分ほどの登りで到着する。ただし車の回収がネックで、ピストン登山が前提となる。時間がない場合は、サブコース（P149）で紹介する篭坂峠で登山終了というのもよいだろう。また、体力に余裕があれば、鉄砲木ノ頭（P148）まで組み合わせるのも楽しい。なお、このコースにもサンショウバラが自生する。分布範囲が富士箱根周辺とごく限られた植物だけに、大事に見守りたい。

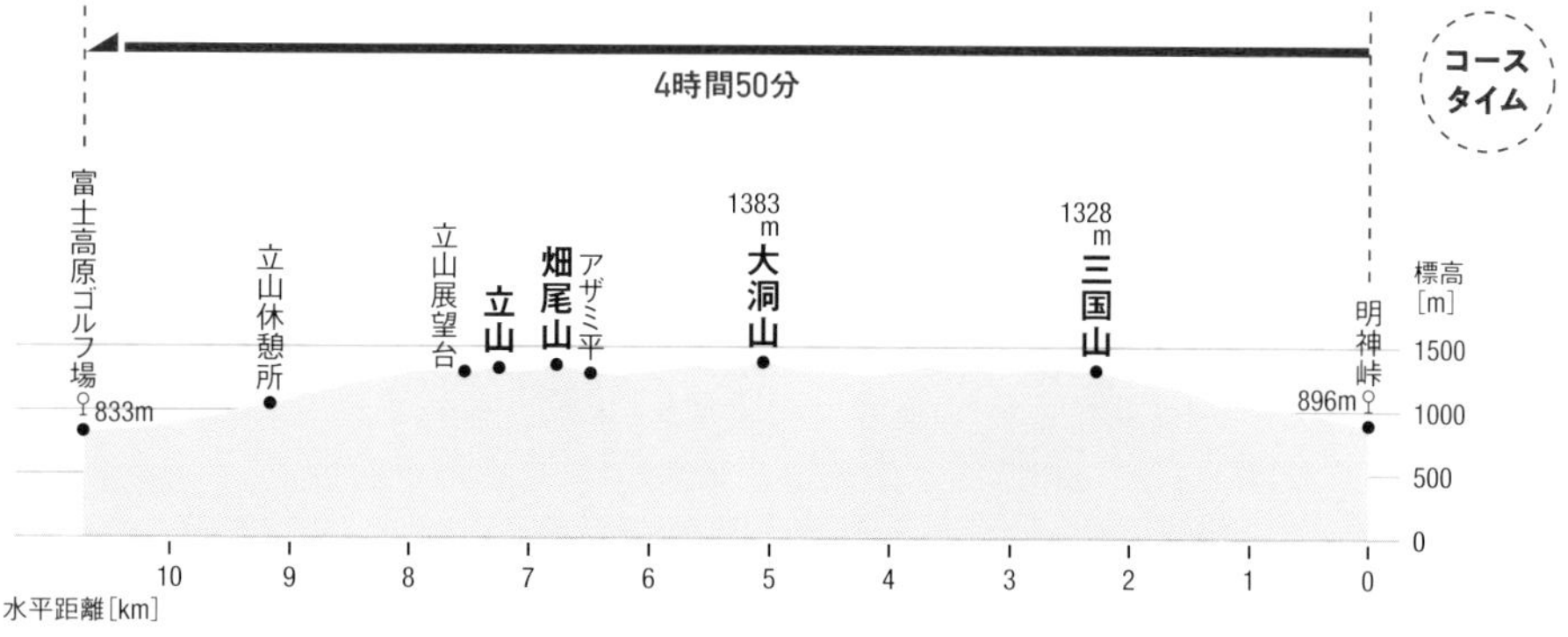

サブコース

山伏峠から鉄砲木ノ頭へ

山伏峠↓大棚ノ頭↓高指山↓鉄砲木ノ頭↓山中湖畔　3時間45分

Map 8-3B　山伏峠バス停

Map 7-1B　三国山ハイキングコース入口バス停

コースグレード	初級
技術度	★★☆☆☆ 2
体力度	★★☆☆☆ 2

丹沢と道志《どうし》の山々を結ぶ峠である山伏《やまぶし》峠は、山中湖《やまなかこ》村と道志村の境でもあり、現在は国道413号（道志みち）のトンネルが峠の下を貫通する。その峠から静岡県との県境に向かう、丹沢主稜線最西部を歩くコースを紹介する。なお、大棚《おおだな》ノ頭《あたま》から鉄砲《てっぽう》木《ぎ》ノ頭《あたま》までは東海自然歩道であり、富士箱《ふじはこ》根伊豆《ねいず》国立公園の境界線にもなっている。

山伏峠の山中湖側は私有地で立ち入れず、**山伏峠バス停**からトンネルを道志村側に回りこむ。広場奥の登山口から山伏峠まで登り、峠から南東方向へ尾根を進む。登りきる手前で右に巻くと、主稜線を縦走する東海自然歩道にぶつかる。巻かずに尾根を登れば**大棚ノ頭**のささやかな山頂だ。

縦走路との合流地点からは、高指山《たかざすやま》・切《きり》通《どおし》峠方面をめざす。富士岬平《ふじみさきだいら》は富士山《ふじさん》の展望が良好で、別荘地への下山路が分かれる。少し下るとパラシマ峠。そして登り返すと**高指山**の山頂である。カヤトが広がり、展望抜群だ。山梨県内では珍しいヒオウギが自生し、夏に橙色の花をつける。ここからは平野《ひらの》への下山路が分かれる。

さらに稜線を進む。小鞍部で平野への道を分け、**切通峠**で再び道を分ける。ゆったり登り返し、なおも進むと**鉄砲木ノ頭**（明《みょう》神山《じんやま》）で、山中諏訪《すわ》神社奥《おく》ノ院《いん》がまつられている。カヤトの山頂は大展望台で、地元による春先の火入れで維持管理されている。

山頂からは、山中湖畔の**三国山《みくにやま》ハイキングコース入口バス停**へと一気に下る。

山伏峠。山中湖側にわずかに下ると、山の神が鎮座。ここから下れないのが残念だ

鉄砲木ノ頭からの富士山と山中湖の雄大な眺め

サブコース

篭坂峠から畑尾山へ

篭坂峠↓アザミ平↓畑尾山↓篭坂峠 1時間45分

Map 7-2A 篭坂峠バス停

Map 7-2A 畑尾山

コースグレード	初級
技術度	★☆☆☆☆ 1
体力度	★☆☆☆☆ 1

篭坂峠《かごさか》は甲州《こうしゅう》と駿州《すんしゅう》を結ぶ要衝で、現在は国道138号が通り抜ける。バス便も多く、らくらくアプローチでブナ帯となる稜線歩きの入口に立つことができる。また丹沢主稜線の最末端と言ってもよく、「丹沢の尻尾」の末毛となる場所でもある。

富士《ふじ》急行線河口湖《かわぐちこ》駅とJR御殿場《ごてんば》線御殿場駅を結ぶバスを利用して**篭坂峠《かごさか》バス停**で下車し、峠のすぐ横の霊園へ進む。この奥から登山道がはじまる。幅広く手入れのよい登山道は、傾斜もゆるやかである。富士山《ふじさん》の近くだけに、足もとはザクザクと軽い踏みごたえのスコリア（火山噴出物の一種）だ。

途中で右手へ下山で利用する立山《たちやま》方面への道を見送り、まっすぐアザミ平方面をめざすと、まもなく左手にみごとなブナが1本。これがハンスシュトルテさん（P144コース21参照）命名の天狗《てんぐ》ブナだ。

山腹を巻くように進むと、三国山《みくにやま》方面を見渡せる。その先で**アザミ平**となる。このあたりは大柄なフジアザミが多く咲くが、かつてブナ林だっただろう場所を切り開き、萱場などに利用していたところのようだ。

分岐を右に折れ**畑尾山《はたおやま》**へ。展望こそないが、落ち着いた山頂だ。ここを下った立山東分岐で右に折れ、籠坂峠をめざす。なお、時間に余裕があれば、目の前の**立山**や**立山展望台**にも寄っておこう（P144参照）。

立山東分岐からの下りは、雨などで侵食され、深くえぐられた溝状の道が続く。やがて篭坂峠からの往路に合流するので、そこから**篭坂峠バス停**へ戻る。

アザミ平から畑尾山への登り

登路のシンボル・天狗ブナ。目を見張るような立派な木だ

丹沢の沢登り

爽快な水との戯れ、沢登り。
丹沢は「沢にはじまり～」ともよばれる
人気のエリアだ

丹沢を代表する沢といえば、塔ノ岳を源とする水無川本谷。日本百名谷にも選ばれている

沢登りコース

水無川本谷

丹沢表玄関の流れである水無川。
その源流を遡るのが水無川本谷だ。
日本百名谷の手ごたえある流れをたどれば
塔ノ岳山頂は間近である。

Map 2-4A

塔《とう》ノ岳《だけ》を水源とし、表丹沢に降る雨を集めるのが水無《みずなし》川。その本谷《ほんだに》を遡る。

戸沢《とざわ》の丹沢臨時警備派出所（4～12月開設）がある林道終点の先から**入渓**する。源《げん》次郎《じろう》沢の堰堤下を横切って階段を登り、しばらく沢水が流れる道を進む。二号堰堤は、右岸側手前のクサリを頼りに越える。

F1は右岸側の古いクサリでトラバースするが、落ち口近くは少々危ないので慎重に。すぐに右側からセドの沢が流れこむ。F2は正面左手にロープが下がるが、右側を登る。さらに進むと、岩小屋になりそうな巨岩が左岸側にある。その手前横を見上げると、古い炭焼き窯跡の石積みが残る。

まだ十分水量のある沢を進む。F3は向かって右を落ち口へトラバース。一方、向かって左から古いクサリでの高巻き（登高困難な場所を避けて山腹に道をとり、その場所の上に遠回りして出ること）は、落ち口までが下り気味で外傾した足場となり、バランスが必要だ。クサリも古いので、リスクを考えておきたい。

F4を越えると谷間は狭まり、薄暗くなる。そして前半のハイライト・**F5**が轟音とともに立ちはだかる。向かって右（左岸側）の岩壁にクサリが張られているが、切れていることもあるので、しっかり確認を。高巻きも左岸側だが、高度感もあるので慎

コースグレード | **1級上**

参考時間 | 5時間5分

2本の水を落とすF1。左側のクサリを利用して抜ける

迫力あるF5。右手にクサリが見える

■**コースグレードの基準について**　1級＝初心者・初級者　1級上＝初級者　2級＝中級者　2級上＝上級者

重に進もう。

このF5の上は明るく開け、旧書策《かいさく》新道が横断する。書策小屋がなくなり、この道もかなり荒れたので、エスケープに利用することは考えないほうがよい。

少し進むと、左から沖ノ源次郎沢が流れこむ。ここで少し右に方向が変わり、右から木《き》ノ又大日《まただいにち》沢が流れこむ。本流は左となる。F6は左から高巻く。高巻きにかかると、左手下に古い炭焼き窯跡がある。

F7を過ぎると、いよいよF8の大滝《おお》である。落差25mという大きな滝だが、岩がもろいので直登は不可。向かって右のルンゼ（岩溝）の巻き道をたどる。残置ロープを頼りに登ってから、トラバースして沢床に向かう。なお、最後のトラバースにもロープが張ってあるが、足場がかなり危うい。自信がなければ、そのまま小さな尾根を直上して稜線に逃げるのもよいだろう。

F8を越えると穏やかな様相となる。沢が二手に分かれたら右へ向かう。F9は右から巻く。そこから踏み跡をたどり**主稜線**に出る。

下山は、山頂を経由して天神《てんじん》尾根、あるいは政次郎《まさじろう》尾根などが考えられる（P68、69サブコース参照）。

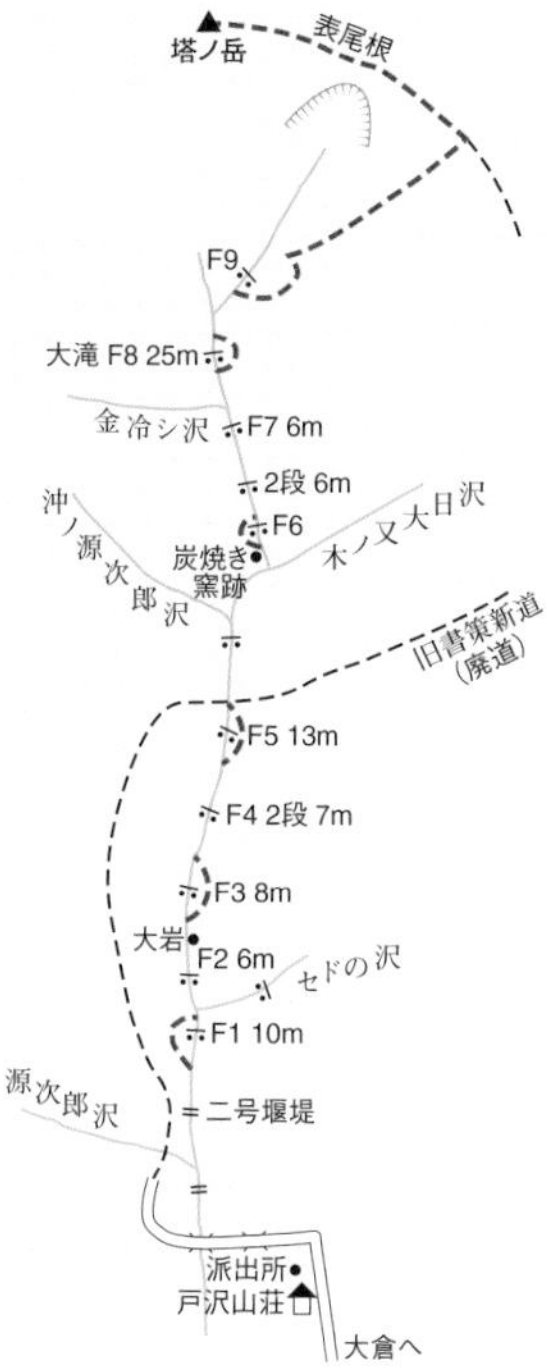

本谷名物F8（大滝）。右手より巻いて登る

参考コースタイム

戸沢出合（10分）入渓点（1時間20分）F5（2時間）塔ノ岳（1時間35分）戸沢出合

プランニング&アドバイス

沢登りの名ゲレンデ丹沢でも、ことさら知名度のある沢だけに入渓者も多いが、そのぶん事故も少なくない。大滝F8を巻いてからのトラバースは高度感があり、また固定ロープがかなり古いので、慎重に通過すること。無理ならば稜線に逃げよう。F5上を横切る書策新道は廃道状態なので、エスケープでの利用はくれぐれも慎重に判断を。

沢登りコース

源次郎沢

戸沢出合から花立に向かってのびる沢。アプローチも楽で入門コースとして人気は高い。一方で滝の連続する沢でもあり慎重さも要求される。

Map 2-4A

コースグレード｜**1級上**

参考時間｜4時間10分

源次郎《げんじろう》沢は大倉《おおくら》尾根上の花立《はなたて》山荘近くに突き上げる、水無《みずなし》川水系の沢。人気のある沢でもあり、本谷（Ｐ１５２）と同様に秦《はだ》野《の》市丹沢遭難対策協議会による、滝のナンバープレートが設置してある。初級者向けとされるが、滝が多く連続するので、気を引き締めて楽しく登りたい。沢沿いに最後まで登りつめて花立山荘のすぐ近くに出てもいいが、Ｆ10を越えてから、東側の開放感あふれる尾根＝源次郎尾根に出るのもよい。

歩き出しは水無川本谷などと同じく**戸沢**《とざわ》から。林道終点から一号堰堤下で源次郎沢を横断し、対岸の階段を登る。ここまでは水無川本谷と同じだ。

そこから尾根末端をまたいで即**入渓**する。Ｆ１（３ｍ）は向かって左側から越える。Ｆ２は２段を２つ重ねる４段のゆるやかな滝で、ここも左側から歩いてゆく。

そこから先はささやかな連瀑帯になっている。Ｆ３は連続する小滝の中にある。大岩が狭め絞る流れに沿って忠実に登ってもよいが、その手前から右手の岩壁に登り、そこをトラバースで巻いていく方法もある。

やがてＦ４となる。直登でも左から巻いてもよい。二条に分かれる**Ｆ５**（10ｍ）は、高巻きなら向かって左から。岩の下を抜ける部分は高度感があり、慎重に通過する。直登の場合、左側の流れの近くから落ち口

４段の滝のＦ２。垂直落下ではなく、ナメ滝に近い

F6〜F7間は穏やかな流れを行く

近くへと抜ける。

その100mほど先、水量比（流れこむ2本の沢の水量の比較）2：3ほどで左俣と右俣とに分かれる。花立方面に突き上げるのは右俣なので、そちらへ進む。分岐付近からも奥に滝が見える。ここがF6（10m）で、左側の壁を登る。高巻きは、落ち口をめざすと最後のトラバースが手強い。もう少し登ってから沢に降りよう。

F7（2m）は涸れ滝で、すっと乗り越えられる。続くF8は崩れてよくわからない。その先、倒木が寄り添うF9（10m）も涸れ滝である。F10のチョックストーン（溝にはさまった岩や石）は左から高巻きがおすすめである。

その先で踏み跡をたどって東側の源次郎尾根に進めば、思わぬ展望が広がる。源次郎尾根を登りつめると、花立山荘と花立の中間付近に飛び出す。また、沢をそのままつめると**花立山荘**近くに抜けられる。帰路は大倉尾根から天神《てんじん》尾根（P69参照）を経由して戸沢へ、というコースが一般的だ。

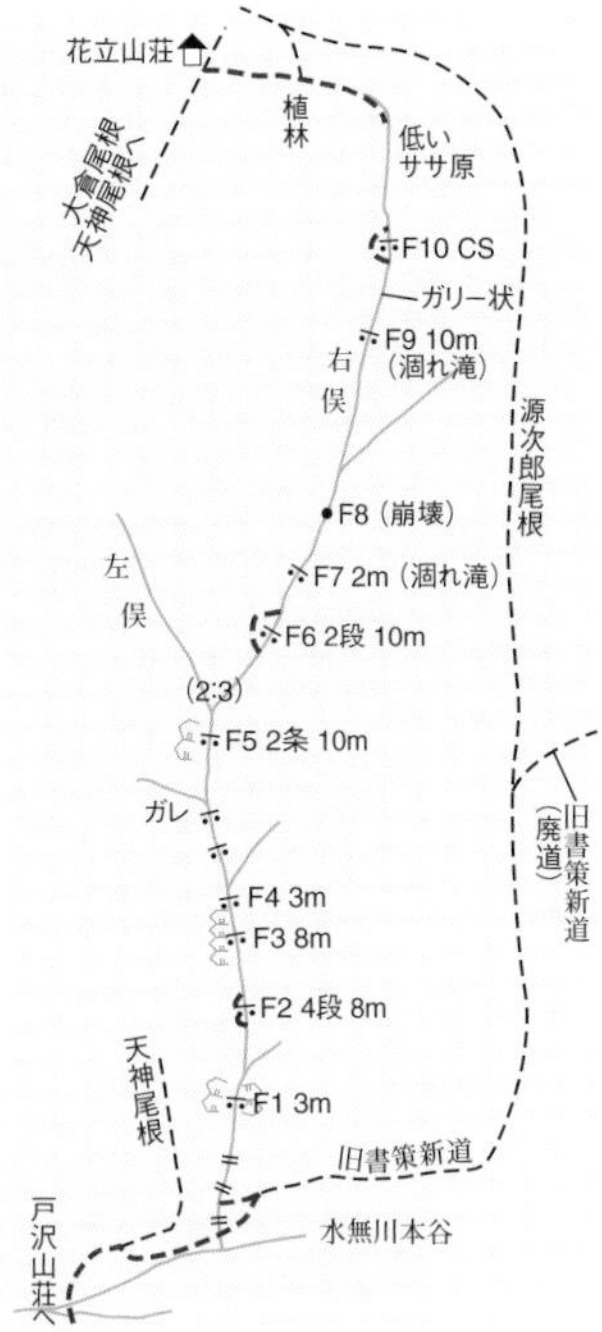

表尾根と大山を望む開放的な源次郎尾根

2条に落ちるF5。左手に巻き道があるが、慣れた人なら直登も可

参考コースタイム

戸沢出合（10分）入渓点（1時間20分）F5（1時間30分）花立山荘（1時間10分）戸沢出合

プランニング&アドバイス

初級者向けとされる人気の沢だが、滝が多いだけに、事故には注意したい。高巻きは安全だと考えがちだが、トラバースに高度感がある箇所も多いので、気をつけよう。沢登りの基本装備はしっかり持っていくこと。下山路としては源次郎尾根を下ることも考えられるが、バリエーションコースとなる。

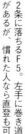

本間沢

Map 2-1A
Map 3-4A

丹沢三峰・本間ノ頭を源とする早戸川水系の沢。同水系の沢の中では、初級者でも存分に楽しめる。ただし台風によりアプローチの林道が大荒れで、入渓地点まで長い林道歩きを強いられる。

●本コースは２０２０年1月現在アクセス路となる早戸川林道が通行止め。詳細は県央地域県政総合センター℡０４６・２２４・１１１１へ。

コースグレード｜1級上

参考時間｜4時間30分

本間《ほんま》沢は、丹沢三峰《たんざわみつみね》の本間《ほんま》ノ頭《あたま》（P80コース11）に突き上げる。早戸《はやと》川水系にあってはコンパクトな中に滝が濃縮され、難しい滝も少なく、初級者からベテランまで楽しめる。ただし２０１９年の台風19号でアプローチとなる早戸川林道が大荒れで、復旧の見こみが立っていない。入渓点の本間橋まで、車を停めてから1時間30分以上荒れた林道歩きを見こんでおく必要がある。

さて、**本間橋**たもとから右岸側を進んで**入渓**する。「魚止《うおど》め森の家」脇からだが、ススキや低木が大きく育ち、そのヤブをかき分けて谷に向かう。「魚止め森の家」脇の階段から登って、少し迂回して沢に向かうことも多いようだ。

しばらくは仕事道をたどって進む。入渓してからＦ１まで約10分。流れの落ち口近く、向かって左側から越える。Ｆ２は流れの右から。Ｆ３は向かって左、Ｆ４は向かって右から越えてゆく。容易な滝が続くので、自分の歩きやすいところを進んでゆこう。

Ｆ５を過ぎてしばらく進み、沢が左手にゆるやかにカーブするその右手上には、炭焼き窯の跡がきれいに残っている。それにしてもこの窯で炭を焼いていた人は、どういうコースでここまで歩いてきていたのだろうか。すでに道跡は不明である。

なおも沢を進んでいく。右手に小さな沢

新緑がまぶしいＦ１。落ち口の左から抜けていく

Ｆ５上にある炭焼き窯跡。いつの時代の物だろうか

を分けて**F7**へ。上部に大きな岩があり、ちょうどよい休憩場所になっている。

その先、F8、F9はどちらも絞られた流れがまっすぐ落下する。それぞれ突っ張りなどで抜けられるが、落差もあり事故も起こっている場所なので、左側から巻くのが賢明だろう。本間沢では最も気をつけたいところである。

その先はゴルジュ（両岸を急な岩壁にはさまれた細い谷）状の狭い谷となり、その奥の左横から流れ落ちてくるF10も直登は大変だけに、右から大きく巻いてゆく。

その後はガレた沢を登りつめていく。春の遡行では、この付近に遅くまで雪が残っていることがある。谷間がつまってきたら最後は適当に斜面に取り付き、無名《むめい》ノ頭《あたま》〜本間ノ頭間の登山道に出る。

本間ノ頭からは、北にのびる尾根を下山する。入渓した本間橋付近をめざす道だ。しっかりとした踏み跡こそついているが、途中、右にのびる支尾根に入らぬよう、気をつけて下ろう。

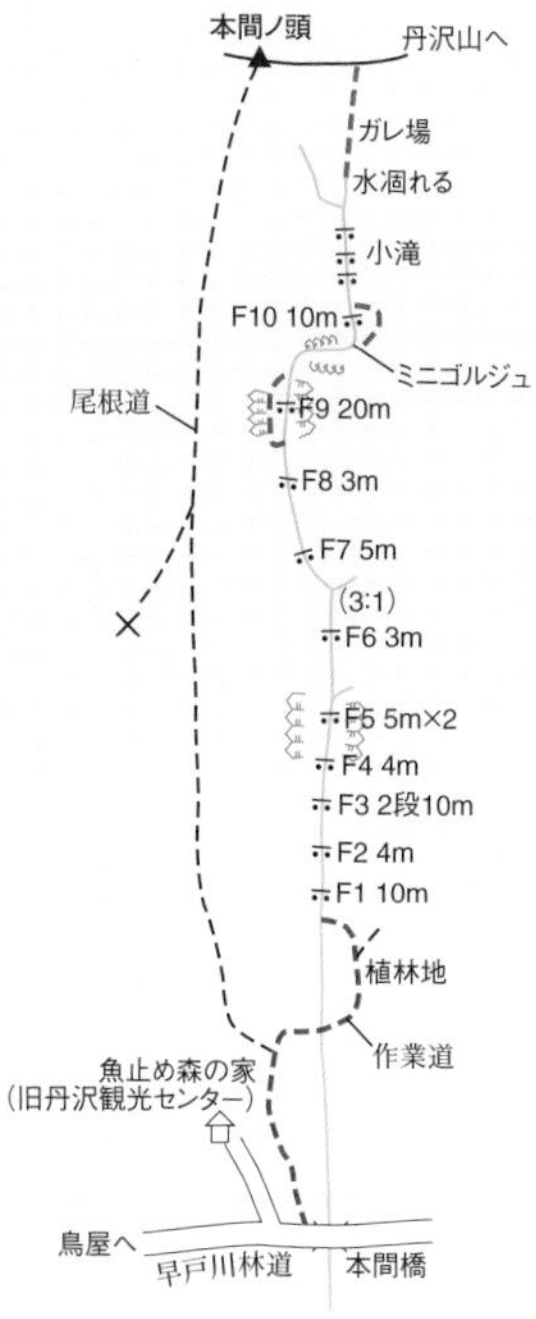

F7の上部の岩は格好の休憩場所

爽快な流れが続く本間沢。足を濡らして登ってゆく

参考コースタイム

本間橋（10分）入渓点（1時間20分）F7（1時間30分）本間ノ頭（1時間30分）本間橋

プランニング&アドバイス

台風でアプローチの早戸川林道が崩壊した状態だ。なんとか徒歩でも進めるが、コンクリート壁の上をガードレールにつかまってへつるような場所もあり、油断ならない。車は松茸山登山口付近に駐車して歩くことになるが、事前に交通事情を確認しておく。歩きやすい沢だが、F8とF9付近は慎重に進むこと。なお、沢の状態は台風前なので、変化していることも考えられる。

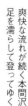

沢登りコース

葛葉川本谷

二ノ塔尾根と三ノ塔尾根間に流れる、瀟洒な沢が葛葉川本谷だ。丹沢沢登りの第一歩を楽しむのにお似合いの小滝が多くかかる流れである。

Map 1-1A

Map 2-4A

葛葉《くずは》川本《ほん》谷は、二《に》ノ塔《とう》と三《さん》ノ塔《とう》のあいだから流れ出る水を集めて流れる。手ごろな滝が連続する、愛らしい流れである。小難しい滝はほとんどなく、初心者が沢登りデビューの場として楽しんでもらえる沢である。それゆえ、いつでも遡行者のいる、人気のある沢になっている。ただし公共交通機関利用の場合は、登山口が少しわかりにくい。菩提原《ぼだいはら》バス停から野外活動センターの看板を頼りに歩くとよい。

さて、トイレもある**葛葉の泉**前が、入渓点となる。いったん右岸に回りこんでから、明るい小川といった雰囲気の小さな谷にまず踏みこんでゆく。

沢はすぐに小ゴルジュとなる。流れに続く3連滝はこの谷のＦ１といったところ。ここは右側から高巻いてもよいが、ホールド（手がかり）もしっかりとあるので流れを抜けるのもよいだろう。

ゴルジュを抜けると、やがて直角に左向きに曲がる横向《よこむ》きの滝（６ｍ）に出る。ホールドの豊かな左側の壁を登るが、ここも流れに濡れながら抜けてもいい。

その先で板立《いたたて》の滝（７ｍ）が現われる。右側から高巻きで抜けるが、慣れた人なら岩壁を直登できる。ただし上部のホールドは多くない。さらに２段の曲がり滝（Ｆ６）を越えると、頭上を**表丹沢**《おもてたんざわ》**林道**の

コースグレード｜**1級**

参考時間｜4時間25分

入渓からしばらくして現われる3連滝

富士形の滝は名前どおり岩が富士山の形だ

大平橋《おおだいら》が横切っている。エスケープにも途中入渓にも使える道である。

渓相は穏やかなまま、谷は比較的まっすぐ山懐にのびてゆく。815m付近では富《ふ》士形《じがた》の滝が現われる。その名の通り、正面から眺めると富士山型をした滝だ。ここは左からバンド（岩壁を横断するように続く棚）づたいに登るのが楽だが、右からも、また、流れをたどっても登れる。

まもなく左に大岩があり、右から枝沢が2本入りこむ。本流は左側で、すでに細い流れは3段・20mの滝となる。ここは目印となるケルンがあり、その右側の乾いた岩を登っていく。やがて流れも消え、この付近で左手の尾根に取り付く。目印となるボロ靴がぶら下がっている。

植林をつめて上がると、そこは三ノ塔尾根である。尾根を登ればすぐに**三ノ塔**だ。わずかに戻って登山道を**二ノ塔**へ。二ノ塔からは二ノ塔尾根を下る。途中、以前のハングライダーの出発点はカヤトとなり、みごとな展望が楽しめる。そのまま下り、**葛葉の泉**に戻る。

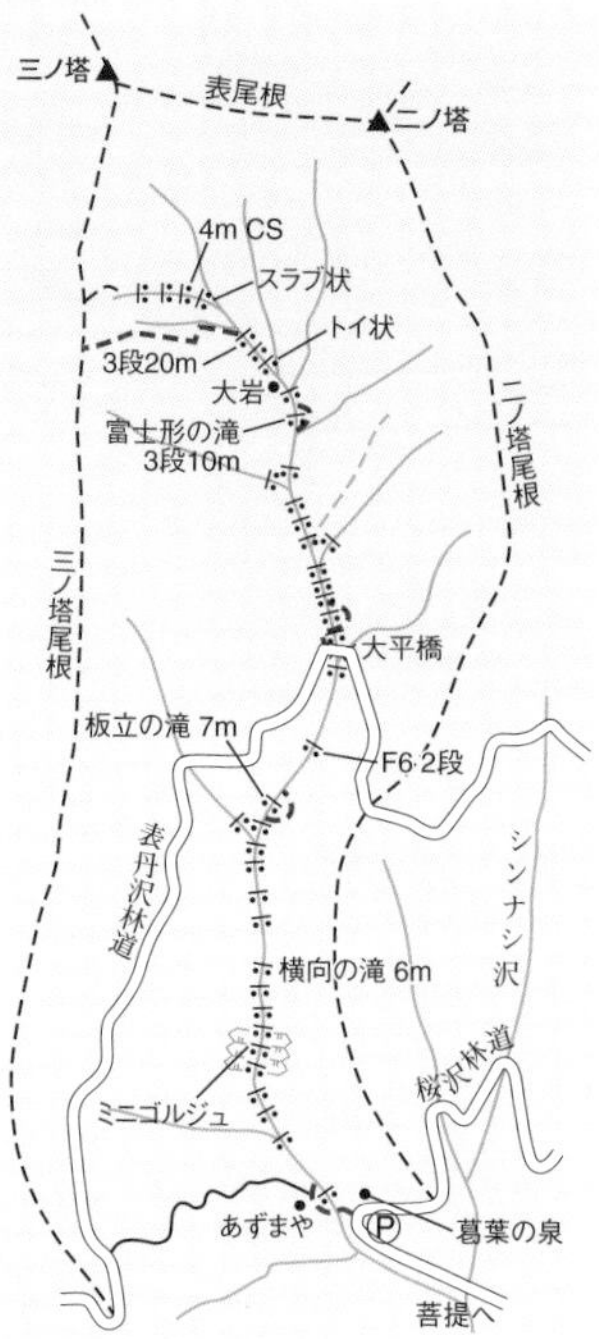

上流の3段・20m滝にあるケルン状の目印

横向きの滝。左側からバランスよく登れるが、水流を歩いても心地よい

参考コースタイム

葛葉の泉（1時間10分）表丹沢林道（1時間30分）三ノ塔（15分）二ノ塔（1時間30分）葛葉の泉

プランニング&アドバイス

初心者向けの沢である。とはいえ、決して一般登山道ではないだけに、初心者だけでの計画を立てず、装備もしっかり用意したうえでまずは経験者と入渓すること。下山コースの二ノ塔尾根は上部の展望が抜群なので、そこも味わってから下ることにしたい。菩提原バス停へは小田急線の秦野駅、渋沢駅からともにバスが運行されている。

丹沢へのアクセス

↑登山口への神奈中バスが発着する小田急線本厚木駅　↓駐車の際は現地の指示にしたがうこと(寄)

公共交通機関利用

大山や仏果山、日向山など東丹沢の山へは、本厚木駅、伊勢原駅から神奈中東、西バスを利用。弘法山は鶴巻温泉駅や秦野駅から直接歩くことができる（いずれも小田急小田原線）。南山など宮ヶ瀬湖北岸の山へは、JR横浜線・相模線、京王相模原線橋本駅から神奈中西バスを利用する。

塔ノ岳や丹沢山、蛭ヶ岳など表丹沢の山へは、秦野駅か渋沢駅（ともに小田急小田原線）から神奈中西バスで向かう。檜岳やシダンゴ山、高松山、大野山といった表丹沢西部の山へは、小田急小田原線新松田駅から富士急湘南バスを利用する。

檜洞丸や大室山など西丹沢の山へは、新松田駅から富士急湘南バスでアクセスする（西丹沢行きバスはJR御殿場線山北駅や谷峨駅を経由する）。

黍殻山や大室山など裏丹沢の山へは、相模原市三ヶ木（三ヶ木へは先述の橋本駅から神奈中西バスを利用）から神奈中西バスを利用する。菰釣山や鳥ノ胸山などがある道志村内には、富士急行線都留市駅、または三ヶ木からのバス終点・月夜野から富士急バスが運行している。ただしこのエリアはバスの便数が少なく、都留市駅かJR中央本線藤野駅からタクシー利用も考慮する必要がある。

不老山や三国山など丹沢最西部の山へはJR御殿場線駿河小山駅、御殿場駅から富士急行バスを利用する。御殿場駅へは新宿からの特急ふじさん号が運行（一部の便は駿河小山駅に停車）。山伏峠など丹沢最西部の山梨県側へは富士急行線富士山駅から富士急バスを利用するが、本数が少ない。

なお、主要駅からの主な登山口へは、P164「丹沢の登山口ガイド」を参照のこと。

アクセス図 凡例

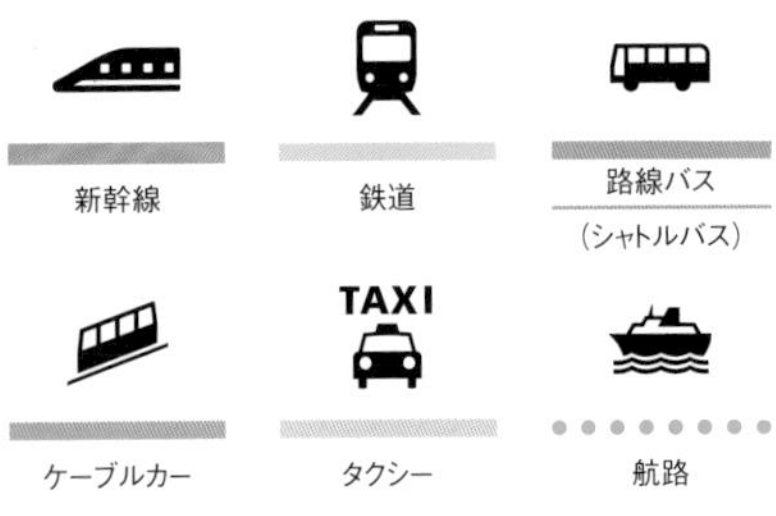

マイカー利用

東丹沢や前衛の山へは、東名高速か首都圏中央連絡自動車道（以下「圏央道」）を利用する。愛川ふれあいの村へは東名高速厚木ICから国道246・412号で、広沢寺温泉、宮ヶ瀬ダムへは厚木ICから県道利用で向かう（宮ヶ瀬ダムへは圏央道相模原ICからもアクセス可）。大山へは新東名高速伊勢原大山IC（2020年3月開業予定）から国道246号・県道611号などでアクセスする。

表丹沢と西丹沢の山へも東名高速を利用する。表丹沢は、蓑毛やヤビツ峠へは秦野中井ICから県道71・70号、大倉へは秦野中井ICから県道71・62・706号など、寄へは大井松田ICから国道246号、県道710号でアクセスする。西丹沢は、西丹沢ビジターセンターをはじめいずれの登山口も大井松田ICから国道246号、県道76号で向かう。なお、表丹沢の山麓では新東名高速の建設が進んでおり、数年後には登山口へのアクセスが変わる可能性が高い。

裏丹沢へは圏央道か中央自動車道を利用する。東部の西野々へは圏央道相模原ICから県道510号、国道412・413号など、西部の東野や神ノ川、道志村の山へは、中央道相模湖ICから国道20号、県道76号、国道413号でアクセスする。

丹沢最西部の山へは東名高速か東富士五湖道路を利用する。明神峠へは東名高速大井松田ICから国道246号、篭坂峠へは同御殿場ICから国道138号でアクセスする。山梨県側の山伏峠へは、東富士五湖道路山中湖ICから国道138・413号で向かう。

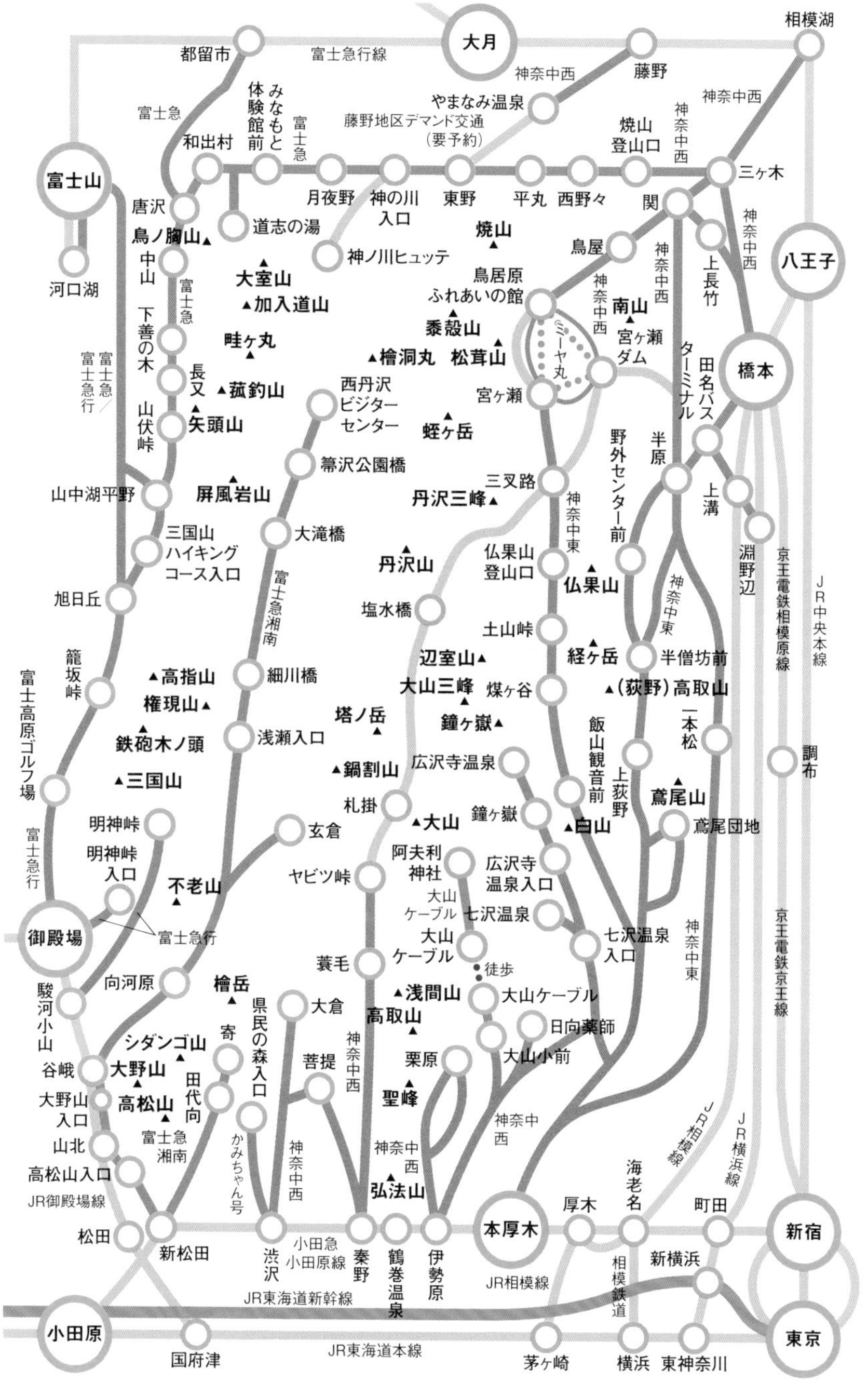
大月
都留市
富士急行線
藤野
相模湖
神奈中西
やまなみ温泉
富士急
みなもと体験館前
富士急
藤野地区デマンド交通
（要予約）
焼山登山口
神奈中西
神奈中西
和出村
富士山
月夜野
神の川入口
東野
平丸
西野々
三ヶ木
唐沢
道志の湯
関
焼山
鳥ノ胸山
神ノ川ヒュッテ
鳥屋
神奈中西
神奈中西
河口湖
中山
富士急
大室山
加入道山
鳥居原ふれあいの館
神奈中西
南山
上長竹
八王子
下善の木
畦ヶ丸
黍殻山
宮ヶ瀬ダム
ミーヤ丸
富士急行
富士急
檜洞丸
松茸山
長又
菰釣山
西丹沢ビジターセンター
宮ヶ瀬
ターミナル
田名バス
橋本
山伏峠
矢頭山
蛭ヶ岳
野外センター前
半原
幕沢公園橋
三叉路
山中湖平野
屏風岩山
丹沢三峰
神奈中東
上溝
三国山ハイキングコース入口
大滝橋
淵野辺
丹沢山
仏果山登山口
仏果山
神奈中東
京王電鉄相模原線
JR中央本線
旭日丘
富士急湘南
塩水橋
土山峠
籠坂峠
経ヶ岳
半僧坊前
富士高原ゴルフ場
高指山
細川橋
辺室山
大山三峰
煤ヶ谷
（荻野）高取山
権現山
塔ノ岳
鐘ヶ嶽
一本松
鉄砲木ノ頭
浅瀬入口
飯山観音前
広沢寺温泉
鍋割山
調布
三国山
上荻野
鳶尾山
札掛
大山
鐘ヶ嶽
明神峠
白山
鳶尾団地
富士急行
玄倉
明神峠入口
阿夫利神社
広沢寺温泉入口
ヤビツ峠
不老山
大山ケーブル
七沢温泉
御殿場
富士急行
七沢温泉入口
神奈中東
大山ケーブル
徒歩
蓑毛
京王電鉄京王線
向河原
檜岳
浅間山
大山ケーブル
駿河小山
大倉
県民の森入口
高取山
日向薬師
シダンゴ山
寄
神奈中西
大山小前
谷峨
大野山
菩提
栗原
田代向
大野山入口
高松山
聖峰
富士急湘南
かみちゃん号
神奈中西
神奈中西
山北
神奈中西
JR相模線
JR横浜線
高松山入口
海老名
弘法山
JR御殿場線
厚木
町田
松田
新松田
渋沢
小田急小田原線
秦野
鶴巻温泉
伊勢原
本厚木
新宿
新横浜
JR相模線
相模鉄道
JR東海道新幹線
小田原
東京
国府津
JR東海道本線
茅ヶ崎
横浜
東神奈川

東京都
八王子市
和田峠
八王子霊園
西八王子駅
豊田駅
高幡不動駅
府中市
日野市
聖蹟桜ヶ丘駅
多摩動物公園駅
855
陣馬山
(陣場山)
景信山
727
相模湖東IC
八王子JCT
八王子駅
中央本線
京王高尾線
高尾駅
めじろ台駅
中央自動車道
小仏峠
高尾山口駅
八王子みなみ野駅
片倉駅
北野駅
京王相模原線
多摩市
永山駅
小田急多摩線
相模湖IC
高尾山駅
599
高尾山
清滝駅
高尾山IC
相模湖駅
横浜線
相原駅
南大沢駅
多摩センター駅
唐木田駅
藤野駅
橋本駅
相模原IC
南橋本駅
相模原駅
矢部駅
淵野辺駅
町田市
玉川学園前駅
石老山
702
藤野
やまなみ温泉
道志川
城山ダム
327
小倉山
圏央道
中央区
上溝駅
古淵駅
南区
町田駅
いやしの湯
南山
544
相模原市
緑区
焼山
1060
宮ヶ瀬ダム
愛川町
番田駅
相模線
原当麻駅
相模大野駅
東林間駅
小田急相模原駅
中央林間駅
黍殻山
1273
松茸山
571
705
高取山
747
塩川滝
中津川
相模原愛川IC
下溝駅
小田原線
袖平山
1432
487
春ノ木山
仏果山
経ヶ岳
633
鳶尾山
234
座間市
大和市
つきみ野駅
高畑山
766
丹沢三峰
本間ノ頭
1345
(荻野)高取山
522
辺室山
653
相武台下駅
入谷駅
さがみ野駅
鶴間駅
蛭ヶ岳
1673
1360
円山木ノ頭
道の駅清川
清川村
圏央厚木IC
丹沢山
1567
1460
臼ヶ岳
白山
284
三峰山
935
座間駅
相模鉄道
海老名駅
大和駅
塔ノ岳
1491
鐘ヶ嶽
561
厚木市
厚木駅
海老名JCT
綾瀬市
東名高速道路
雨山峠
鍋割山
1272
広沢寺温泉
玉翠楼
伊勢原JCT
高松山
146
大山
日向山
404
三ノ塔
1205
ヤビツ峠
1252
クアハウス山小屋
大山ケーブル
本厚木駅
海老名IC
海老名市
小田急江ノ島線
檜岳
167
櫟山
908
厚木IC
神奈川県
680
伊勢原大山IC
(2020年3月開業予定)
愛甲石田駅
社家駅
長後駅
シダンゴ山
758
秦野市
浅間山
伊勢原市
海老名南JCT
門沢橋駅
東海道新幹線
湘南台駅
380
聖峰
556
伊勢原駅
厚木南IC
倉見駅
寒川北IC
宮山駅
高取山
名水はだの富士見の湯
鶴巻温泉
弘法の里湯
伊勢原IC
松田町
渋沢駅
秦野駅
235
弘法山
平塚IC
寒川町
藤沢市
小田急小田原線
鶴巻温泉駅
鈴川
渋田川
寒川駅
香川駅
松田駅
秦野中井IC
寒川南IC
茅ヶ崎中央IC
茅ヶ崎JCT
藤沢IC
大井松田IC
平塚市
北茅ヶ崎駅
茅ヶ崎西IC
開成町
新松田駅
相模金子駅
鷹取山
219
上大井駅
御殿場線
中井町
大磯IC
茅ヶ崎駅
茅ヶ崎市
栢山駅
平塚駅
大磯駅
平島
二宮町
大磯町
茅ヶ崎海岸IC
下曽我駅
姥島
伊豆箱根鉄道大雄山線
東海道本線
二宮駅
西湘バイパス
小田原東IC
国府津駅
鴨宮駅
N
0
1
5km
1:230,000
相模湾
小田原駅
小田原市
小田原西IC

丹沢周辺図

甲州市
大月市
上野原市
笛吹市
富士河口湖町
西桂町
山梨県
都留市
富士吉田市
忍野村
道志村
山中湖村
山北町
小山町
静岡県
御殿場市
裾野市
富士市
南足柄市
箱根町
甲斐大和駅
道の駅甲斐大和
新笹子トンネル
笹子トンネル
甲州街道
笹子峠
笹子駅
中央自動車道
中央本線
滝子山
1590
大月JCT
大月IC
大月駅
百蔵山
1003
扇山
1138
権現山
1312
葛野川
猿橋
猿橋駅
鳥沢駅
梁川駅
四方津駅
高柄山
733
大地峠
清八峠
鶴ヶ鳥屋山
1374
初狩駅
976
高川山
道の駅つる
九鬼山
970
禾生駅
リニア実験線
高畑山
982
倉岳山
990
二十六夜山
972
都留IC
御坂山
1591
新御坂トンネル
都留市駅
谷村町駅
三ッ峠山
1785
三つ峠駅
赤鞍ヶ岳
1299
1048
鳥井立
厳道峠
東桂駅
十日市場駅
田原ノ滝
桂川
菜畑山
1283
道坂トンネル
霜山
1302
新倉河口湖トンネル
河口湖駅
河口湖IC
寿駅
富士急行
富士吉田西桂スマートIC
道志温泉
道志の湯
加入道山
1418
鐘撞山
900
大室山
1587
道の駅どうし
鳥ノ胸山
1208
犬越路
下吉田駅
富士山駅
富士吉田IC
富士急ハイランド駅
杓子山
1598
御正体山
1681
畦ヶ丸
1292
檜洞丸
矢頭山
城ヶ尾峠
同角ノ頭
道の駅富士吉田
1379
菰釣山
屏風岩山
1051
石棚山
道志川
山伏峠
1351
石割山
1412
中川温泉
ぶなの湯
旧鎌倉往還
東富士五湖道路
山中湖IC
権現山
1018
大出山
834
丹沢湖
伊勢沢ノ頭
北富士演習場
山中湖
鉄砲木ノ頭
1291
三国峠
世附川
世附峠
大又沢
三国山
1328
湯船山
1041
三保ダム
籠坂峠
大洞山
1383
明神峠
928
不老山
大野山
723
高松山
801
籠坂トンネル
須走温泉
天恵
富士スピードウェイ
道の駅山北
駿河小山駅
谷峨駅
小富士
新東名高速道路(建設中)
道の駅すばしり
須走IC
御殿場線
山北駅
2693
宝永山
道の駅ふじおやま
東名高速道路
足柄駅
足柄峠
矢倉岳
870
1371
赤塚
足柄スマートIC
(足柄SA)
東臼塚
1454
御殿場駅
鐘子山
1306
東富士演習場
南富士エバーグリーンライン
御殿場IC
乙女峠
金時山
1212
明神ヶ岳
1169
南御殿場駅
長尾峠
御殿場JCT
箱根登山鉄道
強羅駅
明星ヶ岳
924
黒岳
1086
富士岡駅
台ヶ岳
1044
859
小塚山
駒門風穴
新東名高速道路
箱根スカイライン

飯山観音《いいやまかんのん》・煤ヶ谷《すすがや》・宮ヶ瀬《みやがせ》ほか

Map 2·3

標高約60m（飯山観音前バス停） 標高約295m（仏果山登山口バス停）
白山、経ヶ岳、仏果山、辺室山、丹沢三峰、春ノ木丸方面

小田急線本厚木駅発の宮ヶ瀬系統のバス路線沿いに登山口が点在する。白山へは飯山観音前、大山三峰や辺室山へは煤ヶ谷、経ヶ岳や辺室山へは土山峠、仏果山へは仏果山登山口、丹沢三峰や丹沢山へは三叉路、春ノ木丸へは宮ヶ瀬の各バス停を利用する。バスは1時間に1本程度だが、飯山観音前へは30分ごとの運行。

公共交通

小田急線 本厚木駅 → 神奈中東バス

所要時間	運賃	神奈中東バス	行き先
23分	350円	飯山観音前	上飯山、上煤ヶ谷、宮ヶ瀬行き
35分	500円	煤ヶ谷	上煤ヶ谷、宮ヶ瀬行き
44分	570円	土山峠	宮ヶ瀬行き
46分	610円	仏果山登山口	宮ヶ瀬行き
49分	660円	三叉路	宮ヶ瀬行き
55分	690円	宮ヶ瀬	宮ヶ瀬行き

マイカー

東名高速 厚木IC

目的地	距離	経由
飯山観音 Ⓟ	約11km	129・412・60ほか
大棚沢広場 Ⓟ	約18km	129・603・63・64ほか
宮ヶ瀬 Ⓟ	約22km	129・603・63・64ほか

上／飯山観音の無料駐車場。トイレもある。利用時間は8～17時
下／仏果山登山口バス停。写真の左奥が登山口。近くに駐車場が設けられた大棚沢広場がある

●マイカーの場合、飯山観音（約50台）や仏果山登山口バス停そばの大棚沢広場（約15台）、宮ヶ瀬に駐車場（500台以上）がある。宮ヶ瀬の駐車場は平日は無料だが、土曜・休日は有料となるので注意（飯山観音や大棚沢広場は無料）。いずれの駐車場も夜間は閉鎖されるので、下山時間には気をつけること

ります。登山計画時には、自治体や交通機関、各施設のホームページなどで最新情報をご確認ください。

鳶尾山《とびおさん》ハイキングコース入口《いりぐち》 標高約95m　鳶尾山方面

Map 9-4B

鳶尾山の厚木市側の登山口。最寄りは神奈中東バスの鳶尾団地バス停となる。バスの本数は多いが、より本数の多い国道412号沿いの鳶尾山前バス停も利用できる（ハイキングコース入口へ徒歩10分）。

公共交通
小田急線 **本厚木駅**
↓ 神奈中東バス 約20分 350円
鳶尾団地

マイカー
東名高速 **厚木IC**
↓ 約11km 129 412 ほか
鳶尾団地 Ⓟ

●マイカーの場合は、ハイキングコース入口の右手にコインパーキング（5台収容・1日300円）に駐車し、コース中のやなみ峠からまつかげ台バス停に下って神奈中東バスで鳶尾団地バス停に戻るとよい

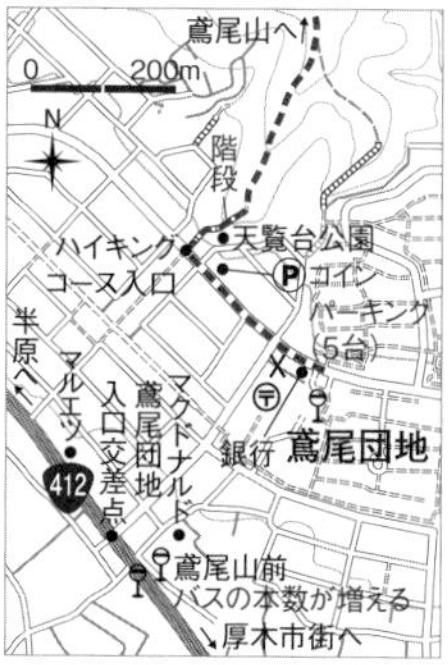

八菅山《はすげさん》いこいの森入口《もりいりぐち》 標高約60m 八菅山方面

Map 9-2B

八菅山（八菅神社）の起点となるのが八菅山いこいの森入口。バス利用の場合は神奈中東バスの一本松バス停が起点となる。

公共交通
※厚木バスセンター
↓ 神奈中東バス 31分 430円
一本松
↓ 約20分
八菅山いこいの森入口 Ⓟ

マイカー
圏央道 **圏央厚木IC**
↓ 約7km 129 65 ほか
八菅山いこいの森入口 Ⓟ

※厚木バスセンター＝小田急線本厚木駅から徒歩5分

●駐車場は八菅橋向かいのいこいの森入口と八菅神社社務所脇、いこいの森あおぞら館のそばにある

→いこいの森入口にある駐車場（5台）と愛川町循環バスのいこいの森入口バス停。トイレが隣接する

日向薬師《ひなたやくし》 標高約150m　大山、日向山方面

Map 2-4D

日向薬師への参拝や大山からの下山路のひとつとして利用されることが多いバス停。マイカーの場合は、バス停そばに約10台、日向薬師本堂の裏手に約30台分の駐車場（いずれも無料）がある。

公共交通
小田急線 **伊勢原駅**
↓ 神奈中西バス 19分 290円
日向薬師

マイカー
新東名高速 **伊勢原大山IC※**
↓ 約4km 603 ほか
日向薬師 Ⓟ

※伊勢原大山ICは2020年3月開業予定

●伊勢原駅からの神奈中西バスは1時間に1〜2本の運行。人数が合えばタクシーを利用してもよい

→日向薬師バス停。右奥に駐車場とトイレ、車道に面して売店がある

※交通機関や道路、駐車場、宿泊施設などの情報は、2020年1月時点のものです。発行後に改定・変更になることがあ

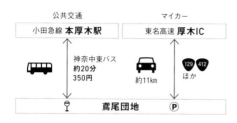

七沢温泉《ななさわおんせん》・広沢寺温泉《こうたくじおんせん》

Map 2-3D

標高約100m（七沢温泉）　標高約125m（広沢寺温泉）
白山、日向山、大山、大山三峰、鐘ヶ嶽方面

七沢温泉は、見城山や日向山への登山口。また、鐘ヶ嶽や大山、大山三峰の登山口にあたるのが広沢寺温泉。ともに厚木からのバス便があるが、平日は2便、土曜・休日は4便なので、手前の七沢温泉入口や広沢寺温泉入口で下車するほうがよい。マイカーの場合は広沢寺温泉のハイカー専用駐車場（広沢寺駐車場）を利用する。

←広沢寺駐車場。約50台が駐車できるほか、トイレや登山届箱、水道、ヒルよけ剤などが用意されている。日が暮れると閉鎖されるので注意

→県道64号上にある広沢寺温泉入口バス停。鐘ヶ嶽や白山などへの登山拠点となる。食料や水などはすぐ近くのコンビニで調達できる

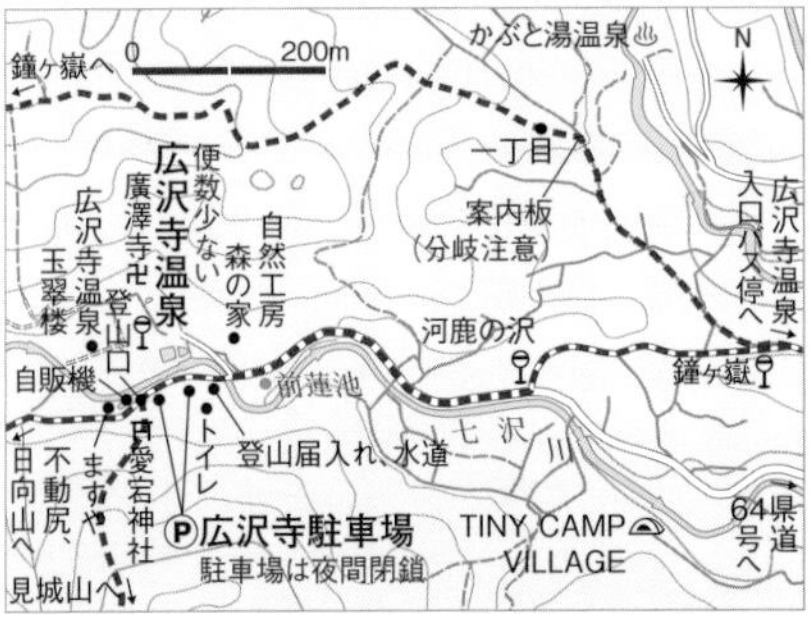

●七沢温泉入口や広沢寺温泉入口を経由する七沢行きのバスは、厚木バスセンターや小田急線伊勢原駅から発車している。厚木バスセンター発は20〜30分ごと、伊勢原駅発は40分〜1時間半ごとの運行。七沢温泉入口〜七沢温泉間、広沢寺温泉入口〜広沢寺温泉間はいずれも徒歩15分

公共交通

発	所要時間	運賃	神奈中東バス	行き先
※厚木バスセンター	30分	370円	広沢寺温泉入口	七沢行き
	30分	370円	七沢温泉	広沢寺温泉行き
	40分	390円	広沢寺温泉	広沢寺温泉行き

※厚木バスセンター＝小田急線本厚木駅から徒歩5分

発	所要時間	運賃	神奈中西バス	行き先
小田急線伊勢原駅	22分	310円	広沢寺温泉入口	七沢行き

マイカー

東名高速 **厚木IC**

- 約8km（129・603・63・64ほか）→ **七沢森林公園 Ⓟ**
- 約10km（129・603・63・64ほか）→ **広沢寺駐車場 Ⓟ**

蓑毛《みのげ》・ヤビツ峠《とうげ》

Map 1・2

標高約320m（蓑毛バス停）　標高761m（ヤビツ峠）
浅間山、大山、岳ノ台、表尾根方面

蓑毛は、浅間山や大山への登山口。蓑毛から県道70号を約7.5km進んだヤビツ峠は大山と表尾根の拠点で、秦野駅からバスが運行。三ノ塔や新大日への登山口・札掛へは、さらに県道70号を約7.5km進む。

公共交通

発	所要時間	運賃	神奈中西バス	行き先
小田急線秦野駅	22分	280円	蓑毛	蓑毛、ヤビツ峠行き
	48分	490円	ヤビツ峠	ヤビツ峠行き

マイカー

東名高速 **秦野中井IC**

- 約15km（71・70ほか）→ **ヤビツ峠 Ⓟ**

●秦野駅から蓑毛へのバスは30分ごとの運行。ヤビツ峠へのバスは土曜が1日6〜7便、休日は5〜8便だが、平日は2便のみなので、平日はタクシー利用も考慮したい（約40分、約5000円）。マイカーの場合はヤビツ峠と札掛に無料の駐車場がある

栗原《くりはら》 標高約80m（栗原バス停） 高取山、聖峰方面

Map 1-1D

栗原は丹沢前衛の山のひとつ高取山と、さらにその前衛となる聖峰への登山口となる。伊勢原駅からのバスは自由乗降できるので、栗原バス停約600m手前の保国寺で下車すれば時間が短縮できる（下車する際はボタンを押して合図する）。

公共交通

伊勢原駅（小田急線） → 栗原行き
所要時間｜運賃｜神奈中西バス
約20分｜270円｜※保国寺
18～22分｜270円｜栗原
※保国寺は自由乗降区間

マイカー

小田原厚木道路 **厚木西IC**
↕ 約9km　63 604 246 612 ほか
いせはら塔の山緑地公園 Ⓟ

●バスは便数が少なく、特に休日の午後の栗原発は17時と18時発のみ。マイカーの場合は、栗原バス停南西にある県立いせはら塔の山緑地公園の無料駐車場を利用する。駐車場から保国寺へは徒歩10分ほど

菩提《ぼだい》 標高約195m（菩提バス停） 二ノ塔、葛葉川本谷方面

Map 1-2A

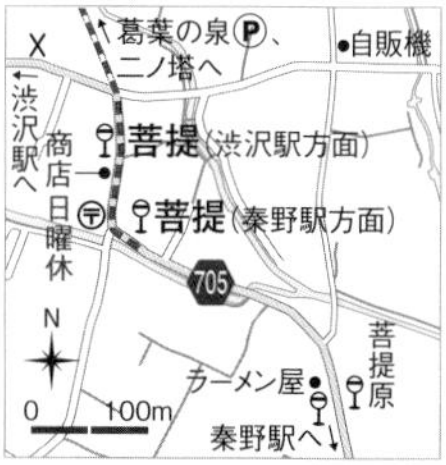

秦野市街北西の菩提地区は、表尾根のピークのひとつ二ノ塔への登山拠点。小田急線秦野駅から神奈中西バスが運行しており、便数も多い。マイカーは標高430m地点の葛葉の泉まで入ることができる。

公共交通

小田急線 **秦野駅**
↕ 神奈中西バス 14分 250円
菩提

マイカー

東名高速 **秦野中井IC**
↕ 約9km　71 705 ほか
葛葉の泉 Ⓟ

●葛葉の泉へは、秦野駅からタクシーでも入ることができる（約20分、約3500円）。菩提バス停から葛葉の泉へは徒歩約1時間

→名水百選の葛葉の泉。向かいに約20台分の駐車場とトイレがある

表丹沢県民《おもてたんざわけんみん》の森《もり》 標高約455m（県民の森駐車場） 欅山、鍋割山方面

Map 4-1D

欅山や栗ノ木洞、二俣への入口となる。林道の先にあるため、タクシーやマイカーでアクセスするのが一般的。乗合タクシー「かみちゃん号」利用の場合、最寄りの県民の森入口バス停から徒歩約50分。

公共交通

小田急線 **渋沢駅**
↕ TAXI かみちゃん号 15分 300円
県民の森入口

マイカー

東名高速 **秦野中井IC**
↕ 約12km　71 62 三廻部林道 ほか
表丹沢県民の森 Ⓟ

●駐車場は路肩を含め約15台駐車可。「かみちゃん号」は1日4～5便で、土曜と休日は運休。渋沢駅からタクシー利用の場合は直接表丹沢県民の森駐車場へアクセスできる（約20分、約3000円）

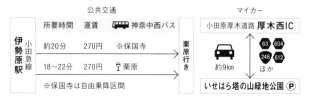

関《せき》・鳥屋《とや》・鳥居原《とりいはら》ふれあいの館《いえ》

Map 3

標高約225m（関バス停）　標高約320m（鳥居原ふれあいの館）　南山、松茸山、黍殻山方面

関と鳥居原ふれあいの館は南山への入下山口。鳥屋は松茸山や大平（黍殻山）への入口。鳥居原から宮ヶ瀬地区（P164参照）などへはシャトルバスや遊覧船のミーヤ丸（運行日注意）で移動する。

マイカー

東名高速 **厚木IC**
↕ 約24km　129 603 63 64 ほか
鳥居原ふれあいの館 Ⓟ

公共交通

JR横浜線・京王線 **橋本駅**	所要時間	運賃	神奈中西バス	
	28～35分	470円	関	三ヶ木、※鳥居原行き
	46分	580円	鳥屋	※鳥居原行き
	49分	590円	※鳥居原	※鳥居原行き

※鳥居原＝鳥居原ふれあいの館

●マイカーは圏央道相模原ICからもアクセスできる。鳥居原ふれあいの館に駐車場があり、南山に登る場合はここに駐車して登山後に関からバスで鳥居原に戻る。また、松茸山の南麓（早戸川口）に約5台分の駐車スペースがあるので、周回登山の際に便利だ。

↓鳥居原ふれあいの館バス停。隣接する駐車場は9～17時の開設

半僧坊前《はんそうぼうまえ》・愛川《あいかわ》ふれあいの村《むら》ほか

Map 3

標高約110m（半僧坊前バス停）　標高約175m（野外センター前バス停）
仏果山、経ヶ岳、荻野高取山方面

仏果山や経ヶ岳などへの厚木や愛川側の各登山口で、バスの本数も多い。宮ヶ瀬ダムサイトから宮ヶ瀬地区（P164参照）などへは、宮ヶ瀬湖を一周するシャトルバスや遊覧船のミーヤ丸で移動できる（運行日注意）。

マイカー

東名高速 **厚木IC**
↕ 約18km　129 412 ほか
愛川ふれあいの村 Ⓟ

↓愛川ふれあいの村駐車場。第1と第2があり、登山道は第2のほうが近い。利用時間は6～22時。利用の際はふれあいの村の管理棟にひと声かけていくこと

公共交通

小田急線 **本厚木駅**	所要時間	運賃	神奈中東バス	
	28分	440円	上荻野	半原行き ほか
	27分	490円	半僧坊前	半原行き
	37分	580円	野外センター前	半原行き

●マイカーは圏央道の各ICからもアクセスできる。駐車場は愛川ふれあいの村や田代運動公園前の中津川河川敷（半僧坊前バス停へ徒歩10分）、県立あいかわ公園、宮ヶ瀬ダムサイトにある

大倉《おおくら》 標高約290m　表尾根、大倉尾根、鍋割山、水無川本谷方面

Map 1-1A

丹沢の表玄関にあたる登山口が大倉。水無川をはさんで県立秦野戸川公園となっていて、秦野ビジターセンターをはじめ、カフェなどさまざまな施設が整備されている。大倉尾根を塔ノ岳に向かう登山者のほか、鍋割山の登山口である二俣や、烏尾尾根をはじめ表尾根へのいくつかの登路の登山口となる。

公共交通　小田急線 **渋沢駅**　↕ 神奈中西バス 15分 210円

マイカー　東名高速 **秦野中井IC**　↕ 約10km　71 62 706

大倉　Ⓟ

↓大倉バス停。小田急線渋沢駅北口から1時間に1～4便のバスが運行されている

↑秦野ビジターセンターでは安全登山のためアドバイスを行っている。9時～16時30分開館、年末年始休

●マイカーの場合、大倉バス停そばに大倉駐車場（約150台）、400m手前に水無川駐車場（77台）、水無川の左岸に諏訪丸駐車場（75台）がある（いずれも平日を除き有料）。利用時間は8～21時のため、早朝から登る場合はバス停の向かいの民間のコインパーキングを利用する

大山《おおやま》ケーブル駅《えき》 標高約315m　大山方面

Map 2-4C

県内随一の人気の山、大山への拠点。伊勢原駅からのバスは1時間に2～5便の運行。土曜・休日は直行便もある。バス終点の大山ケーブルバス停から大山ケーブル駅へはこま参道を15分ほど歩くことになる。大山ケーブルは大山ケーブル駅～阿夫利神社間を6分で結ぶ。

公共交通　小田急線 **伊勢原駅**　↕ 神奈中西バス 25分 320円

マイカー　新東名高速 **伊勢原大山IC※**　↕ 約5km　603 611

大山ケーブル　Ⓟ

↕ 徒歩　約15分

大山ケーブルカー **大山ケーブル駅**

※伊勢原大山ICは2020年3月開業予定

●マイカーは大山ケーブルバス停そばの市営第2駐車場（約40台）、約600m手前の左手に市営第1駐車場（約80台）がある。料金は1日1000円（第1駐車場は1日600円）。ほかに民営のコインパーキングなども多数ある

←大山ケーブル。料金は往復1120円（繁忙期は1270円）。運行時間は9時　～16時30分（土曜・休日は～17時）

中川川《なかがわがわ》沿いの各登山口

Map 4・5

標高約335m（浅瀬入口バス停）　標高約540m（西丹沢ビジターセンター）
檜洞丸、大室山、加入道山、畦ヶ丸、権現山方面

大倉（P169）やヤビツ峠（P166）と並び、丹沢のメイン登山口のひとつが西丹沢の中川川沿いの各登山口。なかでも新松田駅からのバス終点となる西丹沢ビジターセンターには、多くの登山者が集中する。駐車場は丹沢湖と西丹沢ビジターセンターにある。西丹沢ビジターセンターの駐車場は週末は9時ごろには満車になるので注意。

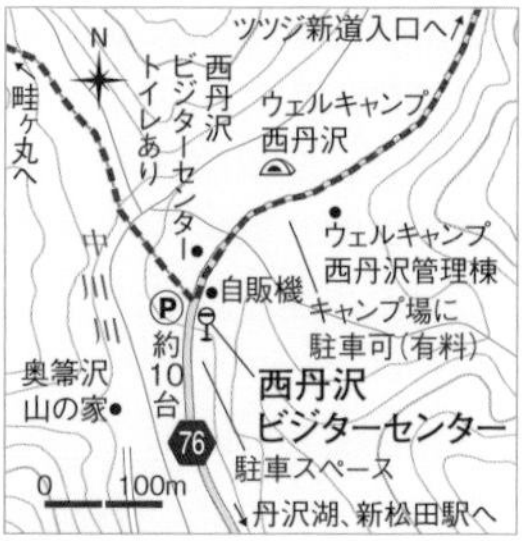

公共交通

小田急線 **新松田駅** → 西丹沢ビジターセンター行き（富士急湘南バス）

所要時間	運賃	富士急湘南バス
51分	910円	浅瀬入口
55分	1000円	細川橋
1時間2分	1130円	大滝橋
1時間8分	1210円	箒沢公園橋
1時間11分	1210円	西丹沢ビジターセンター

マイカー

東名高速 **大井松田IC**
↕ 約18km（255・246・76）**丹沢湖 P**
↕ 約27km（255・246・76）**西丹沢ビジターセンター P**

←西丹沢ビジターセンター脇の駐車場（約10台）。車道向かいに駐車スペースもある。満車時は周辺のキャンプ場の駐車場（有料）を利用

→西丹沢ビジターセンターは8時30分～16時30分（冬期～16時）、月曜（祝日の場合は翌日）、年末年始休。周辺の自然やコース情報が入手できる

●バスはJR御殿場線山北駅や谷峨駅も経由する。便数は曜日や季節により変化するので、バス会社のホームページでダイヤをチェックしておく。中川温泉ぶなの湯（P179参照）の入浴券がセットになった往復切符（2日間有効）が販売されている

神《かん》ノ川《がわ》ヒュッテ

標高約540m　檜洞丸、大室山、鐘撞山、袖平山方面

Map 5-1C

檜洞丸や大室山への相模原（旧津久井町）側からの登山拠点。最寄りのバス停は三ヶ木からの神奈中西バス神の川入口バス停だが2時間近く車道を歩く必要があり、タクシー利用が現実的。

公共交通

JR中央本線 **藤野駅**
↕ TAXI タクシー 約40分 約8000円
神ノ川ヒュッテ P

マイカー

中央道 **相模湖IC**
↕ 約30km（20・76・413）
神ノ川ヒュッテ P

※アクセス路の県道64号は2020年1月現在通行止め

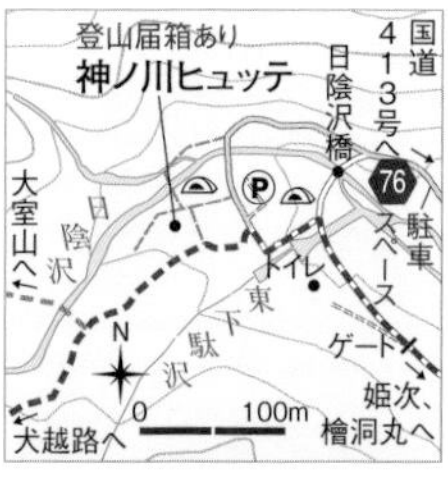

●マイカー利用の場合、神ノ川ヒュッテ前の有料駐車場（1日300円・神ノ川ヒュッテ宿泊者は無料）か、手前にある県道沿いの駐車スペースを利用する

→神ノ川ヒュッテの駐車場。周辺にはテントスペース（有料）もある。トイレは東下駄沢の対岸にある

田代向《たしろむかい》・寄《やどりき》

標高約240m（田代向バス停）　標高約285m（寄バス停）
櫟山、檜岳、シダンゴ山、高松山、松田山方面

Map 4-2D

シダンゴ山や高松山の登山拠点・田代向、檜岳や櫟山、シダンゴ山などの登山拠点となる寄（いずれも松田町）へは、新松田駅からバスでアクセスする。バスは1時間に1本程度の運行で、往復割引もある。

公共交通

新松田駅（小田急線）	所要時間	運賃	富士急湘南バス	
	18～35分	470円	田代向	寄行き
	25～42分	520円	寄	寄行き

マイカー

東名高速 **大井松田IC**
↕ 約10km（255・246・710）
寄 Ⓟ

●マイカーは寄バス停の道路の対面に駐車場がある。利用の際は、バス停横の寄自然休養村管理センター（月曜午後と火曜休）で許可を得る。ほかに田代向に渓流ます釣場そばの有料駐車場、寄からさらに約2.5km先のやどりき大橋に駐車スペースがある

高松山入口《たかまつやまいりぐち》

標高約90m　高松山方面

Map 4-3C

高松山への山北側からの登山口となるのが、富士急湘南バスの高松山入口バス停。バスは季節や曜日によるが、1時間に1本程度。

公共交通

小田急線 **新松田駅**
↕ 富士急湘南バス **10分** **290円**
高松山入口

マイカー

東名高速 **大井松田IC**
↕ 約7km（255・246ほか）
松田町営駐車場 Ⓟ
（JR松田駅入口）
↕ 富士急湘南バス **8分 290円**
高松山入口

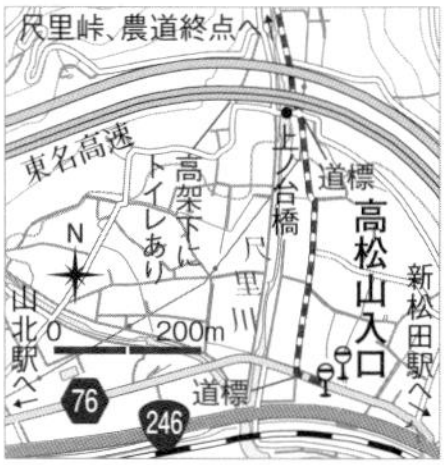

●マイカーの場合はコース中に登山に適した駐車場がなく、JR御殿場線松田駅そばの町営有料駐車場に車を停めてバスで移動する

→県道76号上の高松山入口バス停。写真右手の小道に入っていく

大野山入口《おおのやまいりぐち》

標高約135m　大野山方面

Map 4-3B

西丹沢前衛の大野山へは、往路はJR御殿場線山北駅、復路は同線の谷峨駅を利用する。マイカーの場合は南麓の山北つぶらの公園の駐車場（位置はMap4-3B参照）から周回コースをとるのがおすすめ。

マイカー

東名高速 **大井松田IC**
↕ 約14km（255・246・76・727ほか）
山北つぶらの公園 Ⓟ

公共交通

新松田駅（小田急線）	所要時間	運賃	富士急湘南バス	
	18分	480円	大野山入口	西丹沢ビジターセンター、大野山登山口行き
	25分	490円	大野山登山口	大野山登山口行き

●大野山入口バス停へは、山北駅からの徒歩のほか、新松田駅からバスでアクセスできる。3～7月と9～12月の土曜・休日は、大野山入口バス停から約1.5km先の大野山登山口バス停まで富士急湘南バスが運行（25分、490円）

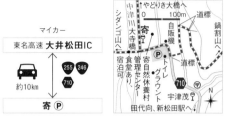

旧津久井《つくい》町の各登山口

Map 3・6

標高約295m（焼山登山口バス停）　標高約500m（釜立林道ゲート）焼山、黍殻山、丹沢山方面

旧津久井町（現相模原市緑区）には、焼山や黍殻山など裏丹沢エリアの各登山口がある。三ヶ木からの神奈中西バスがあるが休日は2便のみ。タクシー利用も考慮したい。東野へは、JR中央本線藤野駅から神奈中西バスでやまなみ温泉に行き、藤野地区デマンド交通（要予約）に乗り換えるほうが便利。

公共交通

JR横浜線・京王線 **橋本駅** → 神奈中西バス 約30〜50分 440〜550円 → **三ヶ木** → 神奈中西バス → **東野、月夜野行き**

所要時間	運賃	神奈中西バス
17分	340円	焼山登山口
19分	340円	西野々
29分	500円	平丸
35分	520円	東野

マイカー（※圏央道相模原ICからもアクセス可）

中央道 **相模湖東出口** ※ → 20・515・517・412・413ほか 約15km → **水沐所橋** Ⓟ

中央道 **相模湖IC** ※ → 20・76ほか 約15km → **釜立林道ゲート** Ⓟ

●主な駐車スペースは、西野々集落上の水沐所橋先（約2台＊）、旧青根小学校（約10台）、青根集落上の釜立林道ゲート手前（約5台＊）　＊＝2020年1月現在通行止め

上／焼山登山口バス停。バス停前の商店ではパンや飲料などが購入できるので、調達し忘れた際にありがたい　下／旧青根小学校脇の駐車場。釜立林道ゲートの駐車場が満車時はここに駐車して歩くことになる

道志《どうし》村の各登山口

Map 6・8

標高約705m（道の駅どうし）標高約675m（加入道山登山口）
大室山、加入道山、鳥ノ胸山、菰釣山、矢頭山方面

山梨県道志村には、大室山や加入道山、鳥ノ胸山、菰釣山などの登山口が点在する。村内を貫く国道413号にバス路線があるが本数が極端に少ないうえ曜日も限定されるので、富士急行線都留市駅からのタクシー利用か、マイカー利用が現実的だ。

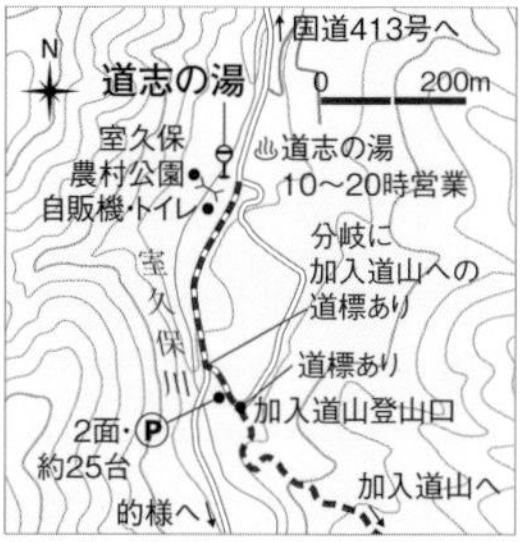

●駐車場は、大室山へは久保集落の久保キャンプ場（☎080-3356-4280、1日1000円）、加入道山へは道志の湯先の加入道山登山口、鳥ノ胸山や菰釣山へは国道413号上の道の駅どうし（一部は17時で閉鎖）を利用する。

マイカー

中央道 **相模湖IC** ※

→ 20・76・413 約25km → **久保キャンプ場** Ⓟ

→ 20・76・413ほか 約33km → **加入道山登山口** Ⓟ

→ 20・76・413 約36km → **道の駅どうし** Ⓟ

※圏央道相模原ICからもアクセス可

明神峠《みょうじんとうげ》　標高約895m　不老山、三国山方面

Map 7-2C

7〜9月を除く4〜12月の土曜・休日には、JR御殿場線駿河小山駅から富士急行のハイキングバスが運行される（ただし往路のみ）。

公共交通
JR御殿場線 ※駿河小山駅
↕ 富士急行バス 25分 560円
明神峠

マイカー
東名高速 大井松田IC
↕ 約17km 255 246 394 ほか
小山公園 Ⓟ（ふじみセンター）
↕ 富士急行バス 24分 560円
明神峠

※駿河小山駅には新宿駅発の「ふじさん号」の一部が停車する

●ハイキングバスは往路のみの運行につき、下山時や運行期間外はタクシーを利用するか、JR御殿場線御殿場駅から富士急行バスで明神峠入口バス停下車、徒歩で明神峠へ（登り1時間10分、下り1時間）。ただしバスは平日のみの運行。マイカーの場合、明神峠に駐車場がないので、駿河小山駅近くの小山公園駐車場に車を停めて、ハイキングバスで明神峠に向かうことになる

山中湖周辺《やまなかこしゅうへん》・山伏峠《やまぶしとうげ》　標高約990m（平野）標高約1090m（山伏峠バス停）大棚ノ頭、鉄砲木ノ頭、三国山方面

Map 7・8

山梨県山中湖村には、三国山や高指山をはじめとする丹沢最西部の山への各登山口がある。山中湖東岸の平野へは、富士急行の富士山駅からのほか、新宿からの高速バスが運行されている。

公共交通

富士山駅（富士急行線）	所要時間	運賃	富士急バス	行き先
	33〜44分	790〜810円	三国山ハイキングコース入口	山中湖平野、道志小学校前行き
	36〜47分	810円	山中湖平野	山中湖平野、道志小学校前行き
	43〜54分	970円	山伏峠	道志小学校前行き

マイカー
東富士五湖道路 山中湖IC
↕ 約8km 138 729
平野 Ⓟ

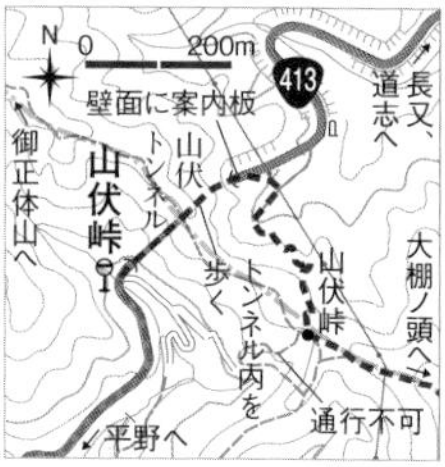

●山伏峠へはバスが少なく、公共交通利用の場合は富士山駅からタクシー利用が現実的。マイカーは平野バス停そばの公共駐車場（約10台）に車を停め登山口まで歩く。平野〜山伏峠は徒歩1時間、平野〜三国山ハイキングコース入口は同15分

須走《すばしり》の各登山口

Map 7

標高約915m（立山登山口）標高約1100m（篭坂峠）立山、大洞山、三国山方面

丹沢最西部の山への、静岡県側からの登山口。JR御殿場線御殿場駅や富士急行富士山駅などから、富士急行バスが日中はほぼ30分間隔で運行されている。

公共交通

御殿場駅（JR御殿場線）	所要時間	運賃	富士急行バス	行き先
	24分	630円	富士高原ゴルフ場	河口湖駅行き
	33分	920円	篭坂峠	河口湖駅行き

※富士急行線富士山駅からも同バスでアクセス可

マイカー
東名高速 御殿場IC
↕ 約11km 138
須走口宮上 Ⓟ

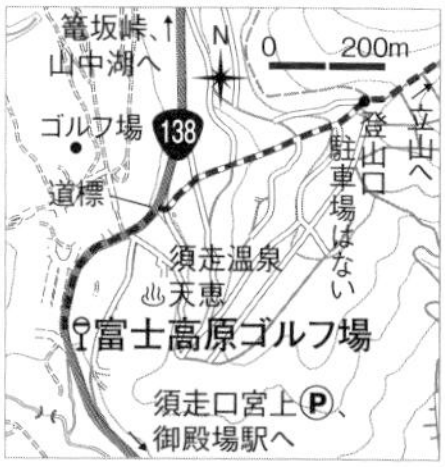

●マイカーの場合、須走口宮上駐車場か篭坂峠にある村営霊園の駐車場を利用する

→須走口宮上駐車場。右隣りの富士浅間神社の駐車場には駐車しないように

丹沢の山小屋ガイド

写真／三宅 岳・吉田祐介

＊山小屋の宿泊は基本的に予約が必要です。
＊掲載の営業期間や宿泊料金などの情報は、本書の発行日時点のものです。発行後に変更になることがあります。予約時に各山小屋・宿泊施設へご確認ください。
＊宿泊料金等の消費税表示（税込み・税別）は、山小屋・宿泊施設によって異なります。予約時に併せてご確認ください。
＊キャンプ指定地の飲料水については各山小屋へお問合せください。指定地以外でのキャンプは禁止されています。

尊仏山荘《そんぶつさんそう》・尊仏小屋《そんぶつごや》

塔ノ岳　Map 2-3A

連絡先 TEL 070-2796-5270

塔ノ岳山頂1491mに建つ。丹沢を代表する小屋のひとつで、その歴史は『丹沢尊仏山荘物語』にまとめられる。豪華な夜景は必見　①〒259-1316神奈川県秦野市沼代新町1-40　花立篤子　②120人　③通年　④7000円　素5000円　⑤なし　⑥あり　⑦予約希望
FAX 0463-88-2673

花立山荘《はなたてさんそう》

大倉尾根　Map 2-3A

連絡先 TEL 0463-82-6192

大倉尾根花立南直下標高1300m。大倉尾根の金冷シ直下にある山小屋。小屋前は広場になっていて、南側の展望がすばらしい　①〒259-1304神奈川県秦野市堀山下1462　高橋貞雄　②40人　③通年土・日曜、祝日営業　④6000円　素3500円　⑤なし　⑥あり　⑦要予約

堀山《ほりやま》の家《いえ》

大倉尾根　Map 2-4A

連絡先 TEL 090-7710-0770（頼兼一徳）

大倉尾根の中腹、小草平の標高950mに位置。小屋前が分岐になっていて、左が大倉、右は二俣へ下る　①〒254-0054神奈川県平塚市中里27-13-101　逢坂節生　②20人　③通年土・日曜、年末年始営業　④5000円　素3000円　⑤なし　⑥あり　⑦予約希望

駒止茶屋《こまどめちゃや》

大倉尾根　Map 2-4A

連絡先 TEL 0463-88-3186（FAX兼）　現地 TEL 090-3234-9919

大倉尾根標高905m、雑事場ノ平を過ぎ、急坂を登って傾斜がゆるんだところに建っている山小屋。休憩利用に最適　①〒259-1304神奈川県秦野市堀山下1691-3　高橋修二　②33人　③通年週末、年末年始営業　④4500円　素3000円　⑤なし　⑥なし　⑦予約希望

見晴茶屋《みはらしちゃや》

大倉尾根　Map 1-1A

連絡先 TEL0463-88-1375（FAX兼）

大倉尾根雑事場ノ平に近い、標高620mに建つ、週末営業の山小屋。定期的に歌声喫茶イベントが催される　①〒259-1331神奈川県秦野市堀西1172-3　百瀬正子　②40人　③通年原則として金曜夜～日曜営業　④4500円　素2500円　⑤なし　⑥あり　⑦要予約

大倉山《おおくらやま》の家《いえ》

大倉　Map 1-1A

連絡先 TEL0463-88-2289

大倉下車、標高300m。バスを降りて山側に向かい、ゆるく左にカーブして、次に右に曲がる地点の手前山側にある宿泊施設。バス停から徒歩3分の距離　①〒259-1304神奈川県秦野市堀山下1462　高橋貞雄　②30人　③年末年始を除く通年　④6000円　素3000円　⑤なし　⑥なし　⑦要予約　入浴可（300円）　FAX0463-88-4206

どんぐり山荘《さんそう》

大倉　Map 1-1A

連絡先 TEL0463-87-4706（FAX兼）

大倉下車徒歩1分、標高300m。大倉のバス停にいちばん近い宿泊施設。バス停上の道路右側に建っている　①〒259-1304神奈川県秦野市堀山下1524　山口恵子　②25人　③通年　④7020円　素3780円　⑤なし　⑥なし　⑦要予約

滝沢園《たきざわえん》

大倉　Map 1-1A

連絡先 TEL0463-75-0900

大倉の水無川左岸にある宿泊施設。標高270m。バス停から徒歩7分。風の吊橋を渡っていくと徒歩約10分　①〒259-1306神奈川県秦野市戸川1445　②370人　③通年　④8000円～　素3500円～　⑤50張　利用料1人1100円　⑥あり　⑦予約希望　オートキャンプ・バンガローあり　入浴可（1000円、要予約）　FAX0463-75-3663

作治小屋《さくじごや》

水無川戸沢出合　Map 2-4A

連絡先 TEL090-9392-6074

水無川の戸沢出合、標高670mにある。戸川林道の最奥部で、林道終点のすぐ手前に建っている　①〒259-1322神奈川県秦野市渋沢3-23-6　安瀬善一　②40人　③不定期　④素2500円～　⑤10張　利用料1人500円　⑥あり　⑦要予約　食事付きは要相談　FAX0463-87-0057

凡例＝①連絡先住所　②収容人数　③営業期間　④宿泊料金（1泊2食、素は素泊まり料金）　⑤キャンプ指定地　⑥ホームページ　⑦備考

戸《と》沢《ざわ》山荘《さんそう》

水無川戸沢出合　Map 2-4A

連絡先 TEL 090-2654-0818

水無川戸沢出合の戸川林道の最奥にある。標高700m。水無川本谷やセドの沢、政次郎尾根などに登る際の起点となる位置　①〒259-1302 神奈川県秦野市菩提102-3　②20人　③予約がある日のみ営業　④素3000円　⑤なし　⑥なし　⑦要予約

烏《からす》尾《お》山荘《さんそう》

表尾根　Map 2-4A

連絡先 TEL 090-7909-3165

烏尾山山頂、標高1136mに建つ。広い山頂だけに、展望もすばらしい　①〒114-0032 東京都北区中十条セントゥレ十条401　三木方　②6人　③4月1日～1月1日の土・日曜・祝日営業　④素3500円　⑤なし　⑥なし　⑦要予約

木《き》ノ又小屋《またごや》

表尾根　Map 2-3A

連絡先 TEL 090-9383-2455（神野雅幸）

新大日との中間にあたる、標高1396m地点に建つ。オフシーズンの利用は確認のこと　①〒250-0214 神奈川県小田原市永塚249　神野雅幸　②20人　③通年土・日曜、祝日営業　④素3500円　⑤なし　⑥あり　⑦要予約

国民宿舎丹沢《こくみんしゅくしゃたんざわ》ホーム

札掛　Map 2-3B

連絡先 TEL 0463-75-3272

ヤビツ峠から北側に下る県道を行き、青山荘前を過ぎてさらに下った札掛にある。ヤビツ峠から徒歩約2時間、標高500m　①〒257-0061 神奈川県秦野局区内丹沢札掛　中村道也　②59人　③通年　④6900円～　素5200円　⑤なし　⑥あり　⑦要予約

青山荘《せいざんそう》

ヤビツ峠北西　Map 2-4B

連絡先 TEL 0463-75-2626（FAX 兼）

ヤビツ峠と札掛の間にある宿泊施設。喫茶店（きまぐれ喫茶）を併設　①〒257-0023 神奈川県秦野市寺山羽風1700　②150人　③通年　④7000円～　素4500円～　⑤可（有料、要予約）　⑥あり　⑦要予約　入浴可（有料、要予約）

新家《しんや》

札掛 Map 2-3B

連絡先 TEL0463-75-3275

長尾尾根取付の標高500m、札掛にある通年素泊まりの山小屋 ①〒257-0061神奈川県秦野局区内丹沢札掛 新井祥男 ②20人 ③通年 ④素3000円 ⑤なし ⑥なし ⑦要予約

鍋割《なべわり》山荘《さんそう》

鍋割山 Map 5-3D

連絡先 TEL0463-87-3298（FAX兼） 現地 TEL090-3109-3737

標高1272mの鍋割山山頂に建つ。ご主人の草野さんは百kgボッカでも名高い。名物鍋焼きうどんは、ぜひ食べたい逸品。①〒259-1325神奈川県秦野市萩ヶ丘8-33 草野延孝 ②70人 ③宿泊は大晦日のみ ④6800円 素4500円 ⑤なし ⑥あり ⑦要予約 2019年から売店営業中心（月・金曜定休。月曜祝日の場合は火曜休、金曜祝日の場合は木曜休）

みやま山荘《さんそう》

丹沢山 Map 2-2A

連絡先 TEL0463-81-8662（FAX兼） 現地 TEL090-2624-7229

丹沢山山頂の標高1567mに建つ通年営業の山小屋。丹沢のほぼ中央にあり、縦走する際には頼りになる。夕食はなかなか豪華だ ①〒257-0028神奈川県秦野市東田原131-5-105 石井 清 ②30人 ③通年 ④8000円 素5500円 ⑤なし ⑥あり ⑦要予約

蛭《ひる》ヶ《が》岳《たけ》山荘《さんそう》

蛭ヶ岳 Map 5-1D

連絡先 TEL042-687-4011 現地 TEL090-2252-3203

蛭ヶ岳山頂の標高1673mに建つ通年営業の山小屋。ホームページでは山荘周辺のタイムリーな情報が得られる ①〒252-0184神奈川県相模原市緑区小渕1545-1 蛭ヶ岳山荘委員会 ②81人 ③通年（1～2月は積雪により休業あり） ④8000円 素6000円 ⑤なし ⑥あり ⑦要予約 FAX042-687-3980

青《あお》ヶ《が》岳《たけ》山荘《さんそう》

檜洞丸 Map 5-2C

連絡先 TEL042-787-2151 現地 TEL090-3404-2778

檜洞丸山頂の東方70m、標高1600mに建っている。青い屋根が特徴 ①〒252-0162神奈川県相模原市緑区青根1083 青ヶ岳山荘事務所 ②35人 ③通年 ④8500円 素6500円 ⑤なし ⑥あり ⑦要予約（2週間～3日前まで）。その際はSMS（ショートメール）利用希望

凡例＝①連絡先住所 ②収容人数 ③営業期間 ④宿泊料金（1泊2食、素は素泊まり料金） ⑤キャンプ指定地 ⑥ホームページ ⑦備考

神《かん》ノ川《かわ》ヒュッテ

神之川上流 Map 5-1C

連絡先 ℡042-687-4011　現地 ℡042-787-2276

神の川入口バス停下車徒歩2時間、標高550m　①〒252-0184神奈川県相模原市緑区小渕1545-1　北丹沢山岳センター　神ノ川ヒュッテ管理委員会　②60人　③通年（要連絡、1〜2月は10人以上のグループのみ）　④7000円　素5000円　⑤30張　利用料1人1800円　⑥あり　⑦要予約　入浴可（300円）　FAX042-687-3980　2020年1月現在神の川林道通行止めのため休業中

奥箒沢山《おくほうきざわやま》の家

西丹沢・箒沢 Map 5-2B

連絡先 ℡0465-78-3416　現地 ℡0465-78-3844

西丹沢橋下車徒歩5分、標高550mの中川川側右岸にある宿泊施設　①〒258-0201神奈川県足柄上郡山北町中川825-1　佐藤雅己　②50人　③3月上旬〜11月下旬　④素3000円　⑤30張　利用料1人700円　車1台1000円　⑥なし　⑦要予約　※データは2019年のもの

丹沢の避難小屋

黍殻《きびがら》避難小屋
℡046-248-2546　Map 6-4D
黍殻山南西600m標高1165m　①〒243-0121神奈川県厚木市七沢657　神奈川県自然環境保全センター　②20人　③通年　⑥あり　⑦緊急時以外宿泊不可　トイレあり

犬越路《いぬごえじ》避難小屋
℡046-248-2546　Map 5-1B
犬越路の標高1065m　①〒243-0121神奈川県厚木市七沢657　神奈川県自然環境保全センター　②10人　③通年　⑥あり　⑦緊急時以外宿泊不可　トイレあり

加入道《かにゅうどう》避難小屋
℡046-248-2546　Map 6-4B
加入道山山頂標高1415m　①〒243-0121神奈川県厚木市七沢657　神奈川県自然環境保全センター　②10人　③通年　⑥あり　⑦緊急時以外使用不可　トイレなし　携帯トイレ持参のこと

畦ヶ丸《あぜがまる》避難小屋
℡046-248-2546　Map 5-2A
畦ヶ丸山頂西方100m標高1275m　①〒243-0121神奈川県厚木市七沢657　神奈川県自然環境保全センター　②10人　③通年　⑥あり　⑦緊急時以外使用不可　トイレあり　2020年8月まで工事中につき利用不可

一軒屋《いっけんや》避難小屋
℡046-248-2546　Map 5-3A
西丹沢鬼石沢出合標高800m　①〒243-0121神奈川県厚木市七沢657　神奈川県自然環境保全センター　②10人　③通年　⑥あり　⑦緊急時以外使用不可　トイレなし　携帯トイレ持参のこと

菰釣《こもつるし》避難小屋
℡046-248-2546　Map 8-2D
菰釣山北東800m標高1210m　①〒243-0121神奈川県厚木市七沢657　神奈川県自然環境保全センター　②10人　③通年　⑥あり　⑦緊急時以外使用不可　トイレなし　携帯トイレ持参のこと

ユーシンロッジ
℡045-210-5765　Map 5-3C
新松田駅からバス50分、玄倉下車徒歩2時間50分、玄倉川・ユーシン沢出合標高725m　①〒231-8588神奈川県横浜市中区日本大通1　神奈川県庁観光企画課　⑥あり　⑦休業中　2020年1月現在玄倉林道通行止め（2022年3月までの予定）

※大倉尾根の観音茶屋と戸川林道の新茅（しんかや）荘は売店のみの営業。また、表尾根の新大日茶屋は休業中、大倉尾根の大倉高原山の家は閉鎖中で、テント場のみ無料で使用可（いずれも2020年1月現在）。

凡例＝①連絡先住所　②収容人数　③営業期間　④宿泊料金（1泊2食、素は素泊まり料金）　⑤キャンプ指定地　⑥ホームページ　⑦備考

立ち寄り湯ガイド

武田信玄の隠し湯といわれる中川温泉の日帰り入浴施設「ぶなの湯」

中川温泉 ぶなの湯

TEL 0465-78-3090

中川温泉の最上部にある日帰り入浴施設。単純アルカリ性の泉質で、水酸化物イオン濃度の高いことが特徴。入浴料：750円〜、営業時間：10時〜18時（季節、曜日により変動）、定休日：月曜（祝日の場合は翌日）、年末年始休。中川バス停より徒歩3分。神奈川県足柄上郡山北町中川645-8

藤野やまなみ温泉

TEL 042-686-8073

相模原市藤野地区の日帰り温泉。やわらかいお湯が特徴で、大きな露天風呂も人気。入浴料：700円〜、営業時間：10時〜21時、定休日：水曜（祝日などは営業）。やまなみ温泉バス停より徒歩2分。神奈川県相模原市緑区牧野4225-1

いやしの湯

TEL 042-787-2288

相模原市津久井地区・青根緑の休暇村センターにある日帰り温泉。カルシウム・ナトリウム硫酸塩泉で、内湯、露天風呂などがある。入浴料：700円〜、営業時間：10時〜21時（1月と2月〜20時）、定休日：火曜（祝日の場合は翌日）。藤野駅より車20分。神奈川県相模原市緑区青根844

道志温泉 道志の湯

TEL 0554-52-2384

道志川沿いの国道413号から南に少しはずれた沢すじにあり、内湯や露天風呂など設備が整っている。食堂や休憩室もある。入浴料：700円、営業時間：10時（冬期11時）〜20時、定休日：火曜・年末年始休。道志の湯バス停すぐ。山梨県南都留郡道志村7501

須走温泉 天恵

TEL 0550-75-2681

立山から下山すると、この温泉施設のすぐそば。通常の内風呂や露天風呂だけでなく水着ゾーンもある。宿泊も可能。入浴料：700円〜（土日祝は1000円〜）、営業時間：6時（浴槽によっては10時）〜23時、定休日：無休。富士高原ゴルフ場バス停より徒歩3分。静岡県駿東郡小山町須走112-171

＊入浴料、営業時間、定休日、交通などの情報は、抜粋して掲載しています。変更になることがありますので、利用の際は、各施設にご確認ください。

広沢寺温泉 玉翠楼

TEL 046-248-0011

広沢寺温泉の一軒宿で立ち寄り入浴もできる。強アルカリ性で、やわらかな肌触りの湯は「美人の湯」ともいわれている。入浴料：1000円、営業時間：11時〜16時（土・日曜〜17時）、定休日：無休。広沢寺温泉バス停すぐ。神奈川県厚木市七沢2607

クアハウス山小屋

TEL 0463-92-7750

日向川上流に位置し、温泉ではないが、浴槽には天然水を豊富に使用した湯が満たされている。食事もできる。入浴料：800円、営業時間：11時〜19時、定休日：平日休（ゴールデンウイークやお盆、正月などは営業）。日向薬師バス停より徒歩25分。神奈川県伊勢原市日向2184-1

鶴巻温泉 弘法の里湯

TEL 0463-69-2641

秦野市営の日帰り入浴施設。男女日替わりの2種類の内湯などがある。入浴料：800円〜（土日祝は1000円）、営業時間：10時〜21時（年末年始〜17時）、定休日：月曜（祝日の場合は翌日）・12月31日。鶴巻温泉駅より徒歩2分。神奈川県秦野市鶴巻北3-1-2

名水はだの 富士見の湯

TEL 0463-82-1026

秦野駅から徒歩約20分、弘法山の西麓にある日帰り入浴施設。温泉ではないが、良質な秦野名水を肌で感じ取ることができる。入浴料：800円（土日祝は1000円）、営業時間：10時〜22時、定休日：第2水曜休（祝日の場合は翌日）。末広小学校前バス停より徒歩8分。神奈川県秦野市曽屋4553-1

行政区界・地形図

1:25,000地形図(メッシュコード)＝❶都留(533827)
❷大室山(533920)　❸青野原(533921)　❹上溝(533922)
❺御正体山(533817)　❻中川(533910)　❼大山(533911)
❽厚木(533912)　❾須走(533806)　❿駿河小山(533807)
⓫山北(533900))　⓬秦野(533901)　⓭伊勢原(533902)

登山計画書の提出

丹沢登山にあたっては、事前に登山計画書（登山届・登山者カード）を作成、提出することが基本。登山計画書を作成することで、歩くコースの特徴やグレードを知り、充分な準備を整えて未然に遭難事故を防ぐ。また、万が一、登山者にアクシデントが生じたとき、迅速な捜索・救助活動にもつながる。

主要登山口には、用紙とともに登山届ポスト（提出箱）が設けられ、その場で記入・提出することもできるが、準備段階で作成することが望ましい。登山者名と連絡先、緊急連絡先、登山日程とコースなどが一般的な記入要件だ。

提出は登山口の提出箱のほか、神奈川、山梨、静岡各県警のホームページ、日本山岳ガイド協会が運営するオンライン登山届システム「コンパス」のような、インターネットからもできる。

問合せ先一覧

市町村役場

厚木市役所	〒243-8511	神奈川県厚木市中町3-17-17	TEL046-223-1511
伊勢原市役所	〒259-1188	神奈川県伊勢原市田中348	TEL0463-94-4711
秦野市役所	〒257-8501	神奈川県秦野市桜町1-3-2	TEL0463-82-5111
松田町役場	〒258-8585	神奈川県足柄上郡松田町松田惣領2037	TEL0465-83-1221
清川村役場	〒243-0195	神奈川県愛甲郡清川村煤ヶ谷2216	TEL046-288-1211
愛川町役場	〒243-0392	神奈川県愛甲郡愛川町角田251-1	TEL046-285-2111
山北町役場	〒258-0195	神奈川県足柄上郡山北町山北1301-4	TEL0465-75-1122
相模原市役所	〒252-5277	神奈川県相模原市中央区中央2-11-15	TEL042-754-1111
道志村役場	〒402-0209	山梨県南都留郡道志村6181-1	TEL0554-52-2111
山中湖村役場	〒401-0595	山梨県南都留郡山中湖村山中237-1	TEL0555-62-1111
小山町役場	〒410-1395	静岡県駿東郡小山町藤曲57-2	TEL0550-76-1111

県庁・県警察本部

神奈川県庁	〒231-8588	神奈川県横浜市中区日本大通1	TEL045-210-1111
山梨県庁	〒400-8501	山梨県甲府市丸の内1-6-1	TEL055-237-1111
静岡県庁	〒420-8601	静岡県静岡市葵区追手町9-6	TEL054-221-2455
神奈川県警察本部	〒231-8403	神奈川県横浜市中区海岸通2-4	TEL045-211-1212
山梨県警察本部	〒400-8586	山梨県甲府市丸の内1-6-1	TEL055-221-0110
静岡県警察本部	〒420-8610	静岡県静岡市葵区追手町9-6	TEL054-271-0110

主な観光協会

厚木市観光協会	TEL046-240-1220
東丹沢七沢観光案内所	TEL046-248-1102
伊勢原市観光協会	TEL0463-73-7373
秦野市観光協会	TEL0463-82-8833
松田町観光協会	TEL0465-85-3130
愛川町観光協会	TEL046-285-2111
山北町観光協会	TEL0465-75-2717
相模原市観光協会	TEL042-771-3767
津久井観光協会（相模原市）	TEL042-784-6473
道志村観光協会	TEL0554-52-1414
山中湖観光協会	TEL0555-62-3100
小山町観光協会	TEL0550-76-5000

交通機関（バス・ケーブル）

小田急電鉄	TEL044-299-8200
神奈川中央交通東（バス・厚木）	TEL046-241-2626
神奈川中央交通西（バス・伊勢原）	TEL0463-95-2366
神奈川中央交通西（バス・秦野）	TEL0463-81-1803
神奈川中央交通西（バス・津久井）	TEL042-784-0661
宮ヶ瀬ダム周辺振興財団（宮ヶ瀬湖シャトルバス・遊覧船ミーヤ丸ほか）	TEL046-288-3600
大山観光電鉄（ケーブル）	TEL0463-95-2040
かみちゃん号（乗合タクシー・秦野市）	TEL0463-82-9644
藤野地区デマンド交通（やまなみ温泉～東野）	TEL042-780-0777
富士急湘南バス	TEL0465-82-1361

※P182へ続く

※P181からの続き

富士急行線（鉄道）……℡0555-22-7133
京王バス東（新宿～富士山駅・山中湖平野）……℡03-5376-2222
富士急コールセンター（新宿～富士山駅・山中湖平野）……℡0555-73-8181
富士急バス（都留）……℡0554-22-6600
富士急バス（富士五湖）……℡0555-72-6877
富士急行バス（御殿場）……℡0550-82-1333

交通機関（タクシー）

■本厚木駅
東横交通……℡046-221-3216
神奈中タクシー……℡0463-66-9043

■伊勢原駅
神奈中タクシー……℡0463-66-9043

■鶴巻温泉駅
愛鶴タクシー……℡0463-83-7777

■秦野駅／渋沢駅
秦野交通……℡0463-81-6766
神奈中タクシー……℡0463-30-5330
愛鶴タクシー……℡0463-83-7777

■愛川町／清川村
神奈中タクシー……℡0463-66-9043

■橋本駅
神奈中タクシー……℡042-764-7220
京王自動車……℡042-771-9966
相模原観光交通……℡042-752-8111
相和交通……℡042-770-0505

■相模原市城山
城山交通……℡042-782-2101

■相模原市津久井
津久井交通……℡042-784-0331

■相模湖駅
相模湖交通……℡042-684-3994
神奈中タクシー……℡042-764-7220

■藤野駅
藤野交通……℡042-687-3121

■松田駅／新松田駅
松田合同自動車……℡0465-83-0171
箱根登山タクシー……℡0465-22-1311

■山北駅／谷峨駅
松田合同自動車……℡0465-75-0262

■丹沢湖周辺
中川ハイヤー……℡0465-78-3214

■駿河小山駅／御殿場駅
富士急静岡タクシー……℡0120-249-003
御殿場タクシー……℡0550-82-1234

■都留市駅
富士急山梨ハイヤー……℡0554-43-2800

■富士山駅
富士急山梨ハイヤー……℡0555-22-1800
三立タクシー……℡0555-22-4545

主な山名・地名さくいん

あ

畦ヶ丸　あぜがまる……122・136
犬越路　いぬこえじ……115・121・126・128
エボシ山　えぼしやま……42
大倉　おおくら……66・68・73・77・79・87
大野山　おおのやま……109
大洞山　おおぼらやま……146
大室山　おおむろやま……121・126・130
大山　おおやま……38・40・41
（荻野）高取山　（おぎの）たかとりやま……23

か

加入道山　かにゅうどうやま……121・127・130
鐘ヶ嶽　かねがたけ……59
鐘撞山　かねつきやま……129
烏尾山　からすおやま……65・68
神ノ川　かんのかわ……91・116・128
黍殻山　きびがらやま……90・91・93
経ヶ岳　きょうがたけ……21・23
葛葉川本谷　くずはがわほんだに……158
栗ノ木洞　くりのきどう……77・79
源次郎沢　げんじろうさわ……154
弘法山　こうぼうやま……46・48
菰釣山　こもつるしやま……132
権現山（世附）　ごんげんやま……139

さ

三ノ塔　さんのとう……64・67・159
シダンゴ山　しだんごやま……100・102
新大日　しんだいにち……65・71
浅間山　せんげんやま……47
袖平山　そでひらやま……92

た

高取山（大山南尾根）　たかとりやま……46・49
高取山（宮ヶ瀬）　たかとりやま……20・24・25
高松山　たかまつやま……106・108
岳ノ台　たけのだい……67
丹沢山　たんざわやま……83・85・89・118
鉄砲木ノ頭（明神山）　てっぽうぎのあたま……148
塔ノ岳　とうのだけ……65・75・83・88・118
戸沢　とざわ……152・154
鳶尾山　とびおやま……16
鳥ノ胸山　とりのむねやま……131

な

鍋割山　なべわりやま……74
南峰（大山三峰）　なんぽう……52
西丹沢ビジターセンター　にしたんざわびじたーせんたー……113・126・135

は

白山　はくさん……14
春ノ木丸　はるのきまる……30
聖峰　ひじりみね……49
日向山　ひなたやま……34
檜岳　ひのきだっか……96
檜洞丸　ひのきぼらまる……114・116・121・123
姫次　ひめつぎ……90・92
屏風岩山　びょうぶいわやま……138
蛭ヶ岳　ひるがたけ……89・90・120
仏果山　ぶっかさん……20・24・25
不老山北峰　ふろうさんほっほう……142
辺室山　へんむろやま……54
本間沢　ほんまざわ……156
本間ノ頭　ほんまのあたま……82・157

ま

松茸山　まつたけやま……31
三国山　みくにやま……146
水無川本谷　みずなしがわほんだに……152
南山　みなみやま……28
明神峠　みょうじんとうげ……141・145

や・ら・わ

焼山　やけやま……90
寄　やどりき……78・94・99
ヤビツ峠　やびつとうげ……40・64・67
湯船山　ゆふねやま……141

Alpine Guide
丹沢

ヤマケイ アルペンガイド
丹沢

2020年4月15日　初版第1刷発行

著者／三宅 岳
発行人／川崎深雪
発行所／株式会社 山と溪谷社
〒101-0051
東京都千代田区神田神保町1丁目105番地
https://www.yamakei.co.jp/

■乱丁・落丁のお問合せ先
山と溪谷社自動応答サービス
TEL03-6837-5018
受付時間／10:00〜12:00、
13:00〜17:30（土日、祝日を除く）
■内容に関するお問合せ先
山と溪谷社　TEL03-6744-1900（代表）
■書店・取次様からのお問合せ先
山と溪谷社受注センター
TEL03-6744-1919　FAX03-6744-1927

印刷・製本／大日本印刷株式会社

装丁・ブックデザイン／吉田直人
編集・写真協力／吉田祐介
編集協力／後藤厚子
DTP・地図製作／株式会社 千秋社

ISBN 978-4-635-01290-4

＊本書に掲載した地図の作成にあたっては、国土地理院提供の数値地図（国土基本情報）電子国土基本図（地図情報）、数値地図（国土基本情報）電子国土基本図（地名情報）、数値地図（国土基本情報）基盤地図情報（数値標高モデル）及び数値地図（国土基本情報20万）を使用しました。

＊本書の執筆には、尊仏山荘、青ヶ岳山荘、みやま山荘など各山小屋、ならびに関係市町村などに多くの情報をいただきました。また、山の友人、近隣の友人、編集担当の吉田祐介さん、そして何より家族からも多くの協力をいただきました。ここにお礼申し上げます。＊本書に掲載したコース断面図の作成とGPSデータの編集にあたりましては、DAN杉本さん作成のフリーウェア「カシミール3D」を利用しました。お礼申し上げます。

三宅《みやけ》岳《がく》　写真・文

1964年東京都生まれ。丹沢の北、藤野町（現・相模原市緑区）に育ち、今も家族と暮らす。東京農工大学環境保護学科卒業。ユズ編集工房写真部を経てフリー写真家。

本書でとりあげた丹沢山塊、そして北アルプス、さらに入笠山を中心に各地山岳を撮影している。一方で、炭焼きをはじめ、山仕事や山暮らしの撮影も重ねる。

著書に、ヤマケイYAMAPシリーズ⑪『雲ノ平・双六・黒部五郎』（山と溪谷社）、『炭焼紀行』（創森社）、『山と高原地図　槍ヶ岳・穂高岳 上高地』（昭文社）などがある。

「アルペンガイド登山地図帳」の取り外し方

本を左右に大きく開く

＊「アルペンガイド登山地図帳」は背の部分が接着剤で本に留められています。無理に引きはがさず、本を大きく開くようにすると簡単に取り外せます。
＊接着剤がはがれる際に見返しの一部が破れることがあります。あらかじめご了承ください。

問合せ先一覧

山小屋

尊仏山荘・尊仏小屋	TEL070-2796-5270
花立山荘	TEL0463-82-6192
堀山の家	TEL090-7710-0770
駒止茶屋	TEL090-3234-9919
見晴茶屋	TEL0463-88-1375
大倉山の家	TEL0463-88-2289
どんぐり山荘	TEL0463-87-4706
滝沢園	TEL0463-75-0900
作治小屋	TEL090-9392-6074
戸沢山荘	TEL090-2654-0818
烏尾山荘	TEL090-7909-3165
木ノ又小屋	TEL090-9383-2455
国民宿舎丹沢ホーム	TEL0463-75-3272
青山荘	TEL0463-75-2626
新家	TEL0463-75-3275
鍋割山荘	TEL090-3109-3737
みやま山荘	TEL090-2624-7229
蛭ヶ岳山荘	TEL090-2252-3203
青ヶ岳山荘	TEL090-3404-2778
神ノ川ヒュッテ	TEL042-787-2276
奥箒沢山の家	TEL0465-78-3844

県庁・県警本部・市町村役場

神奈川県庁	TEL045-210-1111
山梨県庁	TEL055-237-1111
静岡県庁	TEL054-221-2455
神奈川県警察本部	TEL045-211-1212
山梨県警察本部	TEL055-221-0110
静岡県警察本部	TEL054-271-0110
厚木市役所	TEL046-223-1511
伊勢原市役所	TEL0463-94-4711
秦野市役所	TEL0463-82-5111
松田町役場	TEL0465-83-1221
清川村役場	TEL046-288-1211
愛川町役場	TEL046-285-2111
山北町役場	TEL0465-75-1122
相模原市役所	TEL042-754-1111
道志村役場	TEL0554-52-2111
山中湖村役場	TEL0555-62-1111
小山町役場	TEL0550-76-1111

交通機関

小田急電鉄	TEL044-299-8200
神奈川中央交通東(バス・厚木)	TEL046-241-2626
神奈川中央交通西(バス・伊勢原)	TEL0463-95-2366
神奈川中央交通西(バス・秦野)	TEL0463-81-1803
神奈川中央交通西(バス・津久井)	TEL042-784-0661
宮ヶ瀬ダム周辺振興財団(宮ヶ瀬湖シャトルバス・遊覧船ほか)	TEL046-288-3600
大山観光電鉄(ケーブル)	TEL0463-95-2040
かみちゃん号(乗合タクシー・秦野市)	TEL0463-82-9644
藤野地区デマンド交通	TEL042-780-0777
富士急湘南バス	TEL0465-82-1361
富士急行線(鉄道)	TEL0555-22-7133
京王バス東(新宿〜富士山駅・平野)	TEL03-5376-2222
富士急コールセンター(新宿〜富士山駅・平野)	TEL0555-73-8181
富士急バス(都留)	TEL0554-22-6600
富士急バス(富士五湖)	TEL0555-72-6877
富士急行バス(御殿場)	TEL0550-82-1333
東横交通(本厚木駅)	TEL046-221-3216
神奈中タクシー(厚木/伊勢原/愛川/清川)	TEL0463-66-9043
愛鶴タクシー(鶴巻温泉駅/秦野駅/渋沢駅)	TEL0463-83-7777
秦野交通(秦野駅/渋沢駅)	TEL0463-81-6766
神奈中タクシー(秦野駅/渋沢駅)	TEL0463-30-5330
神奈中タクシー(橋本駅/相模湖駅)	TEL042-764-7220
京王自動車(橋本駅)	TEL042-771-9966
相模原観光交通	TEL042-752-8111
城山交通(相模原市城山)	TEL042-782-2101
津久井交通(相模原市津久井)	TEL042-784-0331
相模湖交通(相模湖駅)	TEL042-684-3994
藤野交通(藤野駅)	TEL042-687-3121
松田合同自動車(松田駅/新松田駅)	TEL0465-83-0171
箱根登山タクシー(松田駅/新松田駅)	TEL0465-22-1311
松田合同自動車(山北駅/谷峨駅)	TEL0465-75-0262
中川ハイヤー(丹沢湖周辺)	TEL0465-78-3214
富士急静岡タクシー(駿河小山駅/御殿場駅)	TEL0120-249-003
御殿場タクシー(駿河小山駅/御殿場駅)	TEL0550-82-1234
富士急山梨ハイヤー(都留市駅)	TEL0554-43-2800
富士急山梨ハイヤー(富士山駅)	TEL0555-22-1800
三立タクシー(富士山駅)	TEL0555-22-4545

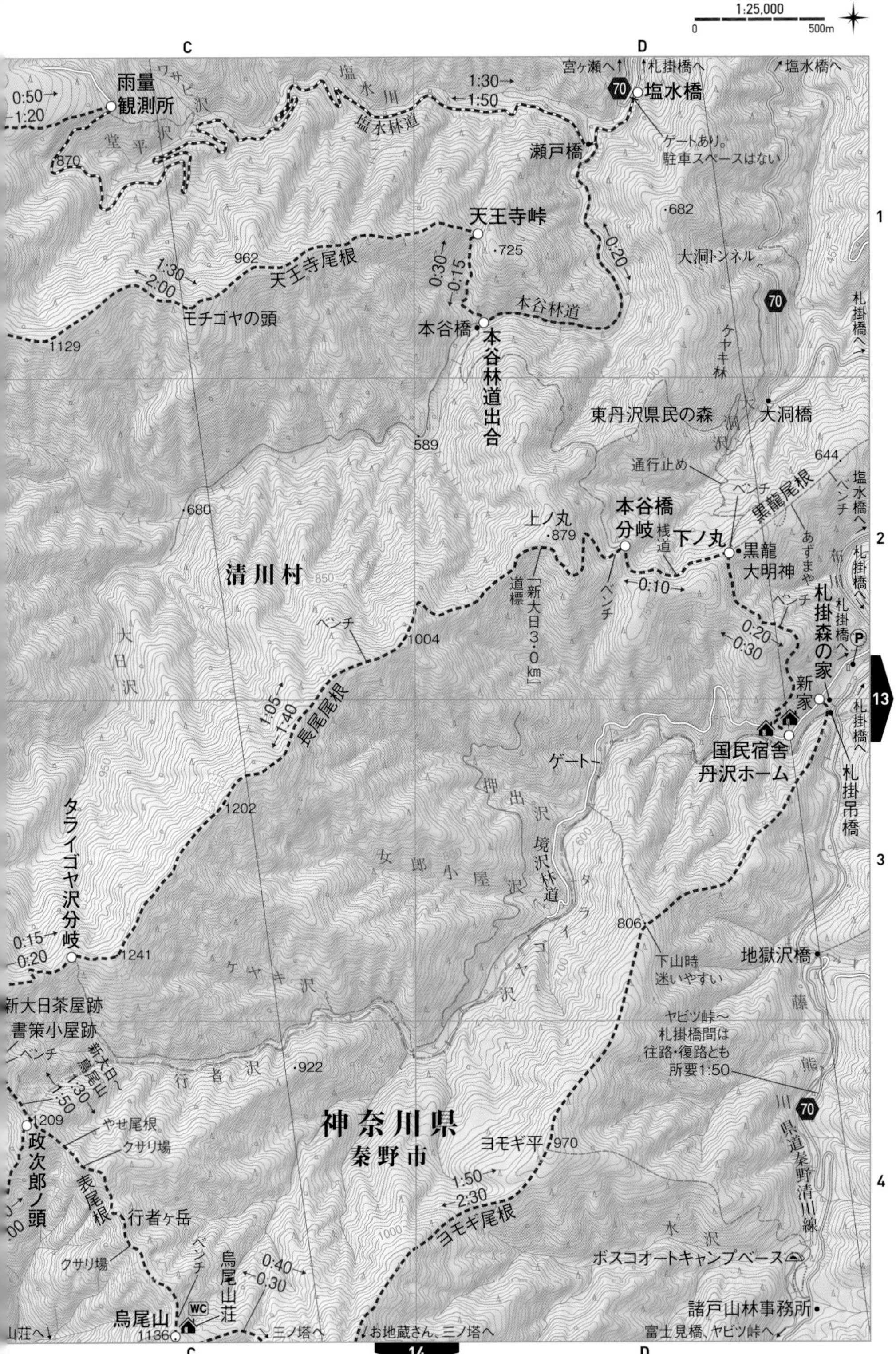
1:25,000
0
500m
N
C
D
雨量観測所
ワサビ沢
塩水川
塩水林道
堂平沢
870
1:30→
←1:50
宮ヶ瀬へ
札掛橋へ
塩水橋へ
70
塩水橋
瀬戸橋
ゲートあり。駐車スペースはない
682
天王寺峠
725
962
天王寺尾根
1:30→
←2:00
モチゴヤの頭
1129
0:30
0:15
本谷林道
本谷橋
本谷林道出合
0:20
大洞トンネル
ケヤキ林
札掛橋へ
東丹沢県民の森
大洞沢
大洞橋
589
通行止め
644
ベンチ
黒龍尾根
塩水橋へ
ベンチ
あずまや
680
上ノ丸
879
本谷橋分岐
桟道
下ノ丸
黒龍大明神
清川村
布川
札掛橋へ
札掛森の家
札掛橋へ
道標「新大日3.0km」
ベンチ
0:10
ベンチ
0:20
0:30
大日沢
ベンチ
1004
新家
1:05
1:40
長尾尾根
国民宿舎丹沢ホーム
札掛吊橋
ゲート
札掛橋へ
押出沢
タライゴヤ沢分岐
1202
境沢林道
女郎小屋沢
タライゴヤ沢
806
下山時迷いやすい
0:15
0:20
1241
地獄沢橋
ケヤキ沢
藤熊川
新大日茶屋跡
書策小屋跡
ヤビツ峠～札掛橋間は往路・復路とも所要1:50
ベンチ
新大日～烏尾山 1:30 1:50
行者沢
922
1209
やせ尾根
神奈川県
秦野市
70
県道秦野清川線
クサリ場
政次郎ノ頭
ヨモギ平
970
表尾根
1:50
2:30
ヨモギ尾根
行者ヶ岳
水沢
クサリ場
ボスコオートキャンプベース
ベンチ
烏尾山荘
0:40
0:30
WC
烏尾山
1136
諸戸山林事務所
山荘へ
三ノ塔へ
お地蔵さん、三ノ塔へ
富士見橋、ヤビツ峠へ
1
2
3
4
1000
600
700
950
850

13

14

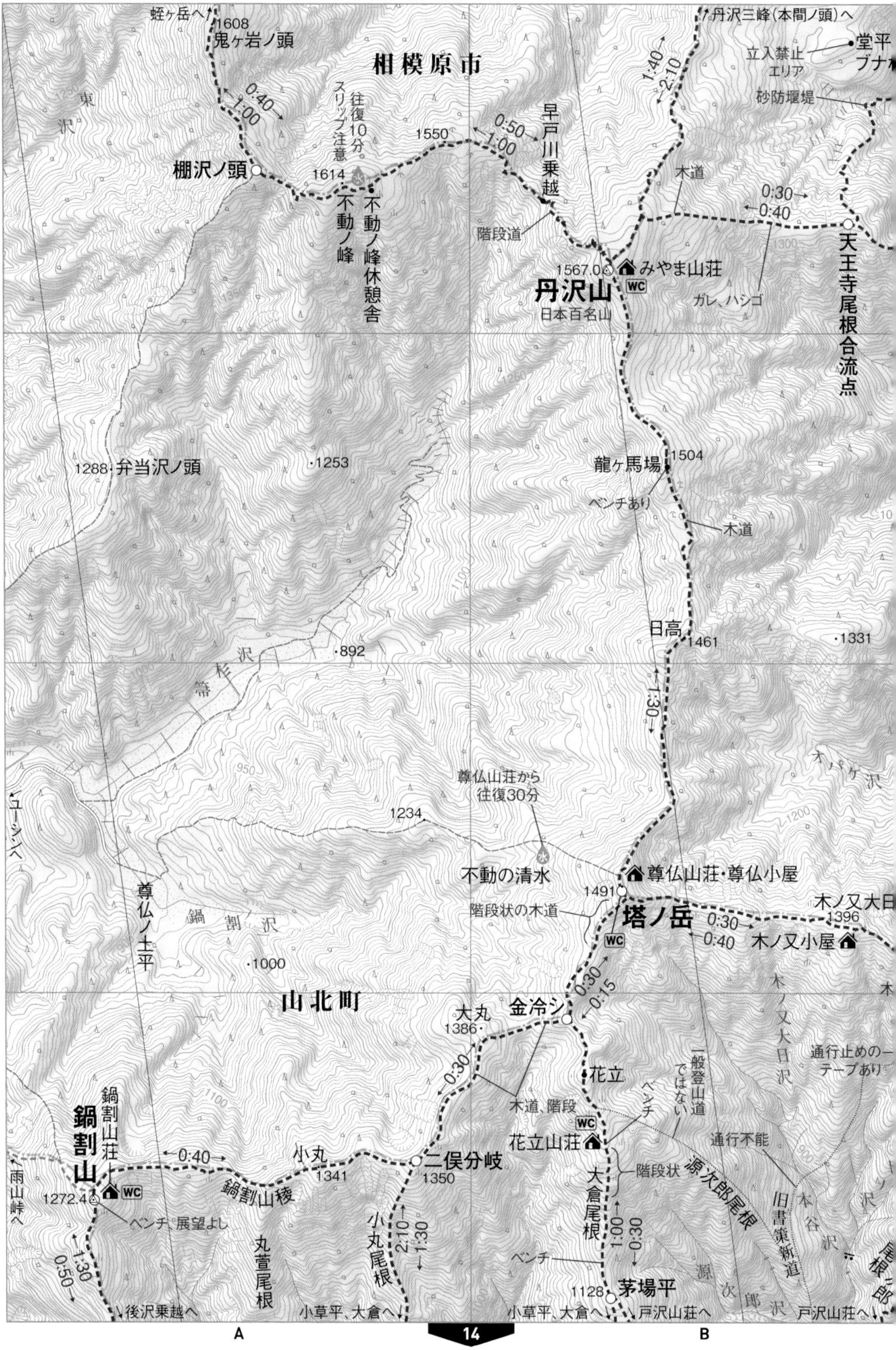

蛭ヶ岳へ
1608
鬼ヶ岩ノ頭
相模原市
丹沢三峰（本間ノ頭）へ
堂平
ブナ
立入禁止エリア
砂防堰堤
0:40
1:00
往復10分
スリップ注意
1550
0:50
1:00
早戸川乗越
1:40
2:10
棚沢ノ頭
1614
不動ノ峰
不動ノ峰休憩舎
木道
0:30
0:40
階段道
天王寺尾根合流点
1567.0
みやま山荘
丹沢山
WC
日本百名山
ガレ、ハシゴ
1288
弁当沢ノ頭
1253
龍ヶ馬場
1504
ベンチあり
木道
日高
1461
1331
892
1:30
尊仏山荘から往復30分
1234
不動の清水
尊仏山荘・尊仏小屋
1491
塔ノ岳
階段状の木道
WC
0:30
0:40
木ノ又大日
1396
木ノ又小屋
ユーシンへ
尊仏ノ土平
鍋割沢
1000
山北町
大丸
1386
金冷シ
0:30
0:15
0:30
花立
木道、階段
WC
花立山荘
一般登山道ではない
ベンチ
通行止めのテープあり
通行不能
鍋割山荘
鍋割山
WC
0:40
小丸
1341
二俣分岐
1350
鍋割山稜
階段状
大倉尾根
源次郎尾根
旧書策新道
1272.4
ベンチ、展望よし
雨山峠へ
1:30
0:50
丸亀尾根
小丸尾根
2:10
1:30
1:00
0:30
ベンチ
茅場平
1128
後沢乗越へ
小草平、大倉へ
小草平、大倉へ
戸沢山荘へ
戸沢山荘へ

14

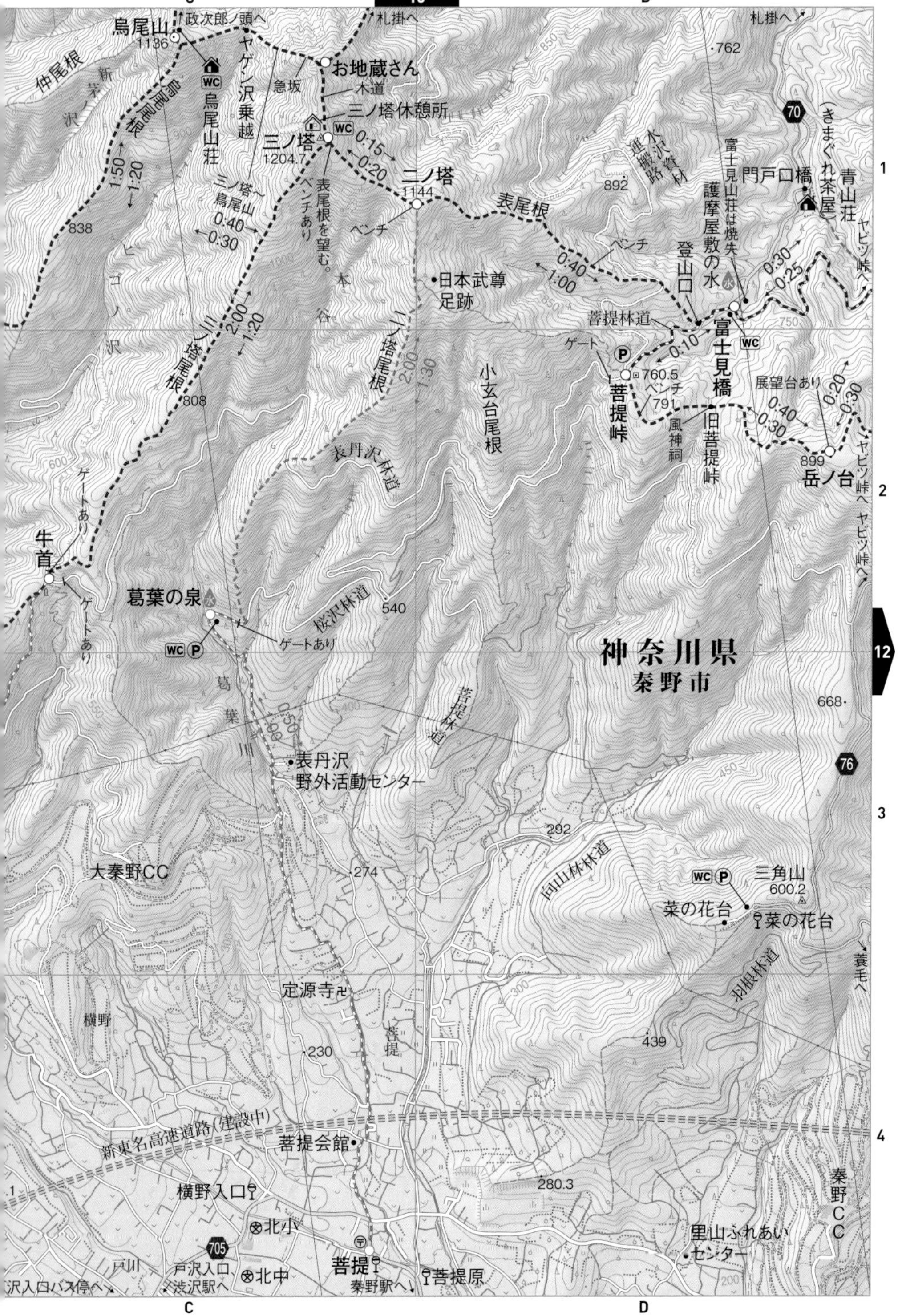

1:25,000
0
500m
N
15
C
D
12
1
2
3
4
烏尾山
1136
政次郎ノ頭へ
ヤゲン沢乗越
お地蔵さん
急坂
木道
三ノ塔休憩所
三ノ塔
1204.7
0:15
0:20
二ノ塔
1144
烏尾山荘
仲尾根
新茅沢
烏尾尾根
1:50
1:20
三ノ塔～烏尾山
0:40
0:30
表尾根を望む。ベンチあり
ベンチ
表尾根
札掛へ
.762
892
水沢資材運搬路
富士見山荘は焼失
護摩屋敷の水
登山口
門戸口橋
青山荘（きまぐれ茶屋）
70
ヤビツ峠へ
0:30
0:25
0:40
1:00
ベンチ
838
ヒゴノ沢
本谷
日本武尊足跡
三ノ塔尾根
2:00
1:20
二ノ塔尾根
2:00
1:30
菩提林道
ゲート
760.5
0:10
富士見橋
菩提峠
ベンチ
791
風神祠
旧菩提峠
展望台あり
0:20
0:30
0:40
0:30
899
岳ノ台
ヤビツ峠へ
808
小玄台尾根
表丹沢林道
ゲートあり
牛首
ゲートあり
葛葉の泉
桜沢林道
540
ゲートあり
神奈川県
秦野市
668
葛葉川
0:50
1:00
菩提林道
表丹沢野外活動センター
76
292
大秦野CC
274
向山林林道
三角山
600.2
菜の花台
菜の花台
羽根林道
蓑毛へ
定源寺
横野
菩提
230
439
新東名高速道路（建設中）
菩提会館
280.3
横野入口
北小
705
戸川
戸沢入口
渋沢駅へ
北中
菩提
菩提原
秦野駅へ
沢入口バス停へ
里山ふれあいセンター
秦野CC
200

14 大倉尾根・表尾根詳細図①

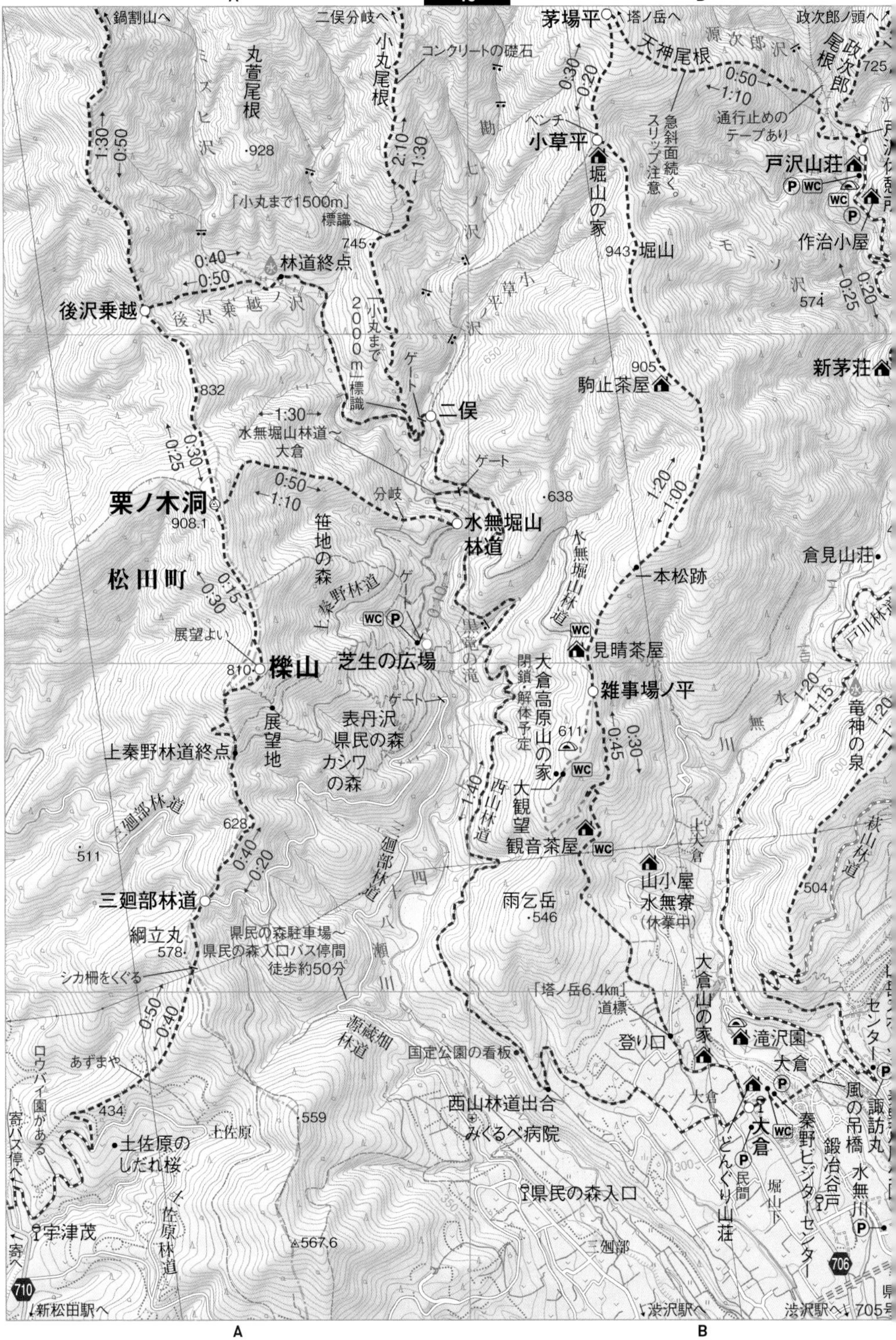

A
B

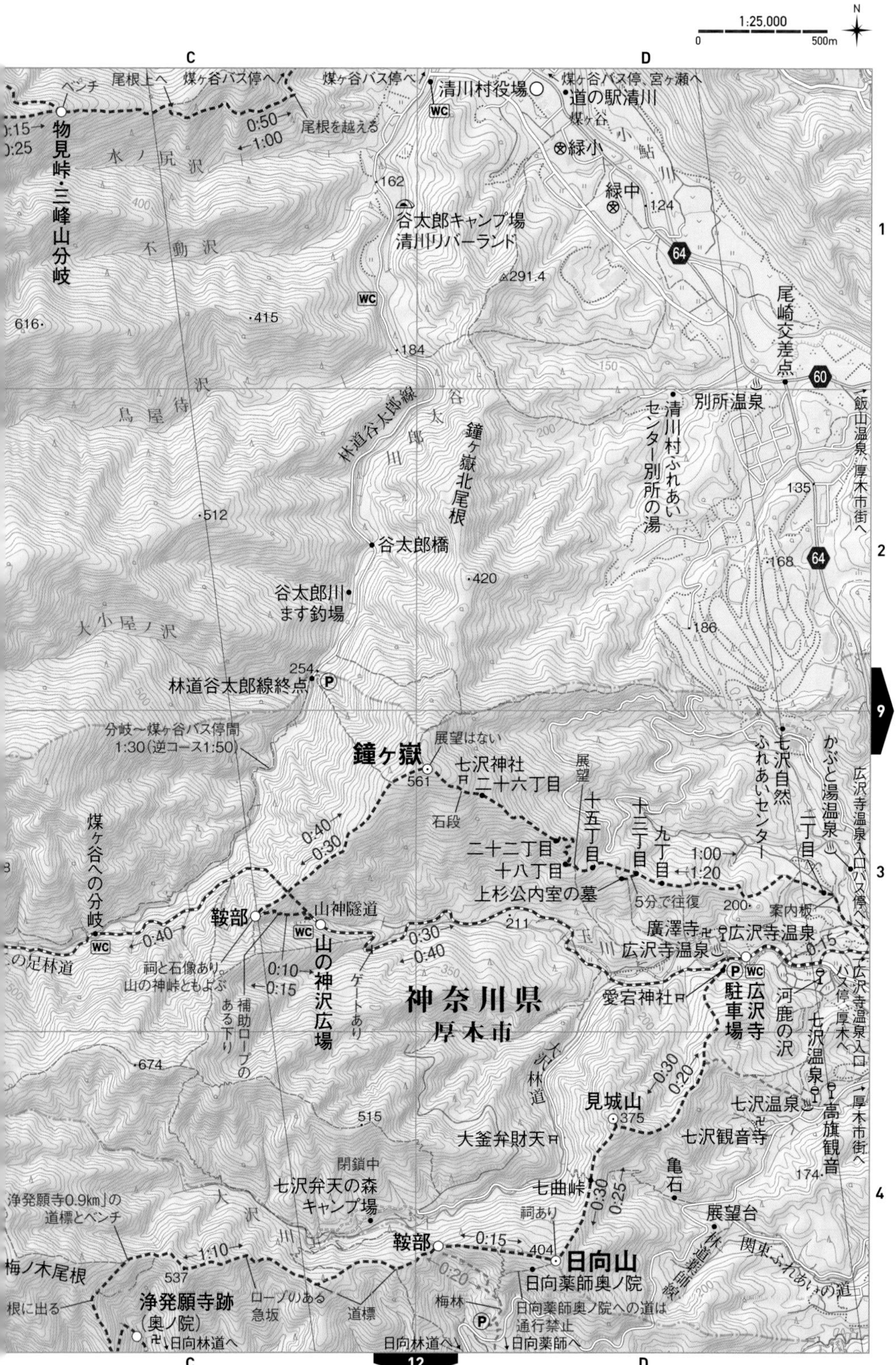
1:25,000
0
500m
N
C
D
1
2
3
4
9
尾根上へ
煤ヶ谷バス停へ
ベンチ
0:15
0:25
物見峠・三峰山分岐
0:50
1:00
尾根を越える
煤ヶ谷バス停へ
清川村役場
WC
煤ヶ谷バス停、宮ヶ瀬へ
道の駅清川
煤ヶ谷
緑小
小鮎川
緑中
124
水ノ尻沢
162
谷太郎キャンプ場
清川リバーランド
不動沢
64
291.4
WC
尾崎交差点
616
415
184
150
60
飯山温泉、厚木市街へ
沢
鳥屋待沢
林道谷太郎線
谷太郎川
鐘ヶ嶽北尾根
別所温泉
清川村ふれあいセンター別所の湯
200
135
512
谷太郎橋
64
168
420
谷太郎川
ます釣場
大小屋ノ沢
186
254
林道谷太郎線終点
P
分岐～煤ヶ谷バス停間
1:30（逆コース1:50）
鐘ヶ嶽
展望はない
561
七沢神社
二十六丁目
展望
十五丁目
十三丁目
九丁目
七沢自然ふれあいセンター
かぶと湯温泉
広沢寺温泉入口バス停へ
石段
煤ヶ谷への分岐
0:40
0:30
二十二丁目
十八丁目
1:00
1:20
二丁目
上杉公内室の墓
5分で往復
200
案内板
鞍部
山神隧道
211
0:40
WC
WC
0:30
0:40
廣澤寺
広沢寺温泉
玉川
広沢寺温泉
0:15
の足林道
祠と石像あり。
山の神峠ともよぶ
0:10
0:15
山の神沢広場
ゲートあり
350
補助ロープのある下り
神奈川県
厚木市
愛宕神社
P
WC
駐車場
広沢寺
河鹿の沢
広沢寺温泉入口バス停、厚木へ
七沢温泉
674
大沢林道
0:30
0:20
見城山
375
七沢温泉
厚木市街へ
高旗観音
515
大釜弁財天
七沢観音寺
閉鎖中
七沢弁天の森キャンプ場
亀石
174
「浄発願寺0.9km」の
道標とベンチ
大沢川
七曲峠
0:30
0:25
祠あり
展望台
1:10
鞍部
0:15
404
日向山
林道広沢線
関東ふれあいの道
梅ノ木尾根
537
0:20
日向薬師奥ノ院
根に出る
浄発願寺跡
（奥ノ院）
ロープのある
急坂
道標
梅林
P
日向薬師奥ノ院への道は
通行禁止
日向林道へ
日向林道へ
日向薬師へ
C
D

13 大山・日向山・鐘ヶ嶽・大山三峰詳細図

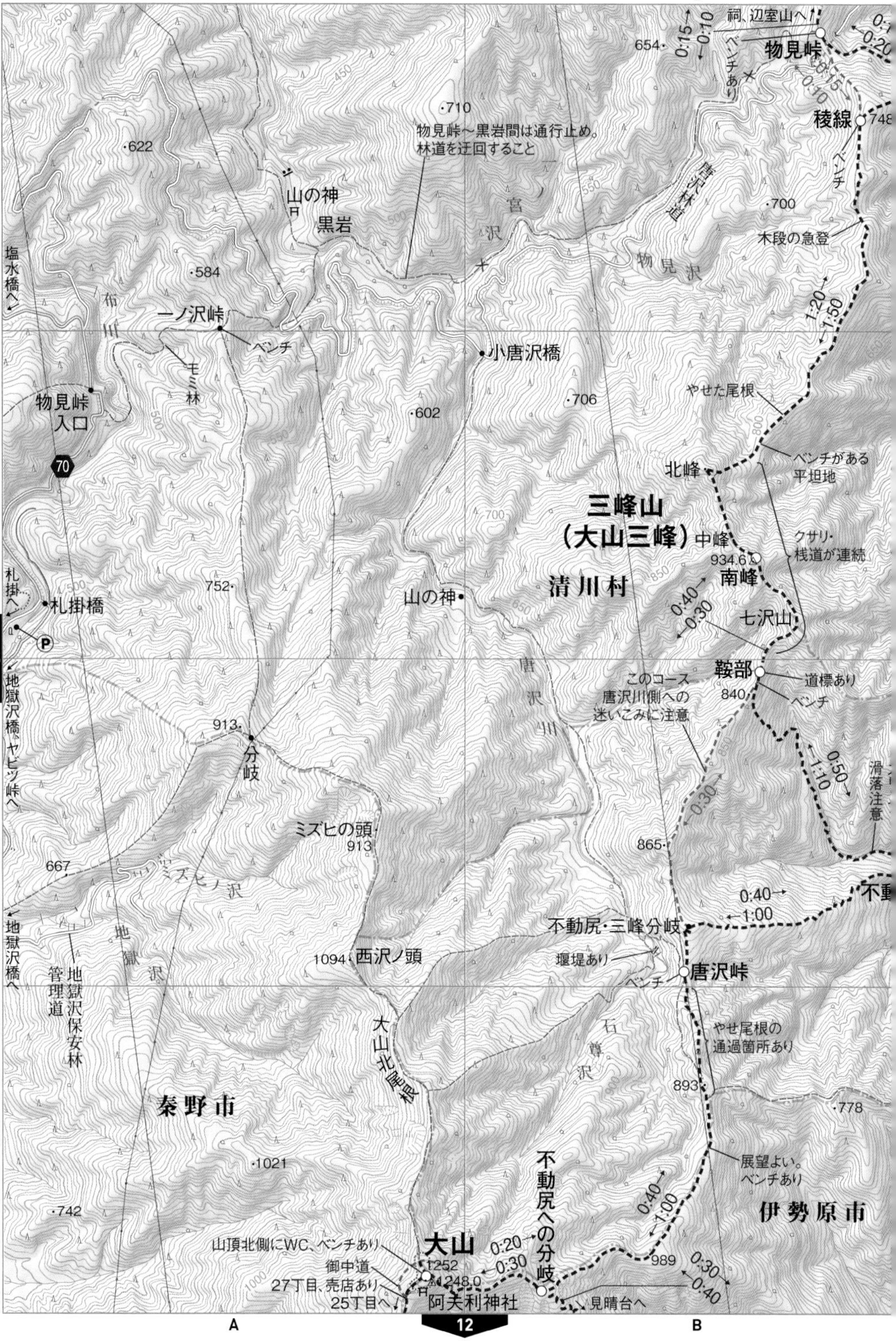

15

12

1:25,000
0
500m
N
C
13
D
鞍部、日向山へ
浄発願寺跡（奥ノ院）
尾根を離れる
日向渓谷マス釣場
石雲寺
日向薬師
日向山へ
林道薬師線
表参道
日向林道
日向ふれあい学習センター跡
クアハウス山小屋
食事・入浴可
日向山荘キャンプ場
浄発願寺
山門
白髭神社
日向薬師
浄水場
日陰道
日向
諏訪神社
向越（雷峠）
エボシ山（烏帽子山）
653.4
ヒナタ久保林道
日向林道
神奈川県
伊勢原市
472.5
304
林道横切る
木の根が張り出した尾根道
373
伊勢原市街へ
151.1
2020年3月開業予定
伊勢原大山IC
あたご滝
愛宕滝
尾根上
上大山桜
下大山桜
炭焼き窯
326
220
大山桜2本
245
阿夫利神社社務所
大山桜登山口
280.8
258.9
大山小
大山小学校前
道了坂
社務局入口
大山駅
196
611
臨時
子易
122
603
比比多神社（子易明神）
比々多神社
上粕屋
大山フィッシングセンター
156
100
産能大
418.5
伊勢原市街へ
伊勢原CC
83
県立城山水道
新東名高速道路（建設中）
シカ柵
179.3
356.5
十字路
右下の道へ
410
ここから林道になる
ゴルフ場を横切る
612
鶴丸分岐
三段の滝
60
関東ふれあいの道
山火事注意通報番号39の看板あり
標識にしたがい左の道へ
右の道に入る
遺跡の看板
三ノ宮・上粟原
保国寺
栗原
比々多神社（冠大明神）
高取山
556.2
聖峰
380
女坂
男坂
147
東農大農場
68
展望よしベンチ
聖峰不動尊
急坂
山の神社
道祖神
ここでバスを降りることができる
ベンチあり
急な階段道
林道が合流
東名高速道路
念仏山へ
いせはら塔の山緑地公園へ
伊勢原市街へ
11
1
2
3
4

12 高取山・浅間山・聖峰詳細図

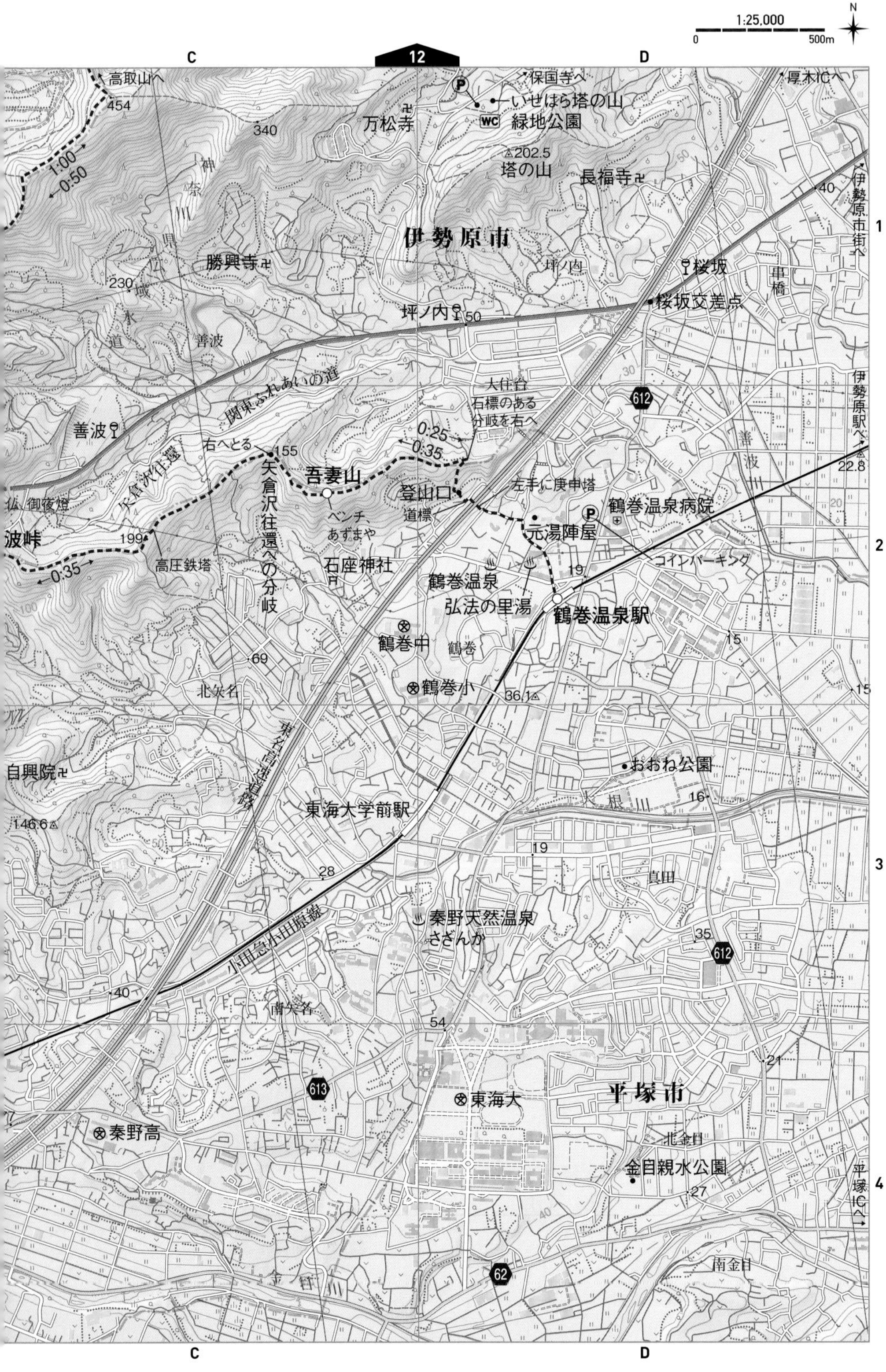
1:25,000
0
500m
N
12
C
D
高取山へ
454
340
保国寺へ
厚木ICへ
いせはら塔の山
緑地公園
WC
万松寺
202.5
塔の山
長福寺
1:00
0:50
神
奈
川
県
広
域
水
道
伊勢原市
40
伊勢原市街へ
1
勝興寺
坪ノ内
桜坂
串橋
230
桜坂交差点
坪ノ内
50
善波
30
関東ふれあいの道
大住台
石標のある
分岐を右へ
612
伊勢原駅へ
善波
0:25
0:35
右へとる
155
矢倉沢往還
吾妻山
22.8
善
波
川
仏、御夜燈
登山口
左手に庚申塔
鶴巻温泉病院
ベンチ
あずまや
道標
元湯陣屋
波峠
199
矢倉沢往還への分岐
2
高圧鉄塔
0:35
石座神社
19
コインパーキング
鶴巻温泉
弘法の里湯
鶴巻温泉駅
鶴巻中
鶴巻
15
69
北矢名
鶴巻小
36.1
15
東名高速道路
自興院
おおね公園
大根川
16
東海大学前駅
146.6
19
28
真田
3
秦野天然温泉
さんか
小田急小田原線
35
612
40
南矢名
54
21
613
東海大
平塚市
秦野高
北金目
金目親水公園
平塚ICへ
4
27
62
南金目
金目川
C
D

11 権現山・弘法山詳細図

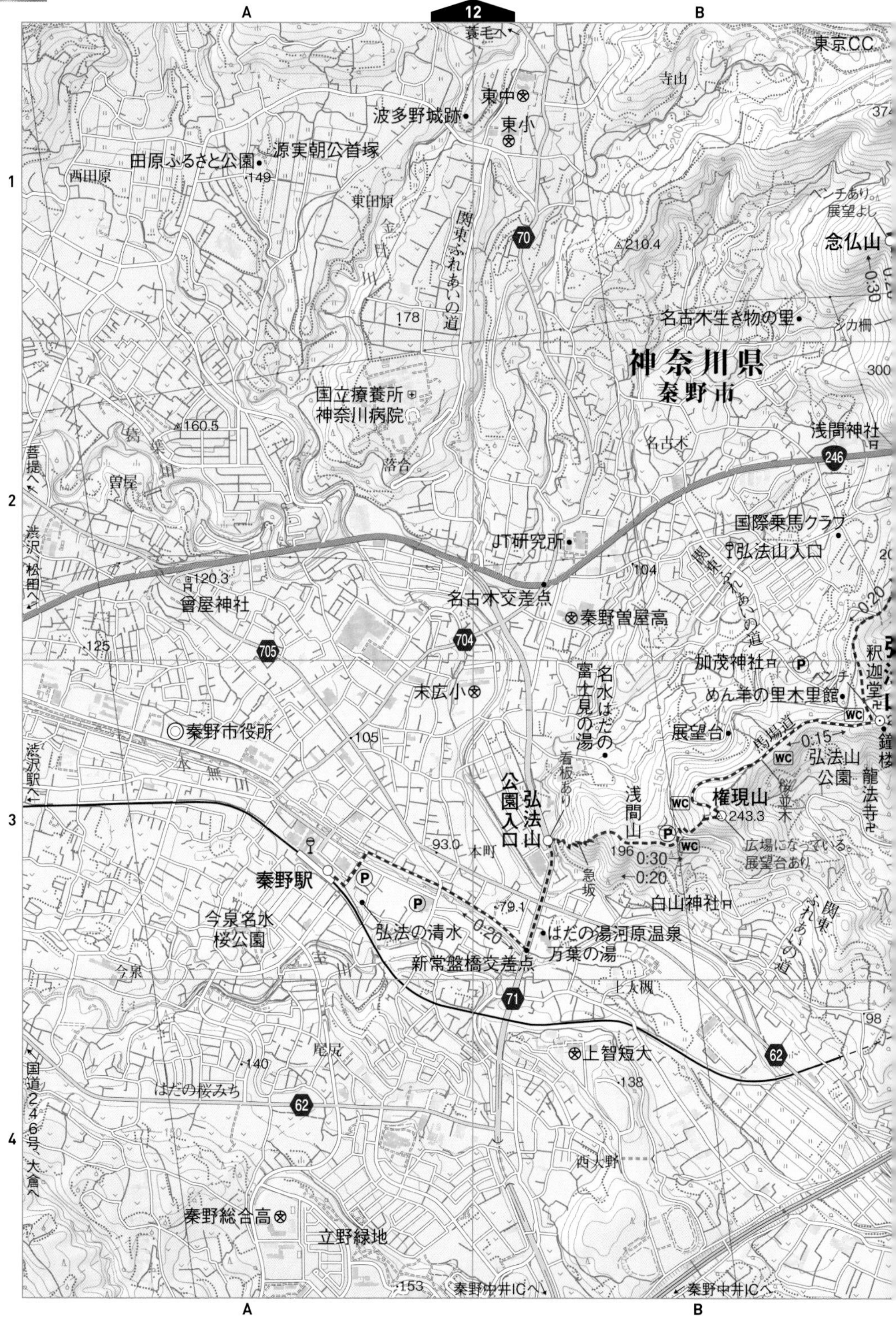

1:25,000
0
500m
N
C
D
1
2
3
4
南山へ
諏訪神社
183
あいかわ公園
向原
郷土資料館
エレベーター無料か
石小屋ダム
半原、三ヶ木へ
123.7
国道412号へ
燃糸組合前
愛川大橋
馬場
118
原下
中津川
東名厚木CC
志田
野外センター前
半原小
駐車場利用の際は
ふれあいの村管理棟へ
必ず立ち寄ること
181
愛川ふれあいの村
管理棟
公民館
田ヶ谷
半原
市之田
道標
階段状の道
林道横切る
256
隠川
54
原臼
197
下新久
愛川トンネル
栈敷戸
108
253.1
愛川中
深沢尻
半原小入口交差点
車道の下をくぐる
200
深沢
上新久
412
宮沢大橋
514
540
ベンチ
松葉沢
馬渡
馬渡橋
上田代
413
林道横切る
深沢
中細野
1:45
1:20
半原中央林道
194
関口
田代坂上
94
厚木へ
清雲寺
370
1:25
1:50
半原バイパス
高取山
705
展望台あり
ベンチ
展望よい
首都圏自然歩道
上細野
田代
半僧坊前、厚木へ
田代運動公園
261
塩川滝
0:10
宮ヶ瀬越
仏果山
280
ベンチ
展望台、ベンチあり
747
540
235
1:00
0:40
0:20
0:15
南沢
神奈川県
愛川町
半僧坊前へ
堰堤の上で対岸へ移る
ベンチ
ロープのあるやせ尾根
0:40
1:00
関東ふれあいの道
250
300
ベンチ
485
346
南山林道
林道法華峰線
1:00
1:30
大沢ノ頭
536
253
首都圏自然歩道
道
革籠石山
640
350
尾根に出る
この間林道歩き
0:35
0:25
合流点
524
仏果沢橋
ベンチ
0:40
0:45
ベンチ
64
591
0:40
0:25
経ヶ岳
633.1
488
半原越
経石
展望よい
448
厚木市
ベンチ
法輪堂林道
0:10
348
旧土山峠
土山峠
0:30
0:40
1:10
0:50
355
辺室山へ
煤ヶ谷、本厚木駅へ
坂尻バス停へ
華厳山へ

10 仏果山・経ヶ岳・春ノ木丸詳細図

白山詳細図

1:25,000
0 500m
N

9 鳶尾山

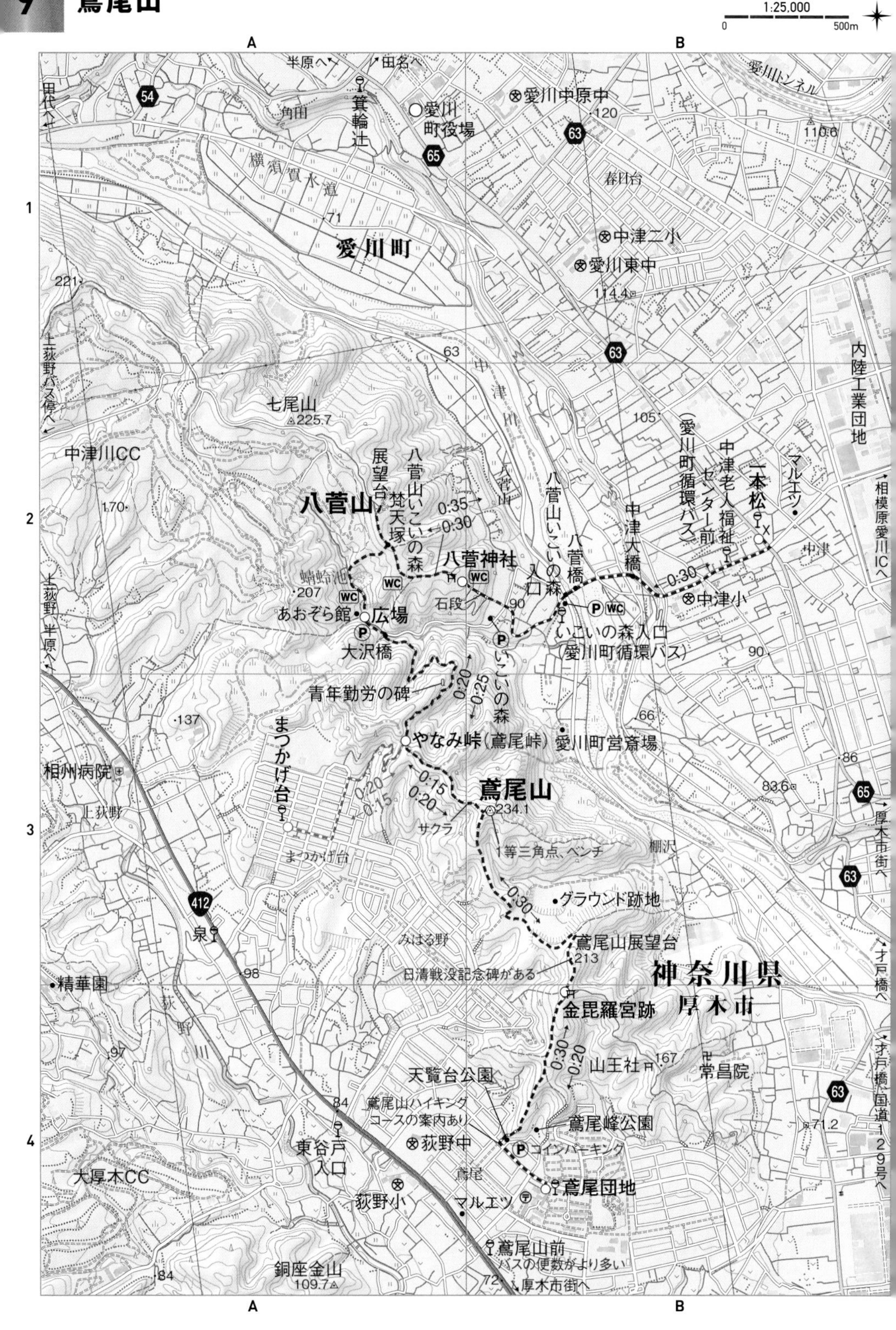

1:25,000
0
500m
N
A
B
1
2
3
4
愛川町
愛川町役場
箕輪辻
八菅山
八菅神社
広場
あおぞら館
大沢橋
青年勤労の碑
やなみ峠（鳶尾峠）
鳶尾山
234.1
1等三角点、ベンチ
グラウンド跡地
鳶尾山展望台
213
日清戦没記念碑がある
金毘羅宮跡
山王社
天覧台公園
鳶尾山ハイキングコースの案内あり
鳶尾峰公園
コインパーキング
鳶尾団地
鳶尾山前
バスの便数がより多い
厚木市街へ
神奈川県
厚木市
一本松
中津老人福祉センター前（愛川町循環バス）
中津大橋
八菅橋
いこいの森入口（愛川町循環バス）
八菅山いこいの森入口
愛川町営斎場
まつかげ台
七尾山
225.7
中津川CC
相州病院
精華園
大厚木CC
東谷戸入口
荻野中
荻野小
銅座金山
109.7
マルエツ
泉
中津小
愛川中原中
中津二小
愛川東中
内陸工業団地
相模原愛川ICへ
厚木市街へ
才戸橋へ
才戸橋・国道129号へ
田代へ
上荻野バス停へ
上荻野・半原へ
半原へ
田名へ
愛川トンネル
横須賀水道
中津川
常昌院
0:35
0:30
0:20
0:25
0:15
0:30

1:50,000
0
1km
N
C
D
※MAP6の上図へ続く
道志の湯、月夜野へ
中山
神地
道の駅どうし
WC
オートキャンプせせらぎ
ラビットオートキャンプ場
花の森オートキャンピア
オートキャンプ
INむじな
水之元キャンプ場
下善の木
林道終点
鳥ノ胸山
1207.5
岩下ノ丸
1303.6
1217.2
1228
1096
997
989
1103
1033
白井平分岐
1292
牧ノ沢山
1012
善之木
Rest Rivulet
林道が合流
946
道志の森キャンプ場
雑木ノ頭
水の元オートキャンプ場
リバーサイドマイシーン
板橋
768
759.3
チャレット道志
有料
平指山
1146
1084
1055.7
荒れた林道
889
水晶橋
浦安峠へ
白井平
オートキャンプしろいだいら
山梨県
道志村
駐車スペース、ゲート
1055
1116
801
センタービレッジキャンプ場
1128.6
長又
スカイバレーキャンプ場
1072
西沢林道
登山口
1149
オートキャンプ長又
ゲート
補助ロープあり
峠へ
浦安
1240
矢頭山
1229.3
広場
ブナ沢
1199.1
城ヶ尾山
大界木山へ
とやの沢オートキャンプ場
958
1229
ブナ沢ノ頭
中ノ丸
910
試し切りの岩
1206
分岐(ブナ沢乗越)
奥道志オートキャンプ場
1022.6
1200
菰釣山
菰釣避難小屋
1067
城ヶ尾峠
413
ブナの丸
左上
山伏オートキャンプ場
ベンチ
油沢ノ頭
1379
907
5
968
樅ノ木沢ノ頭
1306
1347.9
898
西沢ノ頭
古いベンチ
林道忍橋線
西側の展望よい
階段。西側はザレ
東海自然歩道
1192
旧水ノ木分岐
1297.3
石保土山(西ノ丸)
大棚ノ頭
1004
大栂
1204
林道富士見線
823
626
1268
水ノ木分岐
1024
878
1004
970
936
西丸
1227
金山沢
木ノ木沢
862
803
林道大又沢線
718
織戸峠
菰釣山林道線
798
東丸
1025
950
636
709
林道法行沢線
神奈川県
山北町
936
切通沢橋
椿丸
902
西側はカヤトで展望よし
林道大棚沢線
728
大棚沢
838
862
719
水ノ木橋
大棚橋
729
575
世附
586
918
丸尾山
1007.1
沢マタ
1
2
3
4
7

A
B
1
2
3
4
1:25,000
0 300m
矢頭山詳細図
長又
道の駅どうしへ
413
道志
登山口
オートキャンプ長又
とやの沢オートキャンプ場
ベンチ
矢頭山
左直下に祠あり
鳥屋沢
958
駐車スペース
兜岩
試し切りの岩
鎧松
尾根を離れる
1022.6
道志村
山伏峠、平野へ
鹿留
658
1225
1211
1033
1328
1568
970
740
1074
鹿留川
日本二百名山
御正体山
1681.4
1013
845
都留市
1436
小御正体山
1471
1235
1218.5
1190
立ノ塚峠
1233
856
1134
1080
1252.2
1064
中ノ岳
1411
1245
1275
1000
1120
1088
1217.3
1043
940
962.1
1221
1371
内野
二十曲峠
1171
946
966
1111.4
1446
山伏峠
石割山
1412.3
947.3
石割神社
山伏峠への山中湖側からの登山道は通行不可
忍野村
1318
1112
954
1235
1148
1040
平尾山
1062
東海自然歩道
イモ山
大窪山
1155
413
1267
1295.4
大平山
ベンチ
芙蓉台別荘地
富士岬平
パラシマ峠
1178
長池山
1020
山中湖IC、富士山駅へ
高指山
1173.9
山中湖温泉
石割の湯
1121
1055
1005
ベンチ
道標なし
旅館、民宿多数
1042
山中湖村
1050
982.9
コンビニ
997
729
平野
990
観光案内所
東海自然歩道
1086
山中東小
山中湖平野
コンビニの裏
切通峠（吉政峠）
山中湖
1018
旭日丘、富士山駅へ
三国峠へ
730
鉄砲木ノ頭へ

1:50,000
0
1km
N
C
8
D
1
2
3
4
神奈川県
山北町
丸尾山
1007.1
1068
951
904
848
819
784
700
680
829
844
本谷
ネノ木幹線
上沢
山神沢
マク沢
悪沢
583
795
780
701
大又沢
465
729
世附川
芦沢橋
東海自然歩道
519
浅瀬橋
浅瀬入口へ
WC
浅瀬
P
ゲート
吊橋は落橋
大矢沢
422
芦沢
通行止め
ゲ滝
不老山林道
0:35
サンショウバラ
620
1:00
1:20
峰坂峠
世附峠
悪沢峠
744.9
746
ベンチ
746
978
白嵓ノ頭
ごんぐのベンチ
バスは季節運行で往路のみ
明神峠
明神山
湯船山
1040.7
976
0:50
0:40
不老山
928
サンショウバラの丘（樹下の二人）
南峰
北峰
1:00
0:50
一番ケ平へ
983
明神峠
WC
バス運行期間のみ
976
ベンチ
788
天神山分岐
690
不老の湧水
金時公園への分岐
天神山
祠
不老の活路
784
奥の沢開山堂
718
693
681
小野畑沢
631
崩落
峰坂沢
不老沢
塩沢
792.6
598
792.7
ゲート
不老ノ滝
P
618
720
147
高圧鉄塔
640
生土不老山林道
573
528
468
これより上部は台風禍により通行不能
半次郎の道標
大久保山
614
561
山ノ神
山口橋
富士グリーンヒルGC
552
529.1
野中島貯水池
500
田代幹線の高圧鉄塔
590.8
上野
470
458.1
P
ゲート
中島川
谷ヶ山
525.6
394
柳島
神縄断層の露頭が見られる
491
ゲート
平日のみ
上野
462
東富士変電所
410
湯船川
金時神社
金時公園
416
2:00
2:40
生土
528
明神峠入口
平日のみ
359
湯船
中島
484
健康福祉会館
ふじみセンター
分岐を右へ
中日向
485.6
新東名高速道路（建設中）
147
407
藤曲
293
379.2
生土神社
透間
480.6
477.5
湯船原
468
147
成美小
小山中
394
250.7
小山町役場
307
WC
富士紡績工場（フジボウ）
444
294.3
駿河小山駅
478
富士小山工業団地
315.2
東名小山
P
小山公園
谷峨駅へ
443
246
318
149
小山
P
小山町営有料
459.9
須川橋
416
470
高尾トンネル
東名高速道路（上り）
棚頭
菅沼
鮎沢
桜平トンネル
462
阿多野貯水池
151
442
428
447.7
竹之下
大井松田ICへ
用沢
阿多野
418
531
471
369
道の駅ふじおやま
406
386.1
345.2
365
東名富士CC
446.6
吉久保
394
454
411.9
413.8
馬伏川
御殿場線
428
野沢川
554
567.8
339
御殿場ICへ
404
384
御殿場駅へ
450.4

7 不老山・湯船山・三国山

A
8
B
1
2
3
4
山中湖
富士山駅、山中湖ICへ
山中湖交流プラザきらら
山中東小
有料
平野、道志へ
平野へ
切通峠（吉政峠）
三国山ハイキングコース入口
タクシーのりば
パノラマ台
湖山荘キャンプ場
山中諏訪神社奥ノ院
鉄砲木ノ頭（明神山）
山中湖村役場
山中湖観光協会
文学の森公園
森の駅旭日丘
山中湖旭日丘
山中湖村クリーンセンター
平野
山中
山梨県
山中湖村
三国峠
三国山東登山口
三国山
ヅナ峠
楢木山
ベンチ
ブナ林
籠坂峠
国道との分岐に道標や公園墓地入口の石柱あり
山中湖村公園墓地
天狗ブナ
アザミ平
大洞山（角取山）
角取神社奥ノ院
畑尾山
立山東分岐
立山
須走立山分岐
立山展望台
富士山展望台
立山休憩所
須走へ
籠坂峠へ
富士高原登山口
須走温泉天恵
富士高原ゴルフ場
東口本宮冨士浅間神社
須走浅間神社（小山町コミュニティバス）
須走IC
道の駅すばしり
須走口宮上駐車場
右隣りの冨士浅間神社駐車場には停めないこと
山中湖ICへ
静岡県
小山町
冨士霊園
東富士CC
富士スピードウェイ
角取神社
大御神
富士小山GC
富士の杜ゴルフ場
富士国際GC
佐野川
柴怒田
三味線林山
御殿場市
富士平原GC
上高塚
東富士ダム
上小林
御殿場駅、御殿場ICへ
GC
0:40
0:30
0:20
0:45
1:00
0:50
1:10
1:30
1:15
0:10
0:05
1383.4
1328
1343
1353
1290.8
1292
1308.5
1096.7
984.0
1070.8

1:50,000
0
1km
N
C
D
↑藤野駅、相模湖IC
神奈川CC
517
35
76
413
金山峠
秋山
367.0
秋山トンネル
秋山温泉
秋山川
藤野やまなみ温泉
藤野南小
牧野
相模湖CC
峰山
510.5
綱子川
大羽橋
阿夫利山
安寺沢
金波美沢
金波美峠
入道丸
714.4
東海自然歩道
天神隧道
夫婦園キャンプ場
西野々、三ケ木へ
平野峠
(月夜野峠)
このまさわキャンプ場
2020年3月廃校
青根小・中
いやしの湯
平丸
青根緑の休暇村
ムギチロ
神の川入口
音久和
東野
旧青根小学校
登山口
654.2
沢を離れる
焼山、西野々へ
両国橋
月夜野
416.7
両国橋キャンプ場
みはらしの丘
ベンチ跡
野原
野原大橋
野原吊橋
サイノカミ沢
釜立林道起点
ゲートあり。
ここからは林道通行不可
(駐車スペースあり)
釜立林道
上青根林道
林道終点
八丁坂ノ頭分岐
ゲート
カラマツ林
ベンチ
通行不可
平丸分岐
横山沢ノ頭
月夜野キャンプ場
493.8
神の川林道
神之川キャンプ場
大渡キャンプ場
地形図に記載のない道をたどる
蛭ヶ岳
1272.8
大平分岐へ
エビラ大滝
稜線
階段
渓流釣り場
折花宮
折花橋
大瀬戸トンネル
900.1
県道
神奈川県
相模原市
青根分岐
大平への分岐
蛭ヶ岳避難小屋
八丁坂ノ頭
下り利用はわかりづらい
風巻ノ頭
あずまや
1077
ロープあり
袖平山
1431.8
ベンチあり
1433
姫次
東海自然歩道最高点
ベンチあり
長者舎
風巻尾根
神ノ川ヒュッテへ
地蔵平、蛭ヶ岳へ
門子小屋沢
荒沢
1
2
3
4
3
5

6 姫次・大室山・加入道山

A
B
1
2
3
4
1344
水喰ノ頭
1030
道志村
都留市駅へ
オートキャンプ場
観光農園
唐沢
692
413
道志の湯、月夜野へ
※下図へ続く
フィッシングセンター
24
道の駅どうし、平野へ
690
※MAP8へ続く
大月市
686
713
600
大地峠
860.2
818
寺下峠
808
727
810
763
751.2
秋山
507
725
35
616
553.2
上野原市秋山支所
622
578
534.6
707
557.9
518
515
857.4
秋山小
491.1
777
二十六夜山
971.7
746
767
新雛鶴トンネル
549
730.4
946
892
541
927
806
887
698
565
820
大の入川
706
705
大旅川
912
リニア実験線
821
752
上野原市
1117
971
都留市
1047.6
鳥井立
ウバガ岩
長尾
1256.8
赤鞍ヶ岳
1232
1193
1093
1107
1299
1288
下村キャンプ場
道志川温泉紅椿の湯
宝永沢
617
774
七滝
久保
618
797
924
田代橋を渡る
道志小学校前
有料
キャンプ場
入道山
979
925
小善地
545.6
川端オートキャンプ場
道志村役場
道志
道志小
大栗
椿荘
オートキャンプ場
大室指
大室神社
567
大室指
櫓沢
931
775
道志水源の森
道志方面の展望よし
水道施設の裏から入る
635.4
657.7
GS
竹之本
ニュー田代オートキャンプ場
2:30
3:00
山梨県
道志村
道志村観光協会
692
ネイチャーランド・オム
椿沢
大室沢
943
656.3
843
和出村
和出村
706
古い道標あり
WC
田代沢
2:20
1:50
1131
1035
茅ノ尾根
1:40
2:50
※上図へ続く
曙橋
川原畑
道志中
加入道避難小屋
加入道山
祠
0:20
0:30
ベンチ
雨乞岩
ブナ林が広がる道路不明瞭
谷相郷キャンプ場
道志川荘キャンプ場
831
道志の湯
道志の湯
0:15
0:10
1262
前権現
大室山
1587.4
カヤト
分岐
0:50
1:10
黒岩
774
1:30
1:00
691.6
登山口
大理石の石切場跡
0:10
0:15
前大室（馬場峠）
木道
分岐
都留市駅、道の駅どうしへ
925.7
室久保川
あずまや
1418.4
0:15
1:20
0:05
新日陰沢
0:40
0:30
ザレ注意
分岐
破風口
1:10
1543
1:10
1:50
白石峠へ
山北町
犬越路へ
神ノ川ヒュッテへ
5

1:50,000
0
1km
N
C
D
6
4
2
1
2
3
4
折花橋
神の川入口へ
ゲート
神ノ川
神ノ川ヒュッテ
風巻ノ頭へ
731
風巻尾根
神ノ川公園橋
ゲートあり
2:00
1:15
伊勢沢
657
矢駄沢
2:40
1:40
神ノ川林道
764
0:35
0:40
1021
矢駄尾根
急な下り
1288
クサリ
ハシゴ
ベンチ
1252
小笄
大笄
1510
主稜線の分岐
1523
熊笹ノ峰
0:45
0:40
1114
クサリ
木道、階段
1551
青ヶ岳山荘
1521
展望園地
クサリ
1254
檜洞丸
1601
0:40
1:00
0:20
0:15
木道
木道、階段
石棚山稜合流点
同角山稜分岐
1:20
2:10
木道
階段
石棚山稜
テシロノ頭
1491
1:40
1:10
ベンチ
1401
1353
檜洞乗越
新山沢ノ頭
ケタ小屋沢
西側はザレ。危険
1491
同角ノ頭
桟道、ハシゴ連続
この尾根に入らないこと
1353
同角山稜
石小屋ノ頭
1190
1254
石小屋沢
長いクサリ
1219.6
大石山
1078
大石
1031
852
1129
同角沢
山北町
石崩隧道～洞角隧道間
災害のため車・登山者ともに通行止め
（2022年3月までの予定）
936
852
836
791
玄倉川
玄倉ダム
698
玄倉林道
崩壊箇所あり。
通行止め
815
954
山神峠
古いベンチ
玄倉林道は一般車通行不可
不明瞭
蕗平橋
862
0:40
伊勢沢ノ頭
1177
1:30
1:00
秦野峠へ
松田町
民の森
岐
1011
姫次へ
1320
1384
カヤ沢
0:40
水場へは補助ロープあり。
足もとに注意
原小屋平
1380
地蔵平
1376
原小屋沢
1148
978
神ノ川
広河原
724
846
972
ヒワタ沢
右彦門谷
源蔵尾根
金山谷
1159
1:20
0:50
神奈川県
相模原市
1470
1352
1292
伝道沢
雷平
916
雷滝
中ノ沢
木道、階段
ロープ、クサリあり
1230
蛭ヶ岳山荘
1673
蛭ヶ岳
丹沢の最高峰
0:40
1:00
ミカゲ沢ノ頭
1421
本ダルミ
1:40
1:20
西沢
鬼ヶ岩
1608
鬼ヶ岩ノ頭
中ノ沢乗越
東沢
クサリ
金山谷乗越
1244
神ノ川乗越
1:10
1:00
ベンチ
ベンチ
1344
1460
臼ヶ岳
金山谷ノ頭
クサリ
山頂はシカ柵内で入れない
水場へは往復10分
1338
1125
棚沢ノ頭
1614
1550
0:50
1:00
不動ノ峰
不動ノ峰休憩舎
早戸川乗越
丹沢山へ
早戸大滝
木道
階段
鬼ヶ岩沢
本谷沢
1280
848
弁当沢ノ頭
1288
熊木沢
1253
1170
1196
ユーシン沢
2020年1月現在、
林道崩壊箇所があり、
通行危険
892
杉沢
熊木ダム
ユーシンロッジ
852
942
1234
塔ノ岳へ
不動の清水
尊仏ノ土平
鍋割沢
1000
0:30
0:15
金冷シ
1386
大丸
921
1020
熊木沢出合
茅ノ木棚沢ノ頭
730
ゲート
1:10
雨山峠
鍋割峠
0:30
1108
鍋割山
1272.4
鍋割山荘
0:40
小丸
1341
二俣分岐
小丸尾根
大倉へ
木道、階段
雨山橋
903
ベンチあり
0:30
0:40
桟道連続
やせ尾根危険
クサリ連続、ザレ
桟道（一部危険）
寄コシバ沢
クサリ
窯場平
秦野市
1:30
0:50
0:40
0:50
928
2:10
1:30
勘七ノ沢
1176
雨山
0:40
1145
1037
檜岳
1166.6
徒渉を繰り返す
水棚沢
618
2:30
2:00
寄沢
後沢乗越
762
後沢乗越ノ沢
745
832
0:25
0:30
四十八瀬川
二俣
665
林道終点
滝郷沢
滝郷ノ滝
やどりき大橋へ
山の神
753
908.1
粟ノ木洞
櫟山へ
0:15
0:30
2:20
2:40
1:40
638
大倉へ
979

A
6
B
道志の湯へ
加入道山へ
あずまや
0:40
0:30
分岐、加入道山へ
分岐、大室山へ
分岐、大室山へ
白石峠
1307
的様
832
910
1009
908
882
水晶沢ノ頭
1278
白石ノ大滝
ベンチ
室久保林道
山梨県
道志村
鳥ノ胸山へ
1:20
1:10
1003
ブナの森キャンプ&コテージ
木製階段
1191
シャガクチ丸
1076
平指山
1146
檜前頭
966
バン木ノ頭
浦安峠
分岐不明瞭
1047
1200
善六のタワ
1119
白石オートキャンプ場
バウアーハウスジャパン
登山口へ
分岐不明瞭
1148
1186
1144
1246
分岐
大界木山
0:40
0:35
忘路峠（犬峠）
モロクボ沢ノ頭
1292.3
畦ヶ丸
畦ヶ丸避難小屋
本棚沢
下棚沢
権現山分岐
819
城ヶ尾峠
城ヶ尾山へ
1084
信玄平
920
972
古いベンチあり
1079
やせ尾根
1064
大滝峠上
1003
旧大滝峠
東海自然歩道
一軒屋避難小屋
999
地蔵沢林道
989
地獄棚
雨棚
屏風岩山
1051.3
965
大滝沢林道
峰山橋
ゲート
734.8
富士見橋
744
地蔵平
地蔵堂
626
816
山の神
林道大又沢線
633
悪沢
666
669
951
迷いやすい
ウェルキャンプ西丹沢
権現山
1138
967
708
西丹沢ビジターセンター
奥箒沢山の家
箒沢公園橋
大石キャンプ場
箒杉
494
和田
箒沢
大滝橋
大滝キャンプ場
604
中川
中川温泉ぶなの湯
中川温泉
76
830
千鳥橋
二本杉峠
ベンチ
467
580
849
崩壊地あり
笹子沢バンガロー
大室生神社
細川橋
706
0:50
1:10
0:40
1:00
1018.4
権現山
478
法行橋
1:00
0:50
791
755
中川橋
西丹沢中川ロッジ
540
756
菩提沢
大出山へ
丹沢湖、新松田駅へ
林道終点
用木沢出合
812
1211
1055
919
751
610
ゲート
1221
ベンチ
大杉丸
1168.4
犬越路
犬越路避難小屋
東海自然歩道
999
ベンチあり
新日陰沢道
1164
807
補助ロープ
1125
722
ツツジ尾根
ツツジ新道入口
849
ゴーラ沢出合
855
700
784
山の神
吊橋
マウントブリッジキャンプ場
板小屋沢ノ頭
1210
952
クサリ階段道
炭焼き窯跡
926
706
737
西丹沢県民の
穴ノ平橋
956
762
560
683
災害のため通行止め
845
604
692
大杉山
860.8
立間大橋
小川谷出合
702
876
戸沢ノ頭（遠見山）
880
502
474
723
646
玄倉へ
687
仲ノ沢林道
A
4
B
1
2
3
4
8

1:50,000
0
1km
N
C
5
D
1
2
3
4
伊勢沢ノ頭へ
秦野峠林道
1086
迷いやすい
秦野峠
868
林道秦野峠
866
871
ダルマ沢ノ頭
817
林道虫沢線
林道に出る
731
ヒネゴ沢乗越
西ヶ尾
805
455
烏山
椒
八丁やまめ
高杉入口
方面分岐
はなじょろ道
ヒネゴ沢
高松山
801.2
657
ビリ堂
638
石仏
林道
2つ目の鉄塔
1つ目の鉄塔
迂回路へ
251
大岩沢
尺里林道
高松橋
396
やすぼら橋
ビリ堂分岐
東名山北
高松山入口
山北中
93.2
181
丸山
242
252
川村小
東山北駅
山北高
衛生センター
清掃工場
79.8
73.8
144
68
116
58
県有水源林
山の神
雨山峠へ
ゲート
やどりき大橋
450
720
ミロクキャンプ場
蜂花苑やどろき荘
564
417
シダンゴ山
757.9
812
ベンチ
展望よし
水場跡
林道合流点
519
イノシシ柵を
抜ける
タケ山
710
タコチバ山
588
シカ柵を
抜ける
タケ山
展望台
登山口
八坂神社
シカ柵に沿って進む
510
宮地山
宮地山入口
259
長寿橋
虫沢
龍王寺
386
真弓ケ丘
山の神
桜平
谷戸口橋
尺里峠
648
富士見台
569.3
寄渓流
マス釣り場
くるみ平
(カキノキ平)
最明寺
分岐
464
508
ベンチ
観音沢
川村小高松分校跡
高松
向原
364
みどりの風
展望台
新東名高速道路(建設中)
542
最明寺
史跡公園
568
453.4
348
296
最明寺史跡公園からは
車道歩きが続く
松田山ハーブガーデン
松田城跡
163
154.3
東名高速道路
86.1
松田山入口
自転車専用道路
金井島
開成町
新十文字橋
十文字橋
50.0
延沢
千津島
小田原駅へ
栗ノ木洞へ
櫟山
810
芝生の広場
二俣へ
表丹沢
県民の森
628
三廻部林道
511
自然休養村
管理センター
あずまや
578
シカ柵
をくぐる
546
雨乞岳
大倉へ
国定公園の看板
西山林道出合
559
寄
大寺橋
県民の森入口
567.6
土佐原
中山峠
403
寄小
渋沢駅へ
太平洋クラブ
相模コース
402
田代向
298
谷戸口橋
小田原GC
205
秦野市
萱沼水源
萱沼入口
434
八沢
清津峡キャンプ場
710
あずまや
チェックメイト
CC
松田町
コンビニ
寄入口交差点
渋沢駅へ
477.4
シカ柵
293
松田町自然館
東名松田
西平畑公園
松田町役場
松田惣領
85.9
85.8
73
町営
有料駐車場
川音川橋
大井松田IC
松田駅
新松田駅
松田橋
139.9
大井町
秦野中井IC
51
53.3
国府津駅
76
721
74
720
246
72
77
711
712
78
255

4 高松山・大野山・シダンゴ山

1:50,000
0
1km
N
C
D
津久井合同庁舎
三井大橋
津久井観光センター
高尾山IC へ
橋本駅へ
新小倉橋
城山橋
小倉橋
城山高
城山ダム
城山
津久井城山公園
津久井湖
津久井湖GC
横浜水道
中野
大井
相模川自然の村清流の里
相模原IC
堂所山
尻久保川
根小屋
橋本駅に向かう場合はここで乗車してもよい
小倉山
小倉山トンネル
相模川
圏央道
関
上長竹
串川小
串川中
串川橋
大堀橋
青山
長竹CC
長竹
首都圏自然歩道
相模野CC
相模原愛川ICへ
林道に出る
南林道
東南林道分岐
南山
階段
清正光入口
韮尾根
東京農工大農場
三増峠
三増トンネル
関東ふれあいの道
上三増
宮ヶ瀬ダム
服部牧場
志田峠
大相模CC
東名厚木CC
半原
野外センター前
船着場
あいかわ公園
半原小
水とエネルギー館
愛川ふれあいの村センター
愛川隧道
三増
中央養鶏場
愛川中
愛川町
宮ヶ瀬トンネル
半原中央林道
田代坂上
田代小
清雲寺
高取山
展望台あり
仏果山
田代運動公園
平山橋
平山大橋
大棚沢橋
仏果山登山口
宮ヶ瀬越
展望台、ベンチあり
塩川滝
勝楽寺
半僧坊前
香掛坂
織戸組
秋葉山
やせ尾根。ロープあり
林道法華峰線
浅間神社
中津川CC
大棚沢広場
上村橋
東沢橋
革籠石山
合流点
半原越
ゲート
用野橋
上荻野
尾根に出る
仏果沢橋
清川村
土山峠、本厚木駅へ
土山峠へ
経石
経ヶ岳
華厳山へ
厚木市
大沢登山口へ
大厚木CC
相州病院
本厚木駅へ
箕輪辻、本厚木駅へ
箕輪辻、田名BTへ
1
2
3
4

A
B
1
2
3
4
6
2
NPO法人
篠原の里のびるっ子
牧野
相模湖駅へ
412
517
津久井高
三ヶ木
石老山
694.4
702
寸沢嵐
横浜水道
沈澱池
牧馬峠
東海自然歩道
518
石砂山
青野原オートキャンプ場
青野原野呂ロッジキャンプ場
青馬橋
新戸キャンプ場
道志川
413
バカンス村
諏訪神社
西野々
焼山登山口
青野原
三角山
515.1
ババ山
金太郎権現
東野、道志へ
林道。シカ柵ゲートを抜ける
水沐所橋
ゲート、駐車スペースあり
石畳の道
西沢林道
ベンチあり
寺入沢
西沢
荒井沢
展望台。祠あり
64
513
茨菰山
511
仙洞寺山
583
神奈川県
相模原市
鳥屋小
鳥屋中
権現
東山・長峰・長
シカ柵
夜間閉鎖
高圧鉄塔下
展望よし
鳥屋
鳥居原
ふれあいの館
芋窪橋
焼山
1059.6
ベンチ
通行不可
平丸分岐へ
柏原ノ頭
632.6
蛭嶽大神
コッコパーク
焼山沢
倉沢
柏原
ゲート
水沢橋
あずまや
松茸山
570.6
松茸山の三角点
直下の分岐注意
奥野隧道
八丁林道
水沢川口
宮ヶ瀬湖
虹の大橋
宮ヶ瀬
水の郷大つり橋
船着場
宮ヶ瀬湖畔園地
宮ヶ瀬小・中
三叉路
音見沢
焼小屋沢
伊勢沢林道
本沢川
奥野口
伊勢沢
馬ノ背
奥野林道
ガタクリ峰
860
ケヤキ林
祠あり
大平への分岐へ
大平分岐
早戸川林道
三明橋
ヌタノ丸
775.2
早戸川
早戸
リヴァスポット早戸
ゲートあり
鳥屋金沢
早戸川口
駐車スペース
荒井林道
金沢
春ノ木丸
ベンチ
シカ柵を抜ける
山神社
柵を越える
御殿森ノ頭
祠あり
高畑山へ
塩水橋、ヤビツ峠へ
吹風トンネル
70
本間橋
本間沢
魚止橋
1:40
2:10
0:40
0:25
0:20
0:45
0:30
0:10
0:15
1:00
2:00
0:50
1:20
0:35

1:50,000
0
1km
N
C
D
3
1
2
4
1
C
D
仏果山登山口へ
合流点へ
合流点へ
半僧坊前へ
上荻野バス停へ
上荻野、半原へ
ゴルフ場内へ
山の神の祠
土山峠
旧土山峠
祠あり
半原越
経石ベンチ
経ヶ岳
大沢登山口
男坂
女坂
相州病院
412
法論堂林道
リッチランド
華厳山
大厚木CC
精華園
上荻野
本厚木駅へ
(荻野)高取山
64
展望よい。鍋嵐方面への道に入らないこと
ベンチ
辺室山
坂尻
法論堂川
木平
杉谷戸沢
正住寺
煤ヶ谷
祠
物見峠
分岐
ベンチあり
辺室沢
水ノ尻沢
道の駅清川
清川村役場
緑小
緑中
登山口
稜線
谷太郎キャンプ場
清川リバーランド
不動沢
物見沢
鳥屋待沢
林道谷太郎線
清川村ふれあいセンター別所の湯
別所温泉
尾崎交差点
蓮久寺
白山神社
飯山温泉元湯旅館
飯山温泉入口
飯山観音前
飯山
60
尾台
白山
飯山観音(長谷寺)
飯山温泉
本厚木駅へ
北峰
クサリと桟道が続く
三峰山
南峰
谷太郎橋
谷太郎川ます釣場
貉坂峠
清川CC
物見峠
大小屋ノ沢
上杉公内室の墓
広沢寺温泉
広沢寺温泉
七沢自然ふれあいセンター
かぶと湯温泉
鞍部
鐘ヶ嶽
七沢神社
厚木市
谷太郎川
道はあるが
不動尻
WC
山神隧道
5分で往復
七沢
鐘ヶ嶽
順礼峠
唐沢峠
鞍部
広場
山の神沢
広沢寺温泉入口
P
見城山
七沢森林公園
森の里
大釜弁財天
七曲峠
七沢温泉
七沢温泉
七沢病院
七沢温泉入口
関東ふれあいの道
阿夫利神社下社
日向キャンプ場
ふれあいの森
クアハウス山小屋
入浴可
浄発願寺跡(奥ノ院)
鞍部
日向山
日向薬師奥ノ院
神奈川リハビリテーション病院
石雲寺
日向薬師
日向山荘
浄発願寺
日向キャンプ場
山門
浄水場
学習センター跡
日向ふれあい
見晴台
日向越
日向薬師
小野
大山ケーブル駅
こま参道
エボシ山
伊勢原市
日向
63
毛越
浅間山
大山ケーブル駅
611
不動越へ
伊勢原駅へ
大山小学校前へ
伊勢原駅へ
伊勢原駅へ
西富岡

大山・三ノ塔・塔ノ岳・丹沢山・鐘ヶ嶽

1:50,000
0
1km
N
2
C
D
1
2
3
4
浅間山
日向越へ
蓑毛、大山へ
大山ケーブル駅へ
上大山桜
大山小
大山駅
大山小学校前
子易
伊勢原CC
日向薬師へ
北沢
広沢寺温泉へ
西富岡
伊勢原大山IC（2020年3月開業予定）
上粕屋
産能大
専修大グラウンド
厚木ICへ
不動越
十字路
鶴丸分岐
聖峰
女坂
男坂
保国寺
栗原
比々多神社
高取山
聖峰不動尊
山の神社
万松寺
東京CC
ベンチあり
展望よし
ベンチ
ここでバスを降りることができる
塔の山
いせはら塔の山緑地公園
東名伊勢原
伊勢原高
伊勢原JCT
厚木南ICへ
伊勢原市
板戸
伊勢原駅
鈴川
本厚木駅へ
小田急小田原線
念仏山
展望よし
シカ柵
坪ノ内
新善波トンネル
善波
登山口
東名高速道路
善波峠
吾妻山
弘法の里湯
鶴巻温泉
鶴巻温泉駅
弘法山入口
研究所
野曽屋高
はだの見の湯
馬場道
釈迦堂
自興院
弘法山
権現山
広場になっていて展望がよい
北矢名
東海大学前駅
秦野天然温泉さざんか
南矢名
真田
東大竹
岡崎
伊勢原ICへ
大根川
平塚IC
平塚PA
上大槻
秦野高
東海大
北金目
南金目
平塚市
土屋
神奈川大
上吉沢
小田原厚木道路
公所
大磯ICへ
湘南平
新東名高速道路
トンネル

1 弘法山・高取山・浅間山・大倉

主な地図記号

※そのほかの地図記号は、国土地理院発行2万5000分ノ１地形図に準拠しています

- 一般登山コース
- 参考コース（エスケープルート等）
- ←1:30 コースタイム（時間：分）
- コースタイムを区切る地点
- 4車線以上
- 2車線道路
- 1車線道路
- 軽車道
- 徒歩道
- 庭園路
- 高速・有料道路
- 299 国道・番号
- 192 都道府県道・番号
- 鉄道・駅
- JR線・駅
- 索道（リフト等）
- 送電線
- 都道府県界
- 市町村界

- 特定地区界
- 植生界
- 2899.4 三角点
- 1159.4 電子基準点
- 720.9 水準点
- ・1651 標高点
- 等高線（主曲線）標高10mごと
- 等高線（計曲線）主曲線5本目ごと
- 等高線（補助曲線）
- 1500 等高線標高
- 市役所
- 町村役場
- 警察署
- 消防署
- 交　番
- 病　院
- 神　社
- 寺　院
- 記念碑

- 営業山小屋
- 避難小屋・無人山小屋
- キャンプ指定地
- 水場（主に湧水）
- 主な高山植物群落
- バス停
- 駐車場
- 温泉
- 噴火口・噴気孔
- 採鉱地
- 発電所
- 電波塔
- 史跡・名勝・天然記念物
- 岩がけ
- 岩
- 土がけ
- 雨　裂
- 砂れき地
- おう地（窪地）

- 湖・池等
- 河川・せき（堰）
- 河川・滝
- 広葉樹林
- 針葉樹林
- ハイマツ地
- 笹　地
- 荒　地
- 竹　林
- 畑・牧草地
- 果樹園
- 田

標高

高
↕
低

コースマップ

国土地理院発行の2万5000分ノ1地形図に相当する数値地図（国土基本情報）をもとに調製したコースマップです。

赤破線で示したコースのうち、地形図に記載のない部分、あるいは変動が生じている部分については、GPSで測位した情報を利用しています。ただし10〜20m程度の誤差が生じている場合があります。

また、登山コースは自然災害などにより、今後も変動する可能性があります。登山にあたっては本書のコースマップと最新の地形図（電子国土Web・地理院地図、電子地形図25000など）の併用を推奨します。

コースマップには、コンパス（方位磁石）を活用する際に手助けとなる磁北線を記入しています。本書のコースマップは、上を北（真北）にして製作していますが、コンパスの指す北（磁北）は、真北に対して西へ7度前後（丹沢周辺）ズレが生じています。真北と磁北のズレのことを磁針偏差（西偏）といい、登山でコンパスを活用する際は、磁針偏差に留意する必要があります。

磁針偏差は、国土地理院・地磁気測量の2015.0年値（2015年1月1日0時[UT]における磁場の値）を参照しています。

丹沢登山にあたっては、コースマップとともにコンパスを携行し、方角や進路の確認に役立ててください。

Contents

コースマップ目次

1 弘法山・高取山・浅間山・大倉
2 大山・三ノ塔・塔ノ岳・丹沢山・鐘ヶ嶽
3 経ヶ岳・仏果山・南山・焼山
4 高松山・大野山・シダンゴ山
5 鍋割山・檜岳・蛭ヶ岳・檜洞丸・畦ヶ丸
6 姫次・大室山・加入道山
7 不老山・湯船山・三国山
8 菰釣山・鳥ノ胸山・矢頭山
9左 鳶尾山
9右 白山詳細図
10 仏果山・経ヶ岳・春ノ木丸詳細図
11 権現山・弘法山詳細図
12 高取山・浅間山・聖峰詳細図
13 大山・日向山・鐘ヶ嶽・大山三峰詳細図
14 大倉尾根・表尾根詳細図①
15 大倉尾根・表尾根詳細図②

コースさくいん

東丹沢・大山

コース1 白山 順礼峠 …… Map 2-2D
サブコース 鳶尾山・八菅山 …… Map 9-4B
コース2 仏果山・経ヶ岳 …… Map 3-4C
サブコース 経ヶ岳から（荻野）高取山へ …… Map 3-4D
サブコース 土山峠から仏果山へ …… Map 2-1C
サブコース 半原から仏果山周回 …… Map 3-3C
コース3 南山 …… Map 3-3B
サブコース 宮ヶ瀬から春ノ木丸へ …… Map 3-4B
サブコース 鳥屋から松茸山へ …… Map 3-3B
コース4 日向山 見城山 …… Map 2-3D
コース5 大山 …… Map 2-4C
サブコース ヤビツ峠から大山へ …… Map 2-4B
サブコース 大山から広沢寺温泉へ …… Map 2-4B
サブコース 大山桜からエボシ山へ …… Map 1-1C
コース6 弘法山・浅間山 …… Map 1-3B
サブコース 弘法山から鶴巻温泉駅へ …… Map 1-3B
サブコース 栗原から聖峰へ …… Map 1-1D
コース7 大山三峰 …… Map 2-2C
サブコース 土山峠から辺室山へ …… Map 2-1C
コース8 鐘ヶ嶽 …… Map 2-3D

表丹沢・裏丹沢

コース9 塔ノ岳 表尾根・大倉尾根 …… Map 2-4B
サブコース 表尾根・大倉尾根周辺の登山コース …… Map 1・2
コース10 鍋割山 …… Map 1-1A
サブコース 小丸尾根 …… Map 5-4D
サブコース 栗ノ木洞と櫟山 …… Map 1-1A
サブコース 栗ノ木洞から表丹沢県民の森へ …… Map 5-4D
コース11 丹沢山 丹沢三峰 …… Map 3-4B
サブコース 塩水橋から丹沢山周回 …… Map 2-2B
コース12 蛭ヶ岳 塔ノ岳・丹沢山 …… Map 1-1A
サブコース 蛭ヶ岳から焼山に下る …… Map 5-2D
サブコース 黍殻山・姫次・袖平山への登山コース …… Map 5・6
コース13 檜岳 雨山峠・伊勢沢ノ頭 …… Map 4-2D
コース14 シダンゴ山 宮地山 …… Map 4-2D
サブコース タケ山からシダンゴ山へ …… Map 4-2D
サブコース みどりの風遊歩道 …… Map 4-2D
コース15 高松山 …… Map 4-2D
サブコース はなじょろ道 …… Map 4-2D
サブコース 大野山 …… Map 4-3B

西丹沢

コース16 檜洞丸 ツツジ新道・犬越路 …… Map 5-2B
サブコース 矢駄尾根 …… Map 5-1C
コース17 丹沢主稜縦走 蛭ヶ岳・檜洞丸 …… Map 2-2A
サブコース 檜洞丸から石棚山稜を下る …… Map 5-2C
コース18 大室山・加入道山 …… Map 5-2B
サブコース 大室山・加入道山周辺の登山コース …… Map 5・6
サブコース 鳥ノ胸山 …… Map 8-1D
サブコース 菰釣山 …… Map 8-1D
サブコース 矢頭山 …… Map 8-2C
コース19 畦ヶ丸 …… Map 5-2B
サブコース 屏風岩山 …… Map 5-3B
サブコース 大出山（ミツバ岳）・権現山 …… Map 4-1A
コース20 湯船山・不老山 …… Map 7-2C
コース21 三国山 大洞山・立山 …… Map 7-2C
サブコース 山伏峠から鉄砲木ノ頭へ …… Map 8-3B
サブコース 篭坂峠から畑尾山へ …… Map 7-2A

丹沢の沢登り

コース22 水無川本谷 …… Map 2-4A
コース23 源次郎沢 …… Map 2-4A
コース24 本間沢 …… Map 3-4A
コース25 葛葉川本谷 …… Map 1-1A

陣馬山
855
相模湖東出口
相模湖IC
景信山
727.3
八王子JCT
八王子ICへ
八王子駅
新宿方面
京王線
京王高尾線
調布、新宿方面
八王子市
多摩市
高尾駅
小仏峠
高尾山
599.3
高尾山IC
八王子みなみ野駅
相模湖駅
相模湖
20
412
津久井湖
多摩センター駅
京王相模原線
橋本駅
南橋本駅
相模原駅
矢部駅
淵野辺駅
横浜線
東京都
町田市
新宿方面
古淵駅
石老山
694.4
三ヶ木
413
相模原IC
圏央道
相模原市
神奈川県
愛川町
串川
西野々
南山
544
宮ヶ瀬ダム
鳥屋
宮ヶ瀬湖
129
上溝駅
番田駅
16
焼山
1059.6
殿山
松茸山
570.6
春ノ木丸
宮ヶ瀬
高取山
705
半原
747
仏果山
経ヶ岳
633.1
中津川
相模原愛川IC
鳶尾山
234.1
原当麻駅
下溝駅
相武台下駅
相模線
相模川
相模大野駅
小田急相模原駅
町田駅
新横浜方面
中央林間駅
大和市
小田急江ノ島線
早戸川
本間沢
本間ノ頭
1345
1360
円山木ノ頭
1352
高畑山
766.1
(荻野)高取山
522.1
辺室山
653
荻野川
412
圏央厚木IC
入谷駅
座間市
座間駅
246
相模鉄道
東京ICへ
太礼ノ頭
丹沢山
1567.0
塔ノ岳
1491
本谷
行者ヶ岳
1209
源次郎沢
札掛
布川
清川村
三峰山
934.6
唐沢川
別所温泉
鐘ヶ嶽
561
広沢寺温泉
七沢温泉
日向山
404
1252
白山
284
飯山観音
飯山温泉
小鮎川
圏央道
海老名駅
厚木駅
厚木市
本厚木駅
海老名市
綾瀬市
海老名IC
海老名JCT
厚木IC
三ノ塔
1204.7
大倉尾根
葛葉川本谷
大山
ヤビツ峠
大山ケーブル
日向薬師
玉川
伊勢原大山IC
(予定)
伊勢原市
社家駅
浅間山
679.5
蓑毛
鈴川
無川
大倉
海老名南JCT
伊勢原JCT
伊勢原駅
厚木南IC
380
556.2
聖峰
高取山
葛葉川
東名高速道路
小田急小田原線
倉見駅
秦野市
246
鶴巻温泉
鶴巻温泉駅
宮山駅
寒川北IC
寒川町
寒川駅
藤沢市
引法山
235
渋沢駅
秦野駅
弘法清水
東海大学前駅
東海道新幹線
香川駅
寒川南IC
新湘南バイパス
秦野中井IC
大井松田IC
茅ヶ崎JCT
茅ヶ崎市
平塚市
相模金子駅
大井町
上大井駅
中井町
1
茅ヶ崎駅
辻堂駅
横浜・東京方面
平塚駅
大磯町
大磯駅
小田原厚木道路
134
N
東海道本線
255
二宮町
国府津、二宮駅
小田原方面
国府津方面
相模湾
0 1 5km
1:196,000
1
2
3
9
左
右
10
11
12
13
14
15

丹沢全図

小菅へ
百蔵山
1003.4
扇山
1138
滝子山
1590.3
大月市
真木川
甲府方面
大月JCT
大月IC
大月駅
中央自動車道
上野原IC
上野原駅
四方津駅
梁川駅
桂川
643.4
菊花山
猿橋駅
中央本線
鳥沢駅
高柄山
733.3
20
初狩駅
高川山
975.6
田野倉駅
6
990.0
倉岳山
山梨県
上野原市
1374.4
鶴ヶ鳥屋山
九鬼山
969.9
高畑山
982
中央自動車道
禾生駅
都留IC
赤坂駅
139
都留市駅
朝日川
二十六夜山
971.7
新雛鶴トンネル
秋山川
赤鞍ヶ岳
1299
長尾
1107
西桂町
三つ峠駅
河口湖方面
都留市
富士急行線
紅椿の湯
月夜野
道志川
二十六夜山
1297.1
菜畑山
1283.0
今倉山
1470.1
菅野川
鹿留川
文台山
1118.7
道志村
道志の湯
大室山
1587.4
鐘撞山
900.1
袖平山
1431.8
倉見山
1256.2
道坂トンネル
1418.1
加入道山
8
5
1207.5
鳥ノ胸山
犬越路
神ノ川
杓子山
1597.5
鹿留山
1632.0
御正体山
1681.4
大界木山
1246
畦ヶ丸
1292.3
檜洞丸
1601
蛭ヶ岳
臼ヶ岳
矢頭山
菰釣山
1379
城ヶ尾峠
西丹沢ビジターセンター
石棚山
1351.0
忍野村
石保土山
1297.0
屏風岩山
1051.3
箒沢
玄倉川
石割山
1412.3
山伏峠
ぶなの湯
中川温泉
鍋割山
雨山
1176
413
山中湖村
平野
大又沢
権現山
1018.4
中川川
1166.8
檜岳
河口湖へ
834.2
7
山中湖
鉄砲木ノ頭
1290.8
大出山
4
丹沢湖
玄倉
シダンゴ山
757.9
東富士五湖道路
湯船山
1040.7
世附川
三保ダム
三国山
1320
928
明神峠
山北町
不老山
大洞山
1383.4
大野山
722.8
高松山
801.2
寄
中津川
篭坂峠
新東名高速道路（建設中）
駿河小山駅
谷峨駅
松田町
須走
須走IC
小山町
洒水ノ滝
山北駅
東山北駅
御殿場線
138
足柄駅
矢倉岳
870
開成町
開成駅
246
御殿場市
南足柄市
足柄峠
大雄山駅
御殿場駅
御殿場IC
最乗寺
沼津方面

取り外せる！ 持ち歩ける！

アルペンガイド

登山地図帳

丹沢

Alpine Guide